TOUAT, SAHARA ET SOUDAN

BIBLIOTHÈQUE GÉNÉRALE DE GÉOGRAPHIE

TOUAT, SAHARA ET SOUDAN

ÉTUDE GÉOGRAPHIQUE, POLITIQUE, ÉCONOMIQUE ET MILITAIRE

Avec une superbe Carte en cinq couleurs

PAR

CAMILLE SABATIER

ANCIEN DÉPUTÉ

PRIX : 6 FRANCS

PARIS
SOCIÉTÉ D'ÉDITIONS SCIENTIFIQUES
4, rue Antoine Dubois
PLACE DE L'ÉCOLE DE MÉDECINE

1891

A MONSIEUR POUYANNE

INGÉNIEUR EN CHEF DES MINES

Monsieur l'Ingénieur,

Si mon ouvrage mérite votre suffrage je me tiendrai pour récompensé.

Le lecteur rencontrera bien souvent votre nom à travers ces pages. Il appréciera bien vite toute la valeur des emprunts que je vous ai faits. Peut-être, sentira-t-il combien, à votre école, je me suis habitué à la sincérité scientifique, au scrupule dans la recherche du vrai.

Que n'ai-je du même coup pu acquérir la rigueur de vos méthodes scientifiques, votre critique si sûre et votre vaste savoir !

A vous ma vive gratitude et mon entier dévouement.

CAMILLE SABATIER.

TOUAT, SAHARA ET SOUDAN

INTRODUCTION

NOTE A L'APPUI DE LA CARTE

Pour plus de clarté dans l'exposition que nous nous proposons de faire, nous supposerons notre carte divisée en cinq feuilles et nous les étudierons dans l'ordre suivant : [1]

1° Du Sud Algérien au bas Touat;
2° Du bas Touat au Tanezrouft;
3° L'Azaouad;
4° Région intermédiaire du Tanezrouft à l'Azaouad;
5° Le Hoggar.

§ 1ᵉʳ — *Du sud Algérien au bas Touat.*

La région comprise entre notre Sud Algérien et le bas Touat a été visitée par quatre explorateurs dont trois européens, sans compter MM. Palat et Douls qu'on ne peut que saluer d'un souvenir, car on ne sait d'eux qu'une chose, c'est qu'ils ont été assassinés.

Le premier explorateur qui nous ait laissé une relation d'un voyage au Touat, est Abi Beker El Ayachi. En 1662 de notre ère, El Ayachi quittait le Draa pour se rendre à la Mecque, passait par Sidjelmessa, — Er Riçani d'aujourd'hui, — traversait la hammada dont il fait un tableau très noir, puis l'oued Guir dont l'importance le frappe, et arrive à Igueli sur l'oued Messaoura. Il descend la vallée en rebord de hammada jusqu'à Tsabits, de là se dirige sur le Deghamcha et quitte le Gourara pour atteindre El Goléa et Ouargla.

---

[1]. Nous n'avons à justifier que la partie originale de notre carte, c'est-à-dire le Sahara Central et Méridional. Le dessin des autres régions a été emprunté aux cartes les plus récentes.

La traduction de cette relation a été publiée en 1880 dans le *Bulletin de la Société de Géographie d'Oran*.

Le deuxième voyageur est le major Laing. Parti de Tripoli, il passe par In Salah et de là se dirige sur Timboktou où il parvient. Mais au retour il est assassiné à Araouan. Ses notes de voyage ont été perdues, mais quelques correspondances ont été en cours de route adressées par Laing à sa femme. On y relève deux déterminations au sextant, toutes deux très précieuses, l'une d'In Salah, l'autre de l'entrée du Tanezrouft.

Vient ensuite l'exploration du Gourara, tentée par MM. Colonieu et Burin. Partis de Géryville avec la grande caravane des Trafi, les deux officiers arrivent jusque sous les murs de Timmimoun dont les portes leur sont fermées. Je ne connais pas de relation écrite de leur voyage, mais les renseignements par eux fournis ont permis à l'État-Major de fixer l'épaisseur du banc de dunes au nord du Gourara.

Le quatrième enfin est l'allemand Rohlfs. Parti d'Abouam au Tafilalet, il traverse la hammada qui sépare la vallée du Ziz de celle du Guir, traverse celle-ci, atteint Igueli, descend l'oued Messaoura jusqu'au bas du Touat. Arrivé à Sali, il tourne à l'ouest, gagne l'Aoulef puis In Salah qu'il quitte pour se diriger sur Ghadamès. Ce beau voyage effectué en 1864, reste encore aujourd'hui la source la plus précieuse et la plus sûre de renseignements. Pétermann dressa sur les notes de voyage de Rohlfs une carte très détaillée de toute la contrée parcourue.

Nous avions déjà, il est vrai, une carte du Touat et du Gourara. Elle avait été établie d'après El Ayachi et une multitude de renseignements indigènes par M. le colonel de Colomb. L'exploration de Rohlfs mit en relief sa remarquable exactitude.

Même après l'exploration très consciencieuse de Rohlfs, il restait cependant encore beaucoup à apprendre sur la vallée de l'oued Messaoura. M. de Colomb avait montré ce que l'on pouvait obtenir de renseignements indigènes. Plusieurs poursuivirent l'enquête. En 1873 je publiais un itinéraire sur renseignements de Figuig au Touat par la vallée de l'oued Zouzfana. En 1880 M. Pouyanne, ingénieur en chef des mines, groupait une foule de renseignements et provoquait de nombreuses recherches auxquelles MM. les capitaines Graulle et Coyne consacrèrent leurs loisirs. Je pus obtenir moi-même à cette époque de nouvelles informations. Les « Documents » publiés par M. Pouyanne en 1882, fixèrent la carte du Touat et esquissèrent celle de l'immense région qui s'étend du Touat jusqu'au Niger.

En 1887, M. le capitaine Bissuel publiait le résultat d'une enquête à laquelle il avait soumis sept Taïtok faits prisonniers dans une razzia récente. Cette étude permettait de rattacher avec plus de précision qu'auparavant le Touat inférieur à la région du Sahara central. Nous discuterons la valeur de ce travail lorsque nous serons amenés à justifier la construction géographique que nous avons adoptée pour l'Adrar Ahnet.

Enfin, il y a un mois à peine, M. le commandant Deporter publiait une volumineuse étude divisée en trois parties dont une est consacrée entièrement au Touat, au Gourara et au Tidikelt. Nous pouvons donc dès maintenant donner notre sentiment sur l'œuvre de M. Deporter.

Le travail accumulé dans cet ouvrage est énorme et les renseignements y sont aussi précis qu'abondants : trop précis, car on se demande comment M. Deporter a pu obtenir de ses informants cette précision ou dans quelle mesure il a pu substituer son appréciation personnelle à celle des premiers. Tant sur les régions voisines que sur celle qui nous occupe, M. Deporter ne nous donne pas moins de 69 itinéraires dont plusieurs sur des parcours absolument inconnus. On comprend tout le prix d'une pareille étude et l'on se prend à regretter d'autant plus amèrement le vice de méthode dont M. Deporter n'a su se défendre dans la mise en œuvre de ses informations.

En effet, M. Deporter poursuit ses itinéraires comme s'il les avait effectués lui-même, et s'il était l'informant direct. Ce n'est pas que M. Deporter essaie de se faire passer pour explorateur. Non, il nous dit lui-même que son livre est fait sur renseignements ; mais ces renseignements, il les a fait·son œuvre.

se les est appropriés, les signe tous de son nom et leur donne tous, quelqu'inégale valeur qu'ils aient entr'eux, la même autorité et le même crédit. On conçoit déjà combien cette méthode déconcerte le critique géographique et éveille ses défiances. M. Deporter traduit par exemple en kilomètres les distances accusées par ses informants. Chacun sait que les sentiers du Sahara ne sont pas kilométrés. Comment a-t-il pu obtenir la précision qu'il apporte à son œuvre ? Sans doute par le système que j'ai moi-même employé, de comparaison avec des points connus. Mais on aimerait connaître exactement quelles sont les distances algériennes qui ont été comparées aux parcours sahariens par les informants eux-mêmes. On aimerait savoir où sont domiciliés ces informants si bien renseignés sur la longueur de nos routes algériennes, et si par aventure ils ne connaîtraient que, pour l'avoir parcourue une fois, cette route prise par eux comme unité de mesure.

Mais souvent M. Deporter a dû n'obtenir de ses informants d'autres renseignements que ceux-ci : « journée complète » ou « marche jusqu'à l'acer » ou « longue journée, » etc. La détermination en kilomètres devient alors très arbitraire. Sans doute des hommes comme M. Deporter restent fidèles à la vérité, mais cette fidélité laisse elle-même une certaine marge à l'appréciation personnelle et lorsque, comme M. Deporter, on accompagne ses itinéraires d'une carte, on est tenté, très véhémentement et très loyalement d'ailleurs, de tirer sur les itinéraires comme sur un fil élastique, tantôt les laissant se raccourcir, tantôt les allongeant pour permettre une construction cartographique qui concilie les renseignements venus de diverses sources. Que si en faisant la carte on rétrécit la distance indiquée on se doit à soi-même, et on ne résiste pas à la tentation de diminuer dans le texte de l'information la distance en kilomètres qui avait été primitivement évaluée. Justifiée ainsi, après coup, par des itinéraires remaniés, la carte devient *incontrôlable* et perd singulièrement de son autorité et de son crédit auprès du géographe, tandis que du même coup ces itinéraires, devenus suspects par le remaniement qu'ils ont subi, ne peuvent plus servir eux-mêmes à l'établissement d'une carte nouvelle.

Autre point de vue : Voici un itinéraire pris au hasard. Est-il dû à la déposition d'un seul? A-t-il été indiqué par plusieurs, mais interrogés ensemble et concertant leur réponse? Enfin, a-t-il été indiqué par un informant et confirmé par un autre à une date ultérieure? Le critique géographique aimerait à être renseigné d'une façon précise à cet égard. « *Testis unus, testis nullus* » est vrai en pareille matière et n'y a-t-il pas erreur de méthode à placer en ligne tous les itinéraires obtenus, mélangeant ceux qui appellent une confirmation ultérieure avec ceux qui sont déjà contrôlés et les enveloppant ainsi auprès du critique dans une égale suspicion.

Jusqu'ici, par exemple, on avait considéré comme la base la plus solide d'une construction géographique de l'Azaouad les renseignements si précis, si autorisés de Barth. Vient la carte de M. Deporter qui bouleverse tout cela. Ah! si M. Deporter avait vu! Mais M. Deporter, c'est un Touareg, un Nègre, un Arabe dans la circonstance qui l'ont renseigné. Eh bien nous aimerions à connaître ces informants, savoir combien de fois ils ont fait le voyage, savoir s'il y en a d'autres qui ont vu comme eux, et faute par M. Deporter de nous fixer à ce sujet on n'utilisera le plus souvent ces itinéraires qu'à titre de simple renseignement, quand ils combleront les lacunes de Barth et non quand ils contrarieront ses informations.

Quand il a plusieurs informants pour un même itinéraire, M. Deporter doit être encore plus embarrassé. Quiconque veut réfléchir admettra a priori qu'il existe des divergences fatales entre eux, notamment sur l'orientation et sur les distances. A qui M. Deporter s'en rapportera-t-il? Prendra-t-il une moyenne? ou bien adoptera-t-il la distance qu'il lui sera le plus facile de traduire dans la construction de sa carte?

Mais j'arrête là les critiques et très volontiers je reviens au mérite très grand d'ailleurs de ce travail. Particulièrement en ce qui concerne le Touat, les tableaux statistiques publiés sont du plus haut intérêt.

Nous avons donc, de la région comprise entre le Sud-Algérien et le Tanezrouft, quatre cartes qui sont, par ordre chronologique, celle de M. de Colomb, celle de Pétermann, celle de M. Pouyanne, celle de M. Deporter.

Malgré son très grand mérite, la première a vieilli. La deuxième, de laquelle on ne saurait sans présomption s'écarter sérieusement, a été, de la part de M. Pouyanne, l'objet d'une révision qui, à notre avis, l'a améliorée considérablement en deux points mais qui, sur un troisième point, n'a pas été aussi heureuse. Quant à M. Deporter qui ne mentionne pas la carte de M. Pouyanne parmi celles, très peu nombreuses d'ailleurs qu'il a consultées, il semble s'être surtout inspiré de la carte de Pétermann qu'il a seulement enrichi d'un certain nombre de mentions nouvelles.

C'est dès lors aux deux cartes Pétermann et Deporter qu'avec M. Pouyanne je ferai un gros reproche : celui d'avoir négligé pour In Salah la détermination en latitude que nous devions au major Laing. Je laisse à M. Pouyanne, dont je partage pleinement l'avis, le soin de justifier le reproche : « On doit au major Laing l'indication d'une latitude de $27° 11' \frac{1}{2}$ pour In Salah. Les géographes allemands ont rejeté cette indication en se fondant sur ce que les instruments du major Laing avaient été abîmés dans son voyage. Cette raison me semble bonne pour la longitude, les chronomètres étant très faciles à déranger par le sable. Elle ne me semble pas admissible pour les latitudes relevées au sextant. Cet instrument est facile à régler s'il s'est dérangé. En cas d'une détérioration trop forte d'un horizon artificiel, il est facile d'y suppléer en temps calme, au moins pour l'observation du soleil, de l'huile suffisant parfaitement en ce cas. L'horizon même du sud du Tidikelt suffit certainement pour une mesure de latitude à 2 ou 3 minutes au plus. Enfin, il est établi que le major Laing avait encore un sextant au moins quand il a été assassiné, car cet instrument a été vu par Caillié entre les mains d'un des meurtriers, et le major Laing avait prouvé ailleurs que les mesures astronomiques lui étaient familières. Il me paraît donc impossible de rejeter le seul chiffre précis qu'on ait possédé pour In Salah..... Si de plus on place à partir de Timassinin la portion de l'itinéraire de Rohlfs comprise entre ce point et In Salah, tel qu'il est représenté sur la carte des Mittheilungen, en prenant pour Temassinin la nouvelle position déterminée par la mission Flatters, In Salah descend beaucoup au sud, et il suffit de faire subir à l'itinéraire une rotation d'ensemble de deux degrés, autour de Temassinin comme centre, pour qu'In Salah vienne sur le parallèle que lui assigne le major Laing ».

Je n'ajouterai à cette démonstration qu'un seul argument récemment fourni par M. Deporter contre lui-même. Les itinéraires de cet officier, de Goléa à In Salah et de Ouargla à In Salah marquent, celui-ci 636 et celui-là 390 kilomètres. La distance réelle séparant El Goléa et Ouargla d'In Salah, descendu à la latitude donnée par Laing, est de 640 et 390 kilomètres. On voit que l'écart est absolument insignifiant et que la latitude astronomique de Laing, si d'ailleurs elle avait eu besoin d'une confirmation, est pleinement confirmée.

Constatons donc dès ce moment entre ma carte, conforme à celle de M. Pouyanne, et les deux autres cartes une différence de dix-neuf minutes relativement à la latitude d'In Salah.

Une deuxième différence existe quant au point d'Igueli et au tracé de l'oued Messaoura à partir de ce point jusqu'à Blad-Bouda. J'ai ici encore pleinement admis la construction de M. Pouyanne, qui, pour des raisons très fortes, déplace de quelques minutes Igueli vers l'ouest. Loin d'être contraire au texte de Rohlfs, cette construction en constituait au contraire une interprétation plus étroitement fidèle. Depuis la carte Pouyanne a paru celle de l'État-Major, dressée suivant les travaux du capitaine de Castries. Des relevés pris sur l'oued Zouzfana, en aval de Figuig, et des renseignements recueillis par cet officier et plus tard par moi-même, il semble résulter que M. Pouyanne n'a peut-être pas encore déplacé Igueli suffisamment vers l'ouest. Nous acceptons donc la construction Pouyanne à titre transactionnel.

Dans le bas du Touat nous nous séparons au contraire de

notre éminent ami et rapprochons l'oued Messaoura de l'Aoulef. Les itinéraires nombreux de M. Deporter qui rattachent divers points de l'oued Messaoura à l'Aoulef, à l'Aouguerout et à Akabli, survenant après l'avis implicitement contenu dans la carte Pétermann, m'ont décidé à cette modification.

Dans une petite carte séparée nous avons mis en relief le nombre des ksours. Si l'exiguité de l'échelle l'eût permis nous les aurions indiqués tous. Du moins en manque-t-il très peu grâce à M. Deporter qui a complété la liste que nous en possédions déjà.

§ 2. — *Région du Bas Touat au Tanezrouft.*

Nous n'avons sur cette région que trois cartes antérieures à la nôtre : celle de M. Pouyanne, celle de M. Bissuel et celle de M. Deporter. Tous les renseignements que nous possédons sur la région sont de source indigène, sauf une détermination astronomique puisée dans la correspondance de Laing.

Mais auparavant nous avons à présenter au lecteur l'ouvrage du capitaine Bissuel « les Touareg de l'Ouest ». En août 1887 un Rhazzou (parti de pillards) composé de quarante Touareg Hoggar montés à Méhari avait tenté d'enlever les troupeaux des Chambâa. Ceux-ci prévenus se lancèrent à la poursuite du Rhazzou, lui tuèrent vingt-cinq hommes et firent sept prisonniers. Conduits à Alger, ces derniers furent interrogés par M. le capitaine Bissuel. Le livre « les Touareg de l'Ouest » est né de cette enquête [1].

M. Bissuel prend autant de soin de dégager sa responsabilité et de s'abriter derrière ses informants, que M. Deporter en prend peu. Il enregistre comme un simple notaire et ce procédé n'est pas sans accroître l'autorité des renseignements qu'il donne en indiquant dans quelles limites on peut les soupçonner d'erreur. Il y a bien une carte dans son livre : mais elle n'est pas de lui. Les Taïtok ayant, sur l'offre faite spontanément par l'un d'eux, tracé sur du sable humide les mon-

[1] Jourdan, éditeur, Alger.

tagnes et les vallées de leur pays, M. Bissuel s'est borné à en reproduire la figure sur du papier. Ceux qui ont vu, comme M. Pouyanne et moi, un informant, ancien esclave des Hoggar, Belal ben Mohamed, tracer sur une table avec des petites pierres et un fil une carte ayant le Hoggar pour centre et pour points extrêmes In Salah, Ouargla, Ghadamès, Rhat, Agadès, Tinboktou et Boudjébéa, ne dédaigneront certes pas cette carte improvisée des Taïtoq et l'étudieront avec soin. Barth s'étonnait déjà à Tinboktou de l'esprit d'observation des Touareg et de leur connaissance approfondie des choses de la nature. En particulier le sens géographique se développe d'une façon surprenante chez ces pirates du désert, qui tout aussi bien qu'un pilote consommé, interrogent les étoiles et comparent les distances avec une étonnante précision. Des itinéraires très détaillés complètent, et parfois rectifient la carte des Taïtok. Tout l'ouvrage offrait assurément le plus vif intérêt; j'avoue cependant que la première impression me fut fort désagréable. J'en dois la raison au lecteur :

En 1880, frappé de la difficulté qu'il y avait à admettre avec M. Duveyrier que l'oued Tirejert ou Tegbazert qui naît dans le Mouydir et se poursuit incontesté jusqu'aux environs d'Iuzize, allât de ce point rejoindre l'oued Drâa, j'avais été amené dans mon « Mémoire sur la Géographie physique du Sahara Central » à admettre que ce fleuve allait au Niger le long de l'Adrar. De même l'oued Messaoura masqué un instant par les dunes d'Iguidi, rejoignait, d'après mon sentiment, l'oued Teghazert à Iuzize et avec lui aboutissait au Niger. Conforme aux indications que les gens du Touat avaient données à Rohlfs, ainsi qu'en témoigne une mention de la carte, cette hypothèse paraissait confirmée par les premiers renseignements et, en tant qu'hypothèse, fut admise comme plus vraisemblable que l'hypothèse Duveyrier par M. Pouyanne d'abord, puis par M. Beringer le compagnon de Flatters, ainsi qu'il résulte d'un passage de la correspondance de la mission, enfin par diverses sommités géographiques. Or, la carte Bissuel démolissait mon hypothèse, non, il est vrai, au profit de celle de M. Duveyrier, mais d'une troisième, imprévue, qui envoie l'oued Messaoura au Djouf ainsi que le Tirejert, hypothèse qu'aujourd'hui je considère comme infiniment vraisemblable.

Même les hommes les plus sincères, — et je crois en être, — ont toujours quelque peine à changer d'opinion. Aussi voulus-je soumettre l'œuvre de M. Bissuel à une critique attentive. La critique donna raison à l'opinion de ce dernier et me persuada de la grande valeur des renseignements inattendus que M. Bissuel apportait. En effet la région qu'il nous révélait était avoisinée par une série de renseignements antérieurs. Les renseignements de Barth la touchaient au sud par l'itinéraire d'Iuzize à Gogo et la pénétraient même quelque peu. Or les renseignements de Barth, communs avec ceux de M. Bissuel, cadraient depuis Iuzize jusqu'à Inazal. De même M. Bissuel nous décrivant une ligne d'Iuzize à Taodenui, rencontrait près du point d'arrivée un puits de Guettara mentionné par Barth sur une ligne trop sommairement donnée de Mabrouk à Taodenui pour qu'on ait cru jusqu'alors pouvoir en faire état. Dans les environs d'Ouallen les indications de la carte Bissuel étaient conformes aux renseignements si précis fournis par Aòmar ben Ahmed. De même la ligne d'Akabli à Iuzize qui nous était très bien connue grâce à El Ouarani, à Barth et à Aòmar ben Ahmed, se retrouvait avec une précision parfaite et grande abondance de détails très concordants avec les données antérieures, dans un itinéraire des Taïtok. Enfin, et ce point me frappa tout particulièrement, la carte Bissuel se rattachait très aisément vers l'est, en deux points, celui de Teharraket et celui de Tala Ohit, avec un itinéraire fourni par Barth avec recommandation spéciale depuis Agadès jusqu'à In Salah, itinéraire que faute de pouvoir le rejoindre sur son long parcours avec quelque autre point connu, on dessinait jusqu'alors à l'aventure sur les cartes. D'ailleurs un autre itinéraire Taïtok, de Silet à Talak, retrouvait dans la partie méridionale ce même itinéraire de Barth, l'empruntait même pendant plusieurs étapes et toujours les renseignements concordaient.

Il n'avait pu me venir un instant à l'esprit de douter de la compétence des informants de M. Bissuel. Leur sincérité d'autre part devenait évidente, sous une réserve que je formulerai. Je ne pouvais donc qu'accepter leur carte telle qu'elle dans la partie centrale sur laquelle leurs renseignements étaient les seuls possédés, et d'autre part je ne pouvais qu'apporter une très grande discrétion dans les modifications que les renseignements venus d'autres sources m'invitaient à apporter aux itinéraires décrits déjà antérieurement aux Taïtok. C'est ce qui explique que j'aie reproduit presque exactement la carte des Taïtok sur ma propre carte. J'ai toutefois cru devoir faire subir une légère modification à l'orientation générale. Telle qu'elle était présentée par les Taïtok la carte mettait Ouallen presque exactement au nord d'Iuzize. S'il en eût été ainsi on se serait difficilement expliqué que les caravanes au départ d'Ouallen, au lieu de s'imposer sept jours de Tanezrouft pour atteindre Im Rannan, ne fussent pas descendues à Iuzize pour poursuivre par la route orientale où la traversée sans eau est notablement plus courte. J'étais donc très disposé à croire que la carte des Taïtok était un peu trop orientée vers le nord. M. Deporter est venu me confirmer dans cette opinion, car dépassant de beaucoup mon sentiment il porte, d'après ses renseignements, Ouallen non plus au nord à peine ouest, mais exactement à l'ouest d'Iuzize. C'est méconnaître absolument les renseignements Taïtok que d'adopter cette construction et renverser toute l'orientation donnée par eux à l'Ahnet. Je me suis borné au contraire à incliner légèrement tout le massif en gardant entre les divers points les relations exactes indiquées par les Taïtok.

J'ai formulé une réserve touchant la sincérité des Taïtok. Elle ne touche pas à la construction de la carte ; je l'expliquerai cependant pour dissiper toute inquiétude dans l'esprit du lecteur :

Demande-t-on des renseignements aux Taïtok sur le nombre et la force des tribus du Hoggar, ils se taisent. C'est évidemment un renseignement qu'il leur paraît dangereux de nous donner. De même, sont-ils amenés à nous indiquer la population de Titt dans le Hoggar, ils avancent le chiffre fantastique de dix mille. Ils pensent évidemment nous faire peur. De même ils taisent les points d'eau qui avoisinent leur pays dans une certaine mesure. Ils ne citent dans la région d'Iuzize qu'un seul point d'eau, celui qui est placé bien au centre de la région alors que nous devons tenir pour certaine, eu égard à la concordance de renseignements très nombreux, l'existence de nombreux réservoirs naturels. C'est sous l'empire des mêmes préoccupations que, pour défendre par la soif l'abord de leur pays, les gens d'In Salah comblaient si vite le Hassi el Colonel que, sur les ordres de Flatters, les chameliers de la mission avaient creusé sur la route.

En définitive leur déposition dans sa partie surtout de géographie orographique et hydrographique constitue un document des plus précieux et dont nous avons fait état sans nous permettre d'autre modification que celle plus haut indiquée.

Restait, une fois la carte des Taïtok adoptée, à la mettre en bonne place comme carte d'ensemble. Les itinéraires nombreux que nous possédions de Taourirt ou d'Akabli à Ouallen, d'Akabli à Iuzize le permettaient quant à la latitude avec une suffisante approximation, mais nous avions mieux qu'une approximation, nous avions ici une détermination astronomique. Il s'agissait, à priori, d'en faire emploi.

Revisant dans la *Quaterly Rewiews* les nouvelles qu'on avait pu obtenir du voyage de Laing, M. Pouyanne y découvrait un relevé astronomique qui n'avait pu être extrait évidemment que de la correspondance même de Laing. Comment arriva-t-il à en faire emploi; c'est ce que nous laisserons à M. Pouyanne lui-même le soin de nous apprendre : « Nous lisons dans les renseignements de la *Quaterly Rewiews* que Laing a quitté In Salah le 10 janvier 1826, et que le 26 du même mois la caravane touchait à l'entrée du Tanezrouft par 23° 36, de latitude et 2°-40 de longitude est de Greenwich, à vingt journées environ de Tinboktou. Ces renseignements en chiffres ne peuvent avoir été naturellement tirés que de la correspondance de

Laing. Le texte ajoute qu'au même moment le major était en excellent état et qu'il écrivait n'avoir trouvé partout qu'hospitalité et bonne volonté. Il suit de là indubitablement que le 26 janvier dans la journée Laing n'avait pas été attaqué par les Touareg et ne soupçonnait même pas la possibilité d'une attaque.

« Je remarquerai de suite quant aux chiffres, qu'il y a lieu sans doute de se méfier de la longitude, puisqu'on tient de Laing lui-même, que son chronomètre s'était arrêté en route ; mais il n'en est pas de même de la latitude. La détérioration de l'horizon artificiel qu'il signale, est indiquée comme une difficulté de s'en servir pour l'observation et nullement comme une impossibilité. Et d'ailleurs, on peut aisément y suppléer avec un peu d'huile, si le temps est calme. Il ne me semble donc pas que l'observation puisse comporter une erreur de plus de deux ou trois minutes, la valeur de Laing comme observateur étant bien connue. Par suite je ne puis qu'admettre le chiffre de 26° 56, et le regarder comme un renseignement très précieux.

« Laing avait donc voyagé jusque-là tranquillement et paisiblement. La latitude à laquelle il était arrivé, (au Tanezrouft), prouve à elle seule que sur les deux routes du Tidikell à Tinboktou, qui se forment d'ordinaire, l'une occidentale par Ouallen, l'autre orientale par Iuzize ; c'est celle-ci qu'il avait prise.

« En continuant le texte de la *Quaterly-Rewiews* nous voyons que peu de jours après la réception à Tripoli des dépêches du 26 janvier, il courut dans cette ville de mauvais bruits sur le compte de la caravane, et que le 20 septembre on y reçut une nouvelle lettre de Laing, datée ou plutôt non datée du Tanezrouft, (c'est-à-dire écrite au Tanezrouft sans indication de jour). Dans cette lettre écrite à sa femme, et évidemment pour la rassurer, dit la Revue, il ne se loue plus de tout le monde comme dans la précédente. Il se déclare d'abord en bon état et remis d'une indisposition. Il dit qu'il a été fort ennuyé par les Touareg, et s'excuse de n'écrire que quelques mots à cause d'une blessure à l'index. Il est évident d'après cela, que la lettre a été écrite après l'attaque subie par Laing. Cette attaque a donc eu lieu entre le point où le voyageur se trouvait le 26 et l'intérieur du Tanezrouft.

« En poursuivant notre texte nous voyons que les mauvais bruits qui avaient couru à Tripoli ne furent que trop confirmés à l'arrivée de Hamet, domestique arabe de Laing, qui l'avait quitté chez le cheik Moktar, et apportait les dernières lettres qu'on ait reçues de lui. Hamet raconte qu'ils voyagèrent en quittant le Touat, à raison de huit heures par jour, avec marche forcée quand le besoin d'eau l'exigeait ; que le onzième jour vingt Touareg se joignirent à eux, et que le seizième ces Touareg attaquèrent le major couché dans son lit. Ce devait être en réalité le dix-septième, puisque Laing parti le 10 janvier, n'avait point encore été attaqué le 26 dans la journée. Hamet n'a donc point parfaitement compté, si, comme il arrive souvent, la caravane est partie tard ce jour-là pour ne faire qu'une très petite marche.

« Hamet ajoute que l'attaque a eu lieu dans l'ouadi Ahemet et ce renseignement est pleinement confirmé par Barth, lequel tenait ses informations de la famille qui a secouru Laing..... »

De tout ce qui précède, M. Pouyanne conclut, et sa conclusion nous paraît indiscutable, que le major Laing touchait au Tanezrouft avant l'attaque, qu'il a été attaqué dans l'ouadi Ahennet ou Ahnet, c'est-à-dire avant de s'être engagé dans le Tanezrouft. Il n'y a donc pas de doutes que l'attaque a eu lieu au point de contact dont Laing venait de donner les coordonnées dans une lettre à sa femme.

M. Pouyanne identifiait l'ouadi Ahennet avec l'ouadi Iuzize. Les renseignements ultérieurs ont confirmé à peu près cette identification. Il n'y a pas d'oued Ahennet proprement dit : il y a un pays d'Ahnet ou Ahennet qui est arrosé par plusieurs rivières. Quelle est celle qui peut assez naturellement, pour les caravanes de Tinboktou, s'appeler oued Ahennet? C'est sans doute la plus importante de celles que les caravanes rencontraient en longeant le pays. Or la carte des Taïtok ne nous signale que deux rivières, l'une de trente kilomètres, l'oued In-Ihahou ou Iuzize, l'autre l'oued Tirejert, assurément de plus grande importance. Le point où les caravanes coupent celui-ci, est précisément le point où il vient de recevoir l'oued Iuzize. C'est à ce point précis, qui se nomme exactement Foum el Filali, que les caravanes qui, du nord vont à Tinboktou, comme celle de Laing, campent au pied de la petite berge du Tanez-rouft avant de s'engager dans celui-ci. C'est donc exactement à Foum el Filali que se trouvait Laing, quand il releva le point et détermina la latitude.

Pour en finir avec ce qui précède, je ferai remarquer que d'après les nouveaux renseignements, il devient certain qu'Iuzize n'est plus un point déterminé, mais une petite région longue de quarante à cinquante kilomètres depuis Foum el Filali au nord jusqu'au pied sud de la montagne d'où s'écoule l'oued In Ihahou.

Nous sommes donc fixés sur la latitude de Foum el Filali; elle est à deux ou trois minutes près de 23° 56. Il s'agit maintenant de déterminer la longitude, les calculs de Laing étant en ceci sans valeur.

Pour nous aider nous avons : 1° Les itinéraires qui relient Ouallen dont la position vis à vis d'Iuzize nous est connue, à Taourirt; 2° ceux qui relient Iuzize à Akabli et aussi Ouallen à Akabli; 3° le rattachement du pays d'Ahnet par l'itinéraire sur Ouahaïen avec la ligne donnée par Barth, d'Agadès à In Salah; 4° les itinéraires plus longs et comportant par conséquent plus de chances d'erreur, de Tinboktou à Iuzize et de Gogo à Iuzize; 5° enfin, et tout récemment, un itinéraire direct d'In Salah à Iuzize. Celui-ci nous est parvenu alors que déjà nous avions fixé, d'après le dessin des Taïtok, la région d'Iuzize sur notre carte. Il n'est que de dix-huit kilomètres plus court que la distance fixée sur notre carte, et, eu égard à la longueur de la ligne, constitue un vingtième en désaccord, ce qui n'est pas bien grave. Toutes les autres informations sont conciliées par la longitude que nous avons adoptée et que traduit notre carte.

La région d'Iuzize et l'Ahnet marqués entraîneront par une étude attentive des itinéraires Taïtok la position de Timissao, de Silet et d'Ouahaïen, les deux derniers se reliant à la ligne fournie à Barth d'Agadès et In Salah, et le premier à sa ligne d'Iuzize à Gogo. L'horizontalité presque absolue du pays nous a fait supposer les lignes exactement droites. Nous avons eu peut-être tort et il se pourrait que Timissao par exemple doive être placé un peu plus au nord que sur notre carte. Un itinéraire de M. Deporter d'Iuzize à Timissao est en effet un peu plus court. Mais j'ai déjà indiqué en quelle défiance j'ai les évaluations de distances que nous donne M. Deporter. Il ne m'a pas dès lors paru possible de sacrifier l'appréciation des Taïtok. Il serait bien désirable qu'un troisième informant vienne départager les deux opinions jusqu'ici émises.

Mais il est une indication que nous devons à M. Deporter, et dont nous devons vivement le remercier. C'est celle qui nous signale expressément sur la ligne d'Iuzize à Timissao, non seulement l'oued Takouiats que nous savons par des Taïtok n'être autre que l'oued In Amedjel prolongé, mais encore l'oued Timanrasset et l'oued Ifog, tous deux nés au faîte du Hoggar. Une indication des Taïtok touchant l'oued Timanrasset, était conforme à cette donnée, mais elle était conçue en termes vagues et peu précis. Les renseignements de M. Deporter permettent de l'utiliser en la précisant et la complètent le plus heureusement possible. Nous avons ainsi une notion très nette de l'hydrographie de tout le versant occidental du Hoggar.

Nous avons encore un remerciement de même ordre à adresser à M. Deporter. N'allant plus au Niger comme je l'avais cru, où donc pouvait bien aller l'oued Messaoura. Fallait-il le condamner à une mort obscure et définitive dans les sables de l'Iguidi, ou bien le forcer à regagner le Draa comme le voulait M. Duveyrier.

Une altitude relevée par Lenz, — la plus basse de celles observées pendant tout le voyage, — marquait 130 mètres dans la vallée de Télig aux environs de Taodenni. Le Djouf placé un peu plus à l'ouest, devait être vraisemblablement encore un peu plus bas. Est-ce que ce *ventre* du désert, car tel est le sens de l'expression Djouf, n'absorberait précisément pas l'oued Messaoura et le Teghazert? Sans doute les altitudes relevées par Rohlfs, si elles étaient exactes, ne permettraient pas de le supposer. Elles s'opposeraient, il est vrai, avec plus de force encore à la fugue du Messaoura vers le Drâa coupé par Lenz à une altitude plus élevée que l'oued Teli. Mais le même baromètre de Rohlfs qui avait marqué 105 mètres à Sali, marquait à In Salah 137 mètres. Or, M. Soleillet trouvait en ce dernier point 267 mètres. Nous savons en outre, du baromètre de Rohlfs, que depuis deux ans il n'avait pu être vérifié et réglé et et qu'il avait subi des heurts sans nombre. Celui de M. Soleillet nous paraît donc mériter plus de confiance. Or pas n'est besoin de lui donner raison contre celui de Rohlfs jusqu'à concurrence de 130 mètres de différence, pour rendre très vraisemblables les relations de l'oued Messaoura avec une dépression située à moins de 130 mètres d'altitude aux environs de Taodenni. Voilà où en était la question, il y a un mois. Il y avait certaine vraisemblance que le Djouf était le déversoir des eaux sahariennes tant du Messaoura que du Teghazert, M. Deporter est venu nous fournir un élément nouveau d'appréciation d'une telle importance qu'il nous paraît devoir fixer les idées sur ce point.

Il nous a transmis un itinéraire qui de trois points du Touat, le Bouda, Tasfaout et le Sali nous mène à Taodenni. Un point surtout de cet itinéraire nous frappe; c'est celui de Hassi Babernous. M. Duporter nous décrit ainsi ce point d'eau : « Cinq puits en activité d'une profondeur moyenne de six mètres, eau abondante et très bonne. Quelques ruines à l'est des puits. A cinq cents mètres il existe encore près de ces ruines trois cents ou quatre cents palmiers djali actuellement abandonnés. » L'existence sous ces latitudes d'un point d'eau aussi abondant ne s'explique guère que par la présence d'une puissante vallée, et le simple aspect de la carte fait tout naturellement penser à l'oued Messaoura. Ce qui me paraît devoir lever les doutes, c'est que la série des puits abondants et peu profonds va, à partir de Hassi Babernous, se continuer dans la même direction. A propos de l'un d'eux l'informant de M. Deporter signale même : « Une vallée assez importante qui vient de L'erg et se dirige parallèlement à l'Oudjh (talus de la dune) jusqu'à Taodenni. »

La construction géographique révèle, en conformité de cette hypothèse, une autre particularité très remarquable. Ayant placé suivant les indications précises de plusieurs informants de 1880 les divers puits de Kouïbi, Ouallel, Amezaïrif et Tagnout, ceux-ci sont venus tomber sur une ligne de prolongement hypothétique, mais fort rationnelle, des oueds Adrem, Tirejert, et Timanrasset, vers la gouttière dont la ligne de puits plus haut signalée nous révélait l'existence.

A la vérité le lecteur peut s'étonner que j'admette aussi aisément l'itinéraire de M. Deporter qui n'est peut-être indiqué que par un seul informant. Mais j'ai pour cela une raison excellente : c'est qu'une déposition de 1880 recueillie par M. Pouyanne nous signalait déjà cette route, à la vérité par fragments non reliés. Appartenant à une caravane peu nombreuse sans doute et qui, — cette préoccupation ressort du texte, — recherchait surtout la sécurité de la route, l'informant de M. Pouyanne ne recherche un point d'eau que quand les outres sont tout à fait vides. Celles-ci remplies il s'enfonce au plus épais des dunes achetant au prix d'atroces fatigues, et d'un parcours plus long la certitude de ne pas être pillé. Aussi ne mentionne-t-il hors des dunes que trois points communs avec l'itinéraire Deporter, la Sebkha Mouïlat, le Hassi el Deheb et le Hassi el Hadjadj. Dans ces conditions nous pouvons tenir pour confirmée l'existence de l'itinéraire Deporter dans sa direction générale sous réserve des modifications de détail que les informations ultérieures pourront inviter à y apporter.

Dès ce moment d'ailleurs nous sommes obligé de nous-même de le modifier quelque peu. En effet pour si haut qu'on remonte Taodenni, sur la position précise duquel nous ne sommes pas encore fixés, on ne saurait le porter au-dessus du parallèle où nous l'avons placé eu égard à l'ensemble des renseignements actuels. Or la distance qui sépare ce point de Taodenni du Touat est d'un dixième environ plus considérable que ne le comporte l'itinéraire Deporter. Force nous a donc été d'augmenter d'un dixième les distances indiquées entre les divers point de l'itinéraire.

§ 3. — *Région de l'Azaouad et de l'Adrar.*

Nous avons ici l'avantage d'un guide sûr, du moins pour un certain nombre de positions.

Parlerai-je des conditions dans lesquelles se trouvait Barth à Timboktou ? Elles sont connues de tous. Pris par El Bakay sous sa sauvegarde, il ne tarda pas à entrer dans son intimité et dans celle de tous les siens. Sous menace de saccager Tinboktou, le sultan du Macina exige de son vassal El Bakay qu'il chasse le chrétien. On invoque auprès de lui l'intérêt religieux, l'intérêt politique. Les Berabich en armes arrivent à Tinboktou, les troupes d'Amdallahi se rassemblent; à Tinboktou même un parti puissant se forme contre le cheik. Le noble protecteur de Barth méprise les menaces, résiste aux prières, rassemble de son côté les Aouelimmiden fidèles, s'apprête au combat et fait si bien qu'il rend à l'Europe et à la science, sain et sauf, ce savant intrépide, plus remarquable encore par le soin qu'il apporte à tout observer autour de lui, même quand il est dans les périls les plus extrêmes, que par son indomptable courage. Je regrette bien quant à moi que Barth ne soit pas un français ; cet allemand est sans contredit un des hommes qui ont le plus honoré l'humanité.

Soit au désert où il campe de longs mois, soit à Tinboktou, autour de Barth se pressaient et les Aouelimmiden et les serviteurs du cheik, tous connaissant admirablement l'Azaouad et l'Adrar. Les informants abondent, également dignes d'être appréciés pour leur bonne volonté que pour la sûreté des renseignements qu'ils donnent. Or, par l'immense superficie africaine à travers laquelle Barth recueille ses itinéraires, du pays de Kong jusqu'au Maroc et de l'Adrar de l'ouest à l'Aïr, il est un point sur lequel un devoir pieux sollicite son attention : c'est El Hilleh que M. Deporter appelle de son nom touareg El Khella. C'est à Hilleh que Laing, laissé pour mort par les Touareg à Iuzize est transporté, recueilli et soigné, précisément par le propre père de celui qui, fidèle aux nobles traditions de sa famille, protégeait Barth si courageusement. Voici en quels termes Barth signale El Hilleh : « Localité célèbre et vénérée. Cette localité doit être très intéressante pour tous ceux qui prennent souci des circonstances où se sont produits tant de sacrifices de vies accomplies en des pénibles efforts qui ont tenté d'ouvrir le continent africain à la science et au commerce de l'Europe. C'est là en effet le véritable endroit où, sous la protection de Mohamed, père de mon noble ami, le cheik El Bakay, le malheureux major Laing se guérit des terribles blessures qu'il avait reçues pendant une attaque nocturne des Touareg dans le ouadi Ahennet ».

Ajoutons qu'El Hilleh était la résidence habituelle du père d'El Bakay, que celui-ci y avait été élevé et que cette localité est considérée comme le berceau de leur famille.

Croit-on maintenant que les renseignements qui seront donnés à Barth au sujet d'El Hilleh seront sûrs et précis?

Or, aucun point de l'Azaouad n'est mieux déterminé par Barth qu'El Hilleh.

Du sud, trois itinéraires rejoignent cette localité. L'un vient de Tossaye sur le Niger, les deux autres de Tinboktou par des points différents. Étudions ces trois routes :

Nous commencerons par la moins précise, celle de Tossaye.

Cette route qui est de cinq journées et passe par le Djebel Nour, « se poursuit, dit Barth, en longues journées de marche que mon informant suppose exactement sud ». La formule employée par Barth quant à l'orientation trahit un doute sérieux dans l'esprit de l'explorateur. Elle nous permet de ne pas obéir rigoureusement à l'orientation accusée et d'infléchir El Hilleh soit vers l'ouest, soit vers l'est, mais pas assez toutefois pour aller jusqu'au nord-est. Nous adopterons comme limites à l'orientation une courbe allant du nord-nord-est de Tossaye au nord-nord-ouest.

Quant à la distance, elle est également très vague. Nous savons par le texte que les cinq journées sont de longue marche et nous présumons bien que ce ne sont pas des journées de caravane chargée, car ce parcours d'El Hilleh à Tossaye n'est pas celui des caravanes de commerce. Il s'agit donc de longues journées de marche accomplies par un groupe de voyageurs appelés à Tossaye par une circonstance particulière, n'ayant point d'impedimenta, ayant choisi leurs meilleures montures et ne redoutant pas les longues étapes. Les limites entre lesquelles on peut se mouvoir pour évaluer pareille distance est de 55 à 65 kilomètres par jour. Provisoirement, prenons une moyenne, celle de 60, et traçons ainsi une courbe de 300 kilomètres dont les points extrêmes iront vis à vis de Tossaye, du nord-nord-est au nord-nord-ouest. El Hilleh ne devra pas s'écarter sensiblement de cette courbe.

Mais voici qui va nous fixer beaucoup mieux. C'est la route qui mène de Tinboktou à El Hilleh par Teneg el Hay:

Bien qu'elle soit insérée aux annexes, je la recopie ici pour que tous ses termes soient présents à l'esprit du lecteur:

« 1 jour 1/2. — Teneg el Hay, puits où toutes les routes se réunissent. (Dans un itinéraire de Tinboktou à Araouan, Barth marque en effet le puits de Teneg el Hay).

1 jour. — Tin Tabont, localité vers la chaleur du jour.

1 jour. — Ouorozil, puits à riche provision d'eau, vers le même moment du jour.

1 jour. — En-Elahi, journée entière. — De là à Boudjébéah en passant par le puits El Touil, deux jours.

2 jours. — Erouk à 3 jours d'Araouan, un jour un quart de Boudjébéah.

1 jour. — Boul-Méhau, puits célèbre et abondant. Une longue journée en voyageant le long d'une vallée comprise entre les collines de sable d'Eguiff et les noires montagnes de l'Adrar du côté de l'est.

1 jour. — El Hilleh avec observation dans le texte que cette dernière étape n'est que d'une demi-journée.

Appliquons maintenant cet itinéraire et observons d'abord que Teneg el Hay qui est, au témoignage de Barth, sur la route de Tinboktou à Araouan, ville située un petit peu à l'ouest de Tinboktou, est également sur une route qui doit nous mener vers l'est puisque nous avons vu qu'El Hilleh se trouve plus ou moins au nord de Tossaye. Ceci justifie l'observation que Teneg el Hay est un point où convergent toutes les routes. Il faut en déduire que, sans s'écarter sensiblement de la direction d'Araouan, la route sur Teneg el Hay a tendance à s'infléchir vers l'est, car sans cela cette localité serait laissée de côté pour se rendre à El Hilleh. Quant à la distance que nous devons considérer comme répondant à l'indication de un jour et demi nous avons un moyen sûr de l'évaluer. Sur l'itinéraire de Tinboktou à Araouan, Barth marque Teneg el Hay comme situé à un jour et demi de Tinboktou et quatre jours d'Araouan. Or nous savons assez bien, par les renseignements de Barth et surtout depuis le voyage de Lenz, la distance qui sépare Araouan de Tinboktou. Elle est à vol d'oiseau de 190 kilomètres. En supposant le crochet nécessité par l'inclinaison probable de Teneg el Hay vers l'est, elle pourra être de deux cents kilomètres. Ceci nous donne pour la journée moyenne d'une caravane qui la franchit en cinq jours et demi, c'est-à-dire un jour et demi de Tinboktou à Teneg el Hay et quatre jours de Teneg à Araouan, 36 kilom. 400 m. ou 36 kilom. et demi. A ce compte la journée et demi de Tinboktou à Teneg el Hay serait exactement de près de 55 kilomètres. Mais les journées de voyage de Tinboktou à Araouan peuvent ne pas être strictement égales et en particulier la journée et demie de Tinboktou à Teneg el Hay peut être un peu inférieure ou un peu supérieure à la moyenne. Or de divers renseignements qui seraient surabondants pour le lecteur, il résulte que la deuxième hypothèse est la vraie et que Teneg el Hay est en réalité à 64 kilomètres de Tinboktou, ce qui fait une journée et demie de caravane même chargée. Le voyage commence donc par une journée de 42 kilomètres. Il y a apparence qu'il va se poursuivre à peu près sur cette première donnée.

Mais la deuxième non plus que la troisième journée ne sont complètes. On arrive : vers la chaleur du jour. Cela nous a paru signifier : tandis qu'il fait encore très chaud, c'est-à-dire vers deux ou trois heures de l'après-midi. C'est un cinquième seulement de la journée en moins, car la marche de la matinée est toujours la plus longue : soit sur 42 kilomètres, longueur de la journée moyenne, 7 ou 8 kilomètres en moins. Les deux journées seront dès lors de 35 à 45 kilomètres chacune. Au départ de Teneg el Hay, nous en dirigerons le tracé vers la courbe qu'on se souvient nous avoir vu marquer au nord de Tossaye pour déterminer El Hilleh.

La journée suivante nous mène à En-Elahi, « journée entière », dit le texte, ce qui veut dire dans le langage de Barth et celui de tous les informants, une journée allant du lever au coucher du soleil, c'est-à-dire notablement plus longue que la journée ordinaire, qui n'est que de huit heures et demie environ. Il faut compter ici deux petites heures de marche en plus, c'est-à-dire une longueur supplémentaire de 8 kilomètres, soit 50 environ.

Puis deux jours nous mènent à Erouk, deux jours ordinaires puisqu'il n'y a aucune mention, vraisemblablement plutôt courts que longs pour reposer les bêtes de la longue course de la veille, soit de 37 kilomètres chacun, ensemble 74 kilomètres. Vient ensuite la longue journée de Boul Méhan. Nous savons qu'une journée entière, dont le mot longue est vraisemblablement ici un synonyme, vaut 50 kilomètres.

Enfin, reste une demi-journée qu'ailleurs Barth nous dit être de dix milles. Comme il ne saurait être question des milles géographiques, car la demi-journée serait de 74 kilomètres en ce cas, mais de milles marins, nous marquerons vingt kilomètres. Or le point où nous arrivons se trouve précisément sur la courbe que nous avions tracée au nord de Tossaye. Nous ne sommes obligés de l'abaisser que de cinq kilomètres, ce qui nous permet de fixer à 59 kilomètres au lieu de 60, chacune des longues journées de marche poursuivies depuis Tossaye.

Nous avons dit qu'il y avait une troisième route. Elle résulte de cette mention que le puits d'Ouen Alchin est donné comme étant à 3 journées d'El Hilleh et à 4 jours de Tinboktou. Or par la construction que nous venons d'expliquer, El Hilleh se place à 312 kilomètres de Tinboktou, ce qui donne pour chacune des sept journées 44 kilomètres, et en supposant une légère courbe 43 environ. On le voit, il n'y a erreur ni dans la manière dont Barth a transcrit les enseignements qui lui étaient donnés sur El Hilleh, ni dans la manière dont nous les avons interprétés.

Voilà une bien longue dissertation pour déterminer un seul point, pensera le lecteur. Nous avons deux raisons pour agir ainsi : la première, c'est que la position d'El Hilleh est une base pour notre construction de l'Azaouad, la deuxième, c'est que nous avons voulu donner au lecteur un exemple de notre manière de procéder, de notre rigueur à appliquer exactement sans arbitraire les renseignements qui, comme la plupart de ceux de Barth, nous paraissent très autorisés.

Revenons maintenant à notre construction de l'Azaouad et remarquons que la détermination d'El Hilleh nous a, chemin faisant, permis de déterminer du même coup tous les puits compris sur la route à partir de Tinboktou. Or il en est un qui est précieux en ce qu'il doit être à la fois à 3 jours d'Araouan et un jour un quart de Boudjébéah, c'est Erouk. Or la position d'Araouan est forcée. Nous l'empruntons à l'itinéraire de Lenz et le plaçons comme le fait l'explorateur par rapport à Tinboktou. Mais il se trouve précisément qu'il tombe à 130 kilomètres d'Erouk, soit 3 journées à 43 kilomètres l'une, ce qui est tout à fait normal, la journée moyenne étant de 41 à 42. Ce nous est une confirmation précieuse de la position d'Erouk.

Ainsi rassuré, nous poserons avec pleine confiance Boudjébéah sur une courbe écartée d'Erouk d'une journée un quart, c'est-à-dire de 41 + 11, soit 52 kilomètres. Or, nous savons que Boudjébéah est à 2 jours d'En Elahi en passant par le puits d'El Touïl. Ceci nous permet de le placer sur le point de la courbe qui se trouve à deux journées d'En Elahi, et comme il semble résulter du texte que le chemin par El Touïl n'est pas le plus direct, faisant la part d'un crochet probable, nous ferons les deux journées petites, soit de 36 kilomètres l'une.

Boudjébéah placé, nous allons pouvoir aisément placer Mamoun et Mabrouk. Barth nous dit en effet dans une autre partie du texte que El Hilleh est situé à deux jours est de Mamoun et à peu près à égale distance de Mabrouk. Dans un autre paragraphe, il ajoute qu'Araouan, Boudjebéah, Mamoun et Mabrouk sont situés sensiblement sur une même ligne. En combinant ces diverses indications, Mamoun tombe à deux petites journées à l'ouest un peu sud d'El Hilleh de 31 kilomètres chacune, et Mabrouk à distance un peu plus courte de quelques kilomètres. Évidemment, cette construction concilie trop bien toutes les données de Barth pour qu'elle s'écarte sensiblement de la vérité. Il est toutefois deux autres indications qui paraissent moins respectées : L'une est celle qui indique que les trois petits ksours de Boudjébéah, Mamoun et Mabrouk, sont sur une même ligne au N. N. E. d'Araouan. Mais M. Pouyanne a très bien démontré que cette indication ne pouvait être que le résultat d'une erreur matérielle et que Barth a écrit N. N. E., pour E. N. E. Il y a d'ailleurs dans Barth un aveu implicite de l'erreur, lorsque, voyant la construction donnée par son cartographe Pétermann à l'Azaouad par suite de cette orientation, il observe que tous les environs de El Hilleh doivent être, selon toute vraisemblance, pris tout un degré plus à l'est que sur sa carte. Reculer d'un degré El Hilleh n'est-ce pas du même coup reculer vers l'est Mamoun et Mabrouk, qui ne sont d'El Hilleh l'un et l'autre qu'à deux jours de distance ?

Cette erreur rectifiée, remarquons que les trois villages seraient « à des distances à peu près égales entr'elles de deux journées, voyage facile avec des chameaux ». Ceci semble indiquer une distance qui peut varier de 38 par jour à 44, soit 70 à 88 kilomètres. Or la distance qui sépare Boudjébéah de Mamoun n'est que de 50, tandis qu'elle est de 88 de Mamoun à Mabrouk. Il est impossible de satisfaire d'une manière absolue à ces diverses prescriptions de Barth; et c'est en nous éclairant des renseignements fournis par les autres informants que nous avons adopté ces diverses distances. D'ailleurs, s'il y a erreur, l'erreur ne peut être que de quelques kilomètres. Tous les renseignements concordent en ce qui concerne la distance de Boudjébéah à Tinboktou. Ceux-ci marquent en effet de six à sept jours de distance ce qui correspond assez bien aux 250 kilomètres à vol d'oiseau, prévus par notre carte.

Il faut craindre, en exagérant les justifications, de lasser même la patience d'une critique. Il m'a suffi de montrer combien, en définitive, une construction des principaux points de l'Azaouad est aisée, grâce à Barth, combien elle se concilie, sauf l'erreur matérielle plus haut relevée, avec les données diverses. Or, jusqu'à présent, tous les renseignements indigènes recueillis se conciliaient sauf un très léger écart tantôt en un sens, tantôt en un autre, avec les données de Barth. Survient M. Deporter qui, ne se préoccupant pas une seule fois de Barth qu'il semble avoir ignoré, bouleverse de fond en comble la conception géographique qu'on avait de l'Azaouad et que tant de renseignements avaient confirmée. El Hilleh dont la distance de Tinboktou paraissait si bien précisée, n'est plus à 310 kilomètres, mais bien à 390. Teneg-el-Hay n'est plus sur la route d'Araouan, En-Elahi, sur celle de El-Hilleh. Ce puits n'est plus qu'à 16 kilomètres de Ouorouzil dont il était, d'après Barth, à une journée entière de marche. Ouorouzil qui était fixé avec de précision à 134 kilomètres de Tinboktou, en est rejeté à plus de 220. Les deux journées de marche qui doivent séparer El-Hilleh de Mamoun et de Mabrouk se transforment en 120 kilomètres d'El-Hilleh à Mabrouk, en 160 de El-Hilleh à Mamoun. Enfin les quatre ksours Araouan, Boudjébéa, Mamoun et Mabrouk ne sont en aucune façon sur une même ligne, mais au contraire se développent dans des sens très divers. Il ne reste donc rien des indications de Barth. Elles sont tenues pour nulles. Eh bien

— le lecteur s'en doute déjà — ce n'est pas Barth qui dans tout ce différend se trompe mais bien M. Deporter et, vis à vis de lui-même, je n'en veux d'autre preuve que cet itinéraire si précieux puisqu'il est celui de la grande Akkaba qu'il donne comme annexe à la fin de son volume, tel quel, sans avoir eu le temps de l'évaluer ni le remanier. Sa carte à la main qu'il veuille m'expliquer comment l'Akkaba peut bien aller pour se rendre à Tinboktou de Mamoun à El Touïl, de Touïl à El Aroug, et de ce point ci, en trois jours, à Tinboktou. Au contraire, avec la construction tirée des données de Barth, cet itinéraire, nouveau d'ailleurs, vient se placer sans difficulté jusqu'à Tinboktou. Ah! que M. Deporter se serait évité des mécomptes, s'il se fut borné à nous donner telles qu'il les recueillait, les dépositions de ses informants! [1]

M. Pouyanne avait déjà montré dans sa carte dont la mienne diffère peu, tout le parti qu'on pouvait tirer des indications de Barth. Si M. Deporter avait suivi sa méthode, ayant sous la main tant d'informants si bien renseignés, il eu pu, au lieu de nous donner une carte à reprendre du commencement jusqu'à la fin, nous présenter au contraire de l'ensemble du Sahara, un relevé presqu'aussi exact que celui qui serait résulté d'explorations européennes. Il a recueilli en effet des informations de tout premier ordre sur une région jusqu'ici à peine connue de nom seulement, et dont l'importance est grande au point de vue commercial, capitale au point de vue politique, l'Adrar des Aouelimmiden.

A la vérité Barth nous avait fourni quelques pierres d'attente pour la construction d'une carte de ce massif. Il nous signalait dans une phrase qui est déjà passée sous les yeux du lecteur, à l'est d'El Hilleh, les noires montagnes de l'Adrar, entre El Hilleh

---

[1] M. Deporter lui-même, fort embarrassé sans doute pour trouver une construction qui concilie ses diverses informations, trahit à tout instant son indécision. Sa carte accuse des crochets que ses itinéraires ne justifient pas. Enfin, tout l'Azaouad et tout le Taganet ont dû être remaniés au dernier moment, car les positions de Mabrouk, Mamoun, Boudjébéah, telles que les donnent les dernières feuilles parues dans le courant de janvier, sont entièrement différentes de celles indiquées dans la feuille d'assemblage parue en décembre.

et Tossaye, mais plus près d'El Hilleh le Djebel Nour, contre l'angle nord-est du Niger le Djebel Azerharbou qu'il indiquait comme un dernier contrefort de l'Adrar.

Dans l'itinéraire Largeau, si intéressant d'ailleurs, nous relevons de grandes montagnes hantées par les lions et couvertes de grands arbres aux environs de Tadjidaït. Malheureusement Tadjidaït signalé comme étant à neuf journées de marches d'un point à peu près connu Et Touïl ne pouvait être placé avec précision quoiqu'il ne parût pas éloigné d'El Hilleh.

Avec ces renseignements on pouvait soupçonner mais non dessiner le contour de l'Adrar.

Un renseignement Bissuel, l'itinéraire de Timissao à An ou Mellen qui avait une étape commune avec celui de M. Largeau jusqu'à Anafis et qui recoupait à un autre point vraisemblablement plus oriental un oued, l'Ifernan que M. Largeau nous avait signalé sous le nom d'Infennal, apporta plus tard une donnée précieuse. Décidément nous tenions l'angle nord-ouest de l'Adrar. Nous pouvions dessiner le Djebel Tirek. En réserve nous avions tout un itinéraire fort intéressant par ses eaux vives comme celles de l'oued Ourtadja, ses montagnes comme celles du Djebel Tirahar; mais nous ne pouvions encore le fixer faute d'une recoupée qui nous permît de savoir où il aboutissait. M. Deporter est venu très heureusement combler la lacune avec ses trois itinéraires assurément les plus précieux de son volume, d'Iuzize à Tinboktou par Timissao, de Timiaouïn à Tinboktou par l'Adrar el Foukani et de Tinboktou dans l'Adrar. Ayant mal placé Iuzize, beaucoup plus haut que la latitude de Laing, il avait dû naturellement remonter Timissao déterminé par Iuzize, puis remonter El Hilleh — qu'il appelle du nom touareg N'Kella, — qui se déterminait à partir de Timissao. Aussi la traduction de ses itinéraires sur sa carte est-elle complètement erronée. Mais Iuzize mis en bonne place, et par suite Timissao, El Hilleh également et aussi Ouorouzil, puits où aboutit un des trois itinéraires, nous eûmes la grande satisfaction de voir que les itinéraires Deporter se plaçaient d'eux-mêmes, en tenant seulement compte d'un léger raccourcissement pour les contours des ravins et des montagnes. Nous reconnûmes qu'il rencontrait en place convenable soit des points fixés par Barth, tels que l'oued Inhouri qui, son nom l'indique, descend du Djebel Noûr, et la vallée Eghazar très nettement identifiable avec l'Irrharar dont nous parlerons tout à l'heure, soit Tidjedaït de Largeau, soit des points fort nombreux de l'itinéraire Taïtok de Timissao à An ou Mellen. El Hilleh se déterminait sensiblement comme Barth l'avait déterminé lui-même, et cette circonstance ne fut pas sans nous donner grande confiance dans les informants de M. Deporter quant aux trois itinéraires dont j'ai parlé.

Ainsi toute la partie occidentale de l'Adrar se trouvait construite. Nous avons même pu, nous appuyant sur cette construction, placer quelques-uns des nouveaux points d'eau de l'Azaouad et du Taganet que signale M. Deporter. Au contraire nous n'avons pu faire état d'un certain nombre d'autres, soit parce que les renseignements antérieurs y contredisaient, soit parce que nous n'avions point confiance dans l'itinéraire qui les comprenait. Il faudra attendre à leur sujet une nouvelle enquête.

Abordons maintenant une question importante, non seulement au point de vue de la géographie pure, mais encore au point de vue économique et politique :

Barth signalait dans l'itinéraire d'Agadés à In Salah, aux flancs sud-ouest du Hoggar, en même temps que d'autres rivières un oued Egharaghen. A deux jours d'El Hilleh, vers l'est, il marquait une belle vallée d'Eghazar. Il nous apprenait enfin qu'un district qui côtoie l'Adrar s'appelle Tirehst ou Tigehst. En 1880, un informant, Mohamed ben Ahmed, né esclave au pays des Aouelimmiden, me disait : « En outre d'un grand nombre de petits ruisseaux, il n'existe dans mon pays qu'une grande rivière l'oued Tijerert ou Tirejert, souvent à sec, mais qui dans la saison pluvieuse roulait autant d'eau que l'oued el Kebir près de Blidah. » Et l'informant signalait sur les bords du Tijerert ou Tirejert la présence d'éléphants.

Un autre informant, Hammadi ben Blel, également ancien esclave dans la tribu Aouelimmiden des Mekalen-Kalen : « Je n'ai connu dans mon pays qu'une rivière où j'allais faire boire le troupeau. Je rencontrai cette rivière sur plusieurs points et crus longtemps avoir affaire à plusieurs rivières distinctes. Mais les vieillards me détrompèrent. Plus tard quand je fus amené du pays des Aouelimmiden au Touat, j'en rencontrai une autre qui peut-être est la même et que nous passâmes en barque. La largeur de celle-ci était d'environ cinquante mètres, mais elle était moins profonde que celle que je connaissais déjà. » Hammadi, à son tour, mentionne sur les bords de la rivière la rencontre d'un troupeau d'éléphants.

Matallah ben Miloud, né chez les Taïtok (Hoggar) : « Il y a beaucoup de ruisseaux dans mon pays qui tous se déversent dans une même rivière appelée Tirejert ou Teghazert qui vient du Mouydir. »

Embarek ben Mohamed, esclave chez les Aouelimmiden-Ifogas : « Nous campions généralement sur les bords de l'Eghirroï (Niger), aux environs d'Igomaren. Berger de chameaux, j'allais un jour camper sur les bords de l'oued Teghazert. Cette rivière est aussi large que l'oued Mzi. A l'époque où je l'ai vue, hiver et printemps, elle n'avait pas d'eau courante ; mais de vastes et profondes dépressions successives formant un chapelet de lacs y conservent d'assez gros poissons... Les animaux féroces et sauvages, lions, panthères, éléphants, girafes, etc., y sont très nombreux...

« C'est à Igomaren que je fus acheté par les Touatiens. De ce point je fus mené à Boudjébéah. Après deux ou trois jours de marche nous rencontrâmes une vallée remplie de puits et nommée l'oued Tiaret. D'Igomaren à Boudjébéah le pays offre l'aspect d'une Hammada sablonneuse. »

Si le lecteur veut bien considérer que les éléments d'information que voici exposés étaient les seuls connus il ne trouvera pas étonnant que nous ayons songé à identifier tous ces Tirejert, Tidjerert, Teghazert (synonymie qui nous était révélée par M. Duveyrier) et à considérer comme un seul et même oued le Tirejert du Mouydir qu'aujourd'hui savons aller d'Iuzize à Ouallen, et le Tidjerert ou le Teghazert de Mohamed ben Ahmed, d'Hammadi ben Blel et de Embarck ben Mohamed. C'était une erreur, mais l'erreur rectifiée grâce au capitaine Bissuel, n'en laissait pas moins subsister une vallée parallèle au Niger au nord de ce fleuve, vallée importante au témoignage des divers informants et qui, probablement suivant les régions, s'appelait Tidjerert et Tiaret.

Un informant de M. Pouyanne, Belal ben Mohamed, ne nous avait-il pas d'autre part affirmé que du puits de Tin-Damagaï, que nous avions pu fixer sur ses indications jusqu'au puits de Silis en passant par celui d'Aguelad, on ne suivait qu'une seule et même vallée. Dessiné suivant les indications de Belal cet oued paraissait identifiable avec l'oued Tiaret de Embarek ben Mohamed. D'ailleurs, à peu près à la latitude de Tin Damagaï, Lenz signalait un ravin profond, certainement plus bas qu'une latitude déjà très basse (225 mètres) très peu auparavant observée et qui semblait bien le sillon de l'oued observé par Belal à Tin Damagaï.

Nous étions là de nos renseignements lorsque survient M. Deporter qui nous apprend que l'Eghargaren de Barth, né aux flancs sud-ouest de l'Atakor N'Ahaggar, porte en réalité le nom de Irarrar ouan Tidjeresrest, ce qui le distingue de l'Igharghar du nord, celui de M. Duveyrier ; que ce Tidjeresrest ou encore Irarrar, se poursuit vers l'ouest un peu sud, côtoie les pentes méridionales de l'Adrar, reçoit à un point déterminé l'oued In Fatima et généralement toutes les rivières sud de l'Adrar, puis va se perdre du côté d'Araouan.

Nous savions déjà d'autre part par M. Duveyrier, que en réalité Tirejert, Teghazert, Igharghar étaient expressions équivalentes et synonymes et signifiaient en réalité en langue touareg, le fleuve principal. Le t initial et final était d'ailleurs indifférent dans le mot Teghazert, et ne marquait seulement qu'une forme diminutive. Ceci étant, la vallée Eghazer ou Eghazar de Barth s'identifiait avec l'Irarrar de M. Deporter, tombait d'ailleurs précisément aux environs du point où l'informant de M. Deporter place le confluent de l'Irarrar et de l'oued In Fatima. Tout se conciliait donc : mon Mohamed ben

Ahmed avait raison de signaler chez les Aouelimmiden l'existence d'une rivière maîtresse qu'il appelait Tidjerert tandis que M. Deporter l'appelle plus explicitement Irarrar ouan Tidjeresrest, que Embarek ben Mohamed d'Igomaren appelle Teghazert, Barth la belle vallée d'Eghazer, Embarck oued Tiaret dans la région voisine de Boudjébéah et dont nous prévoyons la disparition vers l'ouest, non loin d'Araouan, dans le ravin profond de Lenz, tandis que nous l'avons vu naître aux flancs du Hoggar avec les informants de Barth, du capitaine Bissuel et du commandant Deporter. Belal en a même suivi le cours depuis Tin Damagar jusqu'à Aguelad, car à partir de ce point vers le nord nous croyons que Belal a suivi non plus l'Irarrar mais l'un de ses affluents l'O. Timtarin. Cette vallée, tous les informants, ceux de M. Deporter comme les miens, sont d'accord pour la décrire converte de belles forêts ou d'abondants pâturages. Tous nous parlent de ses bêtes fauves et plusieurs de ses lacs, ce qui rappelle à notre esprit le lac de Jabaq de M. Duveyrier, celui de Kazouft de Barth et les marais de Belal.

Malheureusement le pays riverain de l'Irarrar ne nous est connu qu'au nord. Sur la rive gauche nous ne savons rien si ce n'est les districts d'Im Eggellela et de Tilimsi qu'il contient, si riches en pâturages. M. Deporter appelle ce pays l'Adrar Agous. Plus haut Barth nous signale les belles vallées d'Akerir, de Kelidjit et c'est tout.

C'est évidemment sur cette région et sur celle de Kidal, vraisemblablement pays des Iguelad, que devront porter les enquêtes futures. Puissent-elles être fructueuses, car on a le plus grand intérêt à savoir ce qu'est le pays situé directement au nord de Tossaye.

§ 4. — *Région située entre l'Adrar et le Tanezrouft.*

Nous avons fait subir, dans cette région, à la construction d'ailleurs si étudiée de M. Pouyanne, deux modifications; l'une était imposée par la détermination précise du coude occidental du Niger et par suite de Tinboktou, due à M. le lieutenant Caron. Timboktou s'est trouvé descendu de $\frac{2}{3}$ de degré par rapport à la position qui lui avait été assignée d'après Barth. Sa longitude a quelque peu été reportée vers l'est. Cette modification entraînait un accroissement de distance entre Mabrouk et Ouallen ou Iuzize, points nettement déterminés, du moins en latitude. La révision des itinéraires anciens et l'examen des itinéraires nouveaux présentés par M. Deporter nous a permis, croyons-nous, de fixer cette région avec une minime chance d'erreur. A la vérité nous avons dû rejeter absolument comme entachés d'une confusion manifeste entre Mamoun et Mabrouk deux itinéraires du commandant Deporter. Les autres se sont conciliés avec les renseignements antérieurs et nous avons noté celles des localités nouvelles que l'on signalait avec une suffisante précision.

La deuxième modification est plus grave et, nous le reconnaissons, discutable. Nous nous sommes prononcé pour la solution qui nous a paru la meilleure, mais nous souhaitons que les informations ultérieures portent à nouveau sur ce point.

M. Duveyrier nous apprend que : « Quand on traverse le Tanezrouft, d'Ouallen à Imrhannan, deux étoiles servent à indiquer la direction en prenant le point central entre celui de leur lever et celui de leur coucher, c'est-à-dire droit au sud. »

A prendre cette information, *sensu strictissimo*, il semble qu'à partir d'Ouallen on consulte les étoiles et on s'oriente droit au sud. Or, cette indication est en contradiction formelle avec une indication de M. Deporter : « Au sortir d'Ouallen, on prend la direction sud-sud-ouest. Terrain pierreux. Le medjebed descend insensiblement, franchit une très légère déclivité, puis va en pente très douce vers le Tanezrouft d'Ahenet que l'on voit en avant... Après avoir descendu, on se trouve dans un terrain blanchâtre en nature de reg dur. La marche est très facile... puis on atteint l'oued Sedjenjanet assez large en cet endroit. Cet oued va se perdre en un point inconnu du Tanezrouft. Végétation arborescente assez vigoureuse dans l'oued... A l'est et à trois kilomètres environ se trouvent deux sources... Eau très bonne et suffisante pour fournir à une centaine d'hommes. »

A l'étape suivante, car la caravane campe dans l'oued Sedjenjanet, on paraît changer de direction. Du moins s'oriente-t-on à nouveau, car M. Deporter nous dit : « Au sortir de l'oued Sedjenjanet on suit le même terrain que la veille et on prend pour point de direction la plus haute des dunes que l'on a devant soi. »

Ce serait donc, non au départ d'Ouallen, mais à celui de Sedjenjanet qu'on s'orienterait directement au sud.

Il m'a semblé que cette supposition, née de la lecture de M. Deporter, s'accordait mieux avec deux mentions : la première, de Barth, qui place Imrhannan à deux jours d'Indenan; la deuxième, de M. Deporter, qui déclare la quatrième étape à partir d'Ouallen, celle d'Azenouzan, placée à trois jours et demi de marche du Foum de Filali.

Nous rappellerons, avant de passer à l'examen du Hoggar, que si aucun autre point d'eau n'est marqué sur la carte, le long de l'oued In Amedjel, du Timanrasset et des autres rivières qui me paraissent se déverser dans une même gouttière en bordure du Tanezrouft, ce n'est pas que l'eau manque dans ces vallées, mais bien parce que les gens de l'Ahenet d'un côté, ceux de l'Adrar de l'autre tiennent également à rendre inabordables à des groupes considérables le centre de leur pays où résident habituellement leurs familles et où ils serrent leurs biens. De même dans l'oued Tirejert ou Teghazert, au coude que forme cette rivière au dessous de l'Ahenet, on pourrait obtenir de l'eau puisqu'on en trouve encore beaucoup plus loin des sources du Teghazert, au point de Sedjenjanet.

§ 5. — *Région du Hoggar.*

Toute cette région est placée sur notre carte suivant M. Flatters et suivant M. Bernard, sauf le Mouydir sur lequel nous nous expliquerons plus loin.

Il est évident qu'il n'y a rien à reprendre ni rien à discuter sur la partie directement vue et explorée par M. Flatters et ses compagnons. Mais dès qu'on dépasse le rayon visuel des explorateurs, tout devient étrangement confus. Recueillis par le colonel Flatters, divers renseignements sont traduits de la façon la plus sommaire. Ce n'est le plus souvent qu'une liste d'étapes, sans indication des distances qui les séparent ou même de direction générale. Il ne nous a matériellement pas été possible de les utiliser. La carte de M. Duveyrier donne aujourd'hui de l'ensemble de la région Touareg une idée plus exacte, sauf, je le répète, pour la partie directement explorée, que toutes celles qu'on pourra établir avec la mission Flatters. Toutefois, ne faut-il pas tenir compte, même en géographie, des habitudes acquises? D'ailleurs, sur quelle base aurions-nous tenté la construction d'une nouvelle carte du Hoggar? Nous nous y serions vraisemblablement décidé si les itinéraires de M. Deporter nous avaient offert plus de garanties. Nous croyons même que cet officier s'est considérablement approché de la vérité dans sa construction du Hoggar, car la position qu'il assigne à l'Atakar se concilie beaucoup mieux que celle admise d'après Flatters avec l'itinéraire donné par Barth d'Agadès à In Salah, et rend plus aisément raison de la présence du Timañrasset jusque dans le Tanezrouft et de l'Irararr ouan Tidjeresrest jusque vers Araouan. Je le répète toutefois, un scrupule peut-être excessif, m'a empêché de porter la moindre modification aux constructions cartographiques antérieures; mais j'ai marqué par un pointillé l'emplacement que M. Deporter attribue à l'Atakar. Si je ne m'inspirais que de l'itinéraire de Barth, je me bornerais à écarter celui-ci un peu vers le nord-est.

Quant au Mouydir, d'accord avec M. le capitaine Bissuel et à peu près avec M. Deporter, je l'augmente considérablement vers le sud. Si mes scrupules ont cessé, c'est d'abord parce que l'autorité notable des informations de M. Bissuel venait s'ajouter à celle des informations Deporter, c'est ensuite parce que l'itinéraire Barth d'Agadès à In Salah, inconciliable avec les constructions antérieures, se conciliait au contraire très bien avec la construction Bissuel; c'est enfin parce que ce tracé nous paraît être plus conforme à une observation faite *de visu* par la mission Flatters, d'après laquelle, à 15 kilomètres au sud-ouest d'Amguid, le Mouydir est aperçu se développant dans une direction sud-ouest.

Cette justification partielle pour le Mouydir de la construction Deporter nous paraît être une présomption de plus en faveur de sa construction générale du Hoggar. Nous signalons l'intérêt du problème que soulève la publication récente de l'honorable officier et souhaitons que de nouveaux renseignements viennent bientôt nous fixer. Il n'y a pas moins de deux cent cinquante kilomètres entre la position assignée par M. Deporter à l'Atakor et celle admise jusqu'ici. On conçoit l'intérêt militaire et politique que nous avons à connaître le point précis où se dresse cette forteresse naturelle de ces dangereux sahariens. Il faut que nous sachions où, le cas échéant, nous devrons frapper pour les atteindre. Il n'y a qu'une seule chose qui doive étonner, c'est que jusqu'ici on soit si peu et vraisemblablement si mal renseigné.

Comme conclusion à cette note nous croyons pouvoir dire que, somme toute, on connaît fort bien maintenant le Tafilalet, le Touat, le Gourara, le Tidikelt, l'oued Messaoura, la vallée de l'Igharghar du nord depuis Inzelman Tiksin et l'oued Mia ; très suffisamment pour que les erreurs commises ne dépassent pas quarante kilomètres la région comprise entre le Touat et l'Ahenet ainsi que l'Ahenet et Timissao. De même la région située entre Tinboktou et El Hilleh ou Tinboktou et Mabrouk. Dans la région de l'Adrar des Aouelimmiden, ainsi que dans la région qui va de Mabrouk à Toadenni, une erreur de 60 kilomètres devient invraisemblable. De même dans la région comprise entre In Salah et Mouydir méridional. Nous sommes par contre très peu fixés sur le Hoggar méridional et les divergences s'affirment jusqu'à concurrence de 250 kilomètres. Quant au vaste espace compris entre la vallée d'Irarrar Ouan Tidjeresrest et le Niger nous ne le connaissons qu'à peine ; et enfin ce n'est que de nom que nous connaissons le pays des Iguelad, vraisemblablement le Kidal de Barth, le

Tchegazzar et l'Azaouagh. Reste également tout à fait mystérieuse la région qui s'étend de l'Adrar des Aouelimmiden à l'Aïr. Nous signalons ces importantes lacunes non à ceux qui seraient tentés d'aller explorer des pays nouveaux, car toutes les chances sont que l'européen qui pénétrerait dans ces régions y trouverait la mort, mais à ceux qui poursuivront auprès des informants indigènes cette enquête si utile qu'avait inaugurée M. de Colomb et qui s'est continuée jusqu'à M. Deporter[1].

Si je puis livrer au public une carte qui, sur une échelle réduite, offre une telle précision, j'en suis surtout redevable à l'inaltérable et intelligente patience avec laquelle le dessinateur, M. Charles Beuffe, pendant quatre mois de journées bien remplies, s'est associé à tous mes calculs et par des essais successifs et très nombreux les a soumis à l'expérimentation graphique. Son dévouement m'était d'autant plus nécessaire que mon ignorance du dessin et la faiblesse extrême de ma vue m'eussent absolument interdit une pareille entreprise.

Qu'il me soit permis encore de remercier ceux qui m'ont aidé soit d'un concours effectif, M. le docteur Satler, M. Landowsky et M. Aïloff qui ont bien voulu me traduire de nombreux passages d'auteurs étrangers, soit de leurs encouragements, et, en particulier, M. Gauthiot, secrétaire général de la Société géographique commerciale, M. Franz Schrader, M. Pouyanne et M. le gouverneur Tirman.

CAMILLE SABATIER.

---

1. Aux annexes de cet ouvrage, le lecteur trouvera, reproduits in extenso, la plupart des documents sur lesquels s'appuie ma carte ainsi que les renseignements statistiques, économiques, politiques et militaires les plus étendus sur toutes les parties de la carte qui sont teintées ou englobées dans les teintes. Il aura ainsi en même temps que mon appréciation personnelle, tous les éléments propres à fixer son opinion sur la question si délicate des relations projetées entre la mer et le Soudan.

C'est également à cet ouvrage que je le renvoie pour le dénombrement des populations sahariennes et soudaniennes, dénombrement suivant lequel ont été réparties les teintes de la carte.

CHAPITRE Ier

GÉOGRAPHIE PHYSIQUE

§ 1er. — *Sahara algérien.*

Ses divers versants. Sahara marocain : Oued Draa, Oued Ziz, Oued Guir. — Antithèse de l'oued Guir et de l'Igharghar.

Peu différent comme climat, de nos départements du Languedoc et de la Provence, et habité par une population qui varie de 21 habitants par kilomètre carré dans le département d'Oran, à 36 habitants dans le département d'Alger, le Tell Algérien se développe de l'ouest à l'est sur 1,100 kilomètres de côte. Mais en profondeur du nord au sud, il n'a guère en moyenne que 200 kilomètres qui vont se poursuivant de plateaux bas en plateaux plus élevés jusqu'à une ligne de faîtes de 14 à 1,500 mètres d'altitude, au-delà de laquelle commence une région d'un tout autre aspect, celle des hauts plateaux.

Les rivières du Tell nées de cette ligne de faîtes que nous venons de franchir pour atteindre les hauts plateaux, coulent du sud au nord et aboutissent à la mer. Au contraire, sur le plateau qui constitue l'autre versant, des ravins dont la pente est presque insensible, se dirigent du nord au sud et aboutissent à moins de 100 kilomètres de leur source à une dépression de 2 à 4 mètres de profondeur et de peu de largeur, qu'on appelle un chott. A ce même chott aboutissent d'autres ravins (oued au singulier, ouîdan au pluriel) venant en sens inverse des premiers, c'est-à-dire du sud au nord. Ainsi les hauts plateaux se creusent insensiblement vers leur centre où s'accuse la dépression des chott.

J'ai ailleurs, sous l'impression toute récente d'un voyage, décrit cette région ; le lecteur me pardonnera de faire appel à mes propres souvenirs : « Dans le Sahara Oranais, et dans les Hauts-Plateaux, sur la plus grande partie de leur surface, le désert offre la plaine d'alfa, moins terne mais plus uniforme encore. Celle-ci étale à perte de vue ses touffes pressées les unes contre les autres, qui balancent au-dessus de la masse enchevêtrée de gaînes grisâtres, le panache vert et délicat de fils longs et nombreux. Lassé de suivre les méandreux sentiers que les touffes laissent entre elles, le cheval se cabre et bientôt ne franchit plus que par bonds ces premiers obstacles des routes sahariennes. A l'horizon s'aperçoivent le plus souvent quelques chaînons épars, semés sans ordre et sans méthode. Sur tout le paysage, le soleil ardent jette des flots d'une lumière plutôt blanche que dorée. Mais parfois, au crépuscule, le ciel s'emplit soudain des plus délicieuses teintes. Les montagnes, la plaine même se lavent de bleu, de rose et de violet. Les rayons filtrent dorés à travers les fils d'alfa et l'ombre que projette sur le sol la silhouette du chameau s'encadre de raies bleuâtres. Joie des yeux qui ne dure qu'un moment [1]. »

La région des chott franchie, nous pénétrons sur un autre versant. Ici la description géographique se complique et nous sommes obligé de solliciter toute l'attention du lecteur. Le relief du sol se comportera en effet différemment suivant qu'on sera dans le sud de la province d'Oran et de la partie occidentale de la province d'Alger ou dans le reste du Sahara Algérien et Tunisien. Que le lecteur veuille bien, ouvrant notre carte, jeter les yeux sur le massif de l'Aurès situé dans l'extrême sud du Tell Constantinois. Tandis que, vers le nord, le massif donne naissance aux sources de la Tunisienne Medjerda et au nord-ouest à quelques ravins qui aboutissent à de petits chott, au sud, au contraire, des ravins nombreux aboutissent tous à un chott immense qui, sous les noms divers de chott Merouan, chott Melrir, chott Rharsa et chott Djerid, se prolonge dès avant le 4° de longitude est jusqu'à 7° 30', dans le voisinage

---

1. *Question du Sud-Ouest*, éd., Jourdan, Alger.

du golfe de Gabès. A la pointe sud-ouest de cette ligne de chott par le 34ᵉ parallèle, aboutit, venant du sud, un oued à largeur variable, mais qui, le plus souvent, dépasse deux kilomètres et qui prend sa source au point le plus élevé du célèbre Hoggar, vers le 24ᵉ parallèle [1]. Ainsi, suivant la ligne directe dont d'ailleurs il s'écarte très peu, l'Igharghar franchit en longueur plus de dix degrés, c'est-à-dire plus de 1.100 kilomètres. Nous aurons l'occasion de décrire cette vallée dans sa partie supérieure lorsque nous étudierons la géographie du pays des Touareg du nord, mais dès le 30ᵉ parallèle, il appartient au Sahara Algérien et nous reviendrons à lui dès que nous aurons terminé pour les autres régions algériennes cet aperçu orographique.

Dirigeons-nous vers l'ouest et pénétrons incontinent dans les hauts plateaux et le sud de la province d'Alger. Ici un chott important par son étendue, le Hodna, deux autres plus petits, les Zahrez, accusent plus nettement que dans la province de Constantine une région de hauts plateaux. Ceux-ci franchis, descend-on vers le sud, on aboutit bien vite à un long oued courant de l'ouest-sud-ouest à l'est-nord-est et aboutissant également au chott Melrir; c'est l'oued Djeddi ou Mzi, né dans un massif montagneux, le Djebel Amour, qui forme un pendant au sud des provinces d'Oran et d'Alger au Djebel Aurès de la province de Constantine. La vallée du Djeddi est d'ailleurs vite franchie et à quelques kilomètres à peine s'accuse un nouveau versant, incliné vers le sud. Les ravins de ce nouveau versant dont les principaux sont: l'oued En Nesa, l'oued Mzab et l'oued Zirara descendent d'un plateau élevé, d'aspect très compliqué, absolument stérile, mais sillonné de profonds ravins dans lesquels se cachent les ksour et les palmiers du Mzab. Tous ces ravins aboutissent à une petite ligne de bas-fonds dont le point le plus bas est d'ailleurs célèbre: Ouargla.

Cependant le drainage du pays de Mzab par les ravins plus

---

[1] Telle est du moins, l'opinion admise jusqu'à ce jour, mais la récente publication du commandant Deporter, en contradiction sur ce point avec les données de M. Duveyrier et de Flatters, porte à deux degrés plus au sud les sources de l'Igharghar. Nous avons traité sur ce point dans la note justificative de notre carte.

haut signalés n'expliquerait pas seul la richesse de la nappe aquifère d'Ouargla et le demi million de dattiers dont elle permet l'arrosage. Venant du sud comme l'Igharghar, mais de bien moins loin que lui (environ le 28° parallèle) l'oued Mia amène à Ouargla les eaux d'un plateau saharien d'altitude d'ailleurs assez faible, le plateau de Tadmaït.

Jusqu'ici les gouttières principales de l'extrême Sahara algérien sont ainsi formées par des rivières nées au Sahara central, l'Igharghar et l'oued Mia. Il n'en va plus être ainsi désormais et depuis le premier méridien ouest, jusqu'au 6° 30', le versant méridional des hauts plateaux aura une pente uniforme et continue vers le sud jusqu'aux profondeurs du Sahara central; c'est ainsi que la pluie qui tombe sur le versant sud occidental du Djebel Amour sera entraînée par l'oued Zergoun dans les profondeurs sahariennes. Il en sera de même par la gouttière de l'oued Segeur, et celle de l'oued Rharbi des pluies tombées sur la chaîne de Géryville; qu'enfin l'oued Namous et l'oued Zouzfana draineront au profit du Sahara central les eaux du Djebel Meckter et des ksour oranais.

Mais c'est là le plus faible tribut que les montagnes du nord paient au Sahara central. Tout ce versant, en effet, est de médiocre altitude et rarement lavé par les pluies. Bien plus abondantes sont les eaux qui, des montagnes du Maroc, descendent au Sahara; et, pour que le lecteur en puisse apprécier l'importance, il nous faut sommairement décrire la chaîne du Deren. On nomme ainsi l'énorme chaîne dirigée du sud-ouest au nord-est qui barre l'accès du sud marocain à tout voyageur venant du nord et sous-tend, comme une corde longue de 1,100 kilomètres, l'arc immense que tracent le long de la Méditerranée et de l'océan Atlantique les côtes marocaines. Avec ses cimes de 4,000 mètres de haut et ses cols voisins de 2,000, ses neiges éternelles et ses glaciers probables, le Deren mérite de tous points cette description enthousiaste qu'en a laissé Ibn Kaldoun, le sévère historien, pour cette fois inspiré : « La montagne que les Sekcioua habi-
« tent forme la cime la plus élevée de l'Atlas et offre un asile

« que des châteaux forts, des rochers sourcilleux et des pics
« élancés rendent inviolable. Elle touche à la voûte céleste, et
« cache dans un voile de nuages sa tête couronnée d'étoiles.
« Ses flancs servent de retraite aux orages, ses oreilles enten-
« dent les discours qui se prononcent dans le ciel, son faîte
« domine l'océan, son dos sert d'appui au désert du Sous, et
« dans son giron reposent toutes les autres montagnes du
« Deren. »

Rolhfs, Lenz et les autres voyageurs européens qui ont franchi le Deren confirment cette description; ils nous racontent tous et les pics couverts de neiges éternelles et les forêts qui rappellent les plus belles de la Suisse et de l'Allemagne, et l'abondance des eaux que recèlent ces monts auxquels aucune autre chaîne de l'Afrique du Nord ne saurait être comparée.

Trois rivières naissent sur le versant sud du Deren : l'une l'oued Drâa, la plus occidentale, prend sa source vers le 8° de longitude ouest; coulant d'abord au sud en s'inclinant légèrement vers l'est, elle atteint le 29° parallèle à 20' environ à l'est du 7°, puis, se coudant brusquement, elle court droit vers l'ouest pour aboutir à l'océan Atlantique. Ce n'est que dans sa partie orientale que l'oued Drâa pénètre dans la région que nous avons plus particulièrement à étudier : aussi consacrerons-nous, tout à l'heure, une courte description aux oasis voisines de son coude.

Cachant ses sources un peu à l'est de l'oued Drâa, au pied du Djebel Aïachin, l'oued Ziz, la deuxième des trois rivières, court directement au sud jusqu'au 30° parallèle où ses eaux se perdent dans la daya Daoura : simple apparence d'ailleurs, car l'existence de la daya Tebelbelt, de la nappe qui alimente la petite oasis d'El Ougourta, enfin l'existence de la Sebkha d'Aïn-Dobb prouve que, par un cours souterrain, l'oued Ziz se prolonge au sud-est jusqu'à la rencontre de la troisième rivière du Deren dont nous allons nous occuper maintenant.

Dans sa partie supérieure, celle-ci porte le nom d'oued Guir; elle prend sa source au flanc sud du Djebel Tendrara, tandis que, sur le même point de la chaîne atlantique, mais sur le versant opposé, la Moulouya cache ses sources. Coulant d'abord du nord-ouest au sud-est, l'oued Guir rencontre, un peu avant le 30e parallèle et sur le méridien de notre frontière algérienne, l'oued Zouzfana que nous avons déjà cité et qui l'enrichit des eaux des hautes montagnes du Meckter et des montagnes de Ich. Dès ce confluent, où se trouve l'oasis d'Igueli, l'oued Guir prend le nom d'oued Messaoura et continuant sa course vers le Sahara central, il finit par atteindre le 26e parallèle, point où un rebord de dunes fait disparaître son lit.

L'oued Guir forme ainsi avec l'Igharghar, situé à l'autre frontière d'Algérie, une remarquable antithèse. Son cours est, à la vérité, un peu moins long, sept degrés au lieu de dix ; mais encore faut-il remarquer que les dunes du 26e parallèle ne font très probablement que le masquer, et nous verrons dans un autre chapitre qu'il y a apparence que, sous les sables, il se poursuive beaucoup plus loin. Tandis que l'Igharghar apporte au chott Melrhir, et peut-être à la mer par quelque relation souterraine, le pauvre tribut du Sahara central, l'oued Guir, au contraire, apporte au Sahara l'énorme quantité d'eau que déversent les neiges éternelles et les pluies abondantes du Deren marocain et l'appoint des montagnes des ksour oranais et du Djebel Amour. Nous avons déjà vu qu'un appoint très considérable, quoique dissimulé sous la couche sableuse, est également fourni, venant aussi du Deren, par l'oued Ziz précédemment signalé. La richesse aquifère du cours inférieur de l'oued Guir, dans la partie où cet oued est connu sous le nom d'oued Messaoura et d'oued Messaoud, est, relativement à la richesse aquifère de l'Igharghar, facile à évaluer. Elle est tout naturellement en proportion de l'aire des deux bassins, de la fréquence des pluies qui les arrosent et de la richesse en eau et en neige ainsi que de l'altitude des montagnes qui leur donnent naissance. Un coup d'œil jeté sur notre carte renseignera sur ce point le lecteur.

§ 2. — Sahara Central.

Fausses conceptions du Sahara, son aspect réel: hammada, reg, dunes: D'Ouargla au Sahara central par l'Igharghar; premier itinéraire de la mission Flatters; Temassinin, Amguid, l'Atakar N'Ahaggor. Coup d'œil général sur le Sahara et répartition autour de l'Atakor des plateaux et des dunes; Hydrographie; l'Igharghar, le Tirejert, le Timaurasset, l'Irrarar du sud, le Tefassasset.

Soit en remontant, peu après Tougourt, l'oued Igharghar, soit en descendant, au sud de Figuig, l'oued Zouzfana, nous sommes entrés dans une région nouvelle, politiquement indépendante de l'Afrique du nord et géographiquement séparée de celle-ci par un immense banc de dunes qui, du 8° de longitude est, s'étend, avec certaines inflexions, jusqu'au 4° de longitude ouest, précisément jusqu'à la rive gauche de l'oued Zouzfana.

La région nouvelle dans laquelle nous allons entrer a, pour limite naturelle au sud, celle des pluies régulières qui, remontant jusqu'au dessus du 21° de latitude nord sur le 8ᵐᵉ méridien est, se maintient à cette latitude jusque par le 5° de longitude ouest, puis se courbe vers le sud pendant cinq degrés environ pour remonter de nouveau quelque peu vers le nord, et gagner l'Atlantique. Telle est la limite que nous adoptons pour la région que nous allons étudier sous le nom de Sahara central, par opposition au Sahara Algérien dont l'aspect et l'hydrographie nous sont déjà connus, et au Sahara méridional différent par son climat et ses productions.

« On se représente volontiers le Sahara comme une « mer de sable » dont la surface, profondément sillonnée, offre la frappante image des vagues pendant la tempête. Il est exact qu'en quelques régions sahariennes l'aspect se présente ainsi.

D'autres se plaisent à des conceptions plus grandioses encore : de puissantes collines de sable s'entrecroiseraient en tous sens dans un étrange chaos. Des vents impétueux bouleverseraient constamment ces masses avec une puissance telle que ces montagnes se déplaceraient incessamment tout comme un bloc, ensevelissant, dans leurs effondrements gigantesques, les caravanes et les armées.

Il est très vrai, lecteur, que dans certaines régions les dunes ont l'aspect le plus effrayant et le plus chaotique que l'imagination puisse rêver. Mais ce qui est absolument faux, c'est que jamais, sous l'effet des plus violentes tempêtes, les dunes se soient déplacées. Seul, le sable de leur surface, à la profondeur de quelques millimètres seulement, s'offre à l'action du vent, tourbillonne dans l'atmosphère et se dépose au gré des courants, au fur et à mesure que le calme renaît, en couche mince, sur les dunes voisines ou contre les talus de quelque ravin. Jamais aucune armée, n'en déplaise à l'histoire, ne fut donc engloutie sous des tempêtes de sable, et si Cambyse laissa ses soldats dans le désert de l'Égypte, la faute en fut uniquement à l'Intendance de l'époque, qui n'avait pas su, sans doute, ménager de suffisants approvisionnements en eau. La soif, voilà quel est en effet le grand ennemi en Sahara ; et c'est à peine si, à la caravane surprise par la mort aux approches d'un puits desséché, le désert fait l'aumône de quelques millimètres de sable en guise de linceul. Je m'étonne vraiment que cette erreur de montagnes mouvantes ait subsisté si longtemps dans les géographies scolaires. Elle ne le doit, sans doute, qu'à son caractère merveilleux : la science serait impuissante, en effet, à expliquer ce phénomène, et c'eut dû être raison suffisante pour qu'on doutât de son existence malgré d'antiques récits [1]. Mais il est incroyable que l'erreur ait subsisté depuis que le désert sillonné en tous sens par Saugnier, Riley, Réné-Caillé, Laing, Barth, Duveyrier, Vincent, Panet, Rolhfs, Colonieu et d'autres encore, est parfaitement connu de ceux qui ont à cœur de faire de la géographie sérieuse.

L'aspect le plus général sous lequel se présente le Sahara est celui d'une plaine à sol sableux, à ondulations légères ; la surface en est couverte de touffes de plantes diverses inégalement espacées entre elles, mais généralement assez rapprochées. Bien

---

[1]. Il semble toutefois acquis que l'action lente des vents peut modifier, au cours des années, le relief et même la position des dunes isolées des excentriques.

que le botaniste reconnaisse dans ces plantes les représentants de familles diverses, elles se présentent à l'œil sous un uniforme aspect, formant en général des touffes basses, presque rampantes, à rameaux décharnés, grêles et courts et revêtus à peine de quelques folioles menues, d'aspect grisâtre et terne. Tout cela est rabougri, tordu, gris et bête. Parfois quelques clairières laissent le sable à nu, jaune et pur. Au milieu s'étalent les tiges grêles et traçantes de la coloquinte aux fruits verdâtres à demi enfouis.

Dans le Sahara central la hammada occupe la majeure partie de la surface. On appelle ainsi d'immenses plaines absolument unies, formées d'un sol compacte et très dur, à teintes grises et sombres, presque métalliques. Le pied des chameaux se déchire aux menues arêtes de ces tables de roche dont aucune plante, si grêle fût-elle, n'égaie la fatigante horizontalité. Pas une voix dans ces espaces immenses, pas un insecte, pas même une ombre. C'est la région maudite où les caravanes ne passent qu'en tremblant. Sous l'impression d'une égale terreur, hommes et chameaux se hâtent pour atteindre à l'extrémité de la hammada quelque vallée où se trouvera le puits tant désiré et le drin aimé des chameaux.

Nous étudierons comment se répartissent en Sahara, dunes, hammada et plaines sableuses, mais tout d'abord, il importe de fixer l'orographie de cette vaste région.

Pour avoir un guide sûr, marchons sur l'itinéraire étudié par la première mission du malheureux Flatters. Partant avec lui d'Ouargla, placé sur le trente-deuxième parallèle, nous nous dirigeons d'abord au sud-est, puis au sud jusqu'à 30° 25' de latitude nord. La route s'est constamment poursuivie sans aucun obstacle à travers la plaine sableuse, tantôt nebka, ainsi qu'on l'appelle lorsque le sable du sol est à demi meuble, tantôt reg, lorsque le sol sableux est d'ailleurs raffermi et consolidé. Quelques dunes isolées de q   mètres de hauteur ou encore des « gour » (singulier gar   lons rocheux émergeant de la plaine comme des témoi   sol primitif, coupent seuls l'horizon, bien que d'aill   , loin d'être absolument unie, offre le plus souve   série de vallonnements ou de dénivellations à pentes peu sensibles et d'une hauteur de 20 à 30 mètres. Dans la première partie de notre route, deux puits, ceux de Smihri et de Medjira, jalonnent les étapes de la caravane pendant les cinquante premiers kilomètres, mais à partir de Medjira, nous aurons à franchir 130 kilomètres sans eau, jusqu'au point d'Aïn-Taïba.

A soixante kilomètres de Medjira, les dunes qui de plus en plus serrent notre route et nous obligent à d'incessants contours, ne peuvent plus être évitées : nous nous heurtons « aux dunes centrales de Slassel Dhanoun que nous traversons par une ligne d'environ six kilomètres. Ici, les dunes sont très mouvementées, enchevêtrées et forment ce que l'on appelle Chebka ou filet. Elles sont arrondies, la convexité au nord-ouest [1] ». A l'étape suivante, nouvelle Chebka de dunes dites de Slassel el Azal, « peu élevées, de dénivellations de 7 à 8 mètres, mais très entremêlées et très confuses. Le passage se poursuit pendant 5 kilomètres dans la dune ». Nouvelle Chebka, celle de Slassel Torba avant la fin de la journée : dunes peu élevées dont Flatters ne marque d'ailleurs pas la largeur. C'est ainsi que, par une succession de plaines sablonneuses, de dunes et de bancs de sable, on arrive enfin à Aïn Taïba.

Les dunes rencontrées sont celles de l'Erg. Elles appartiennent à ce banc énorme qui barre au sud le Sahara Algérien. Leur hauteur moyenne est de 70 à 80 mètres. Beaucoup sont moindres de 20 à 30 mètres, d'autres atteignent 130 mètres. Plus loin, dans les profondeurs du banc, M. Beringer en mesurera une dont la hauteur dépassera 150 mètres. Plus loin encore vers le sud, la caravane que nous abandonnons d'ailleurs un peu avant, longera une chaîne de dunes plus élevées encore et qui atteindront en moyenne 160 à 200 mètres.

Aïn Taïba est, d'après Flatters, une mare circulaire de cent mètres de diamètre, au fond d'un cratère d'effondrement, à pentes de 30 à 35°, dont la profondeur jusqu'au niveau de l'eau est de 15 mètres. Huit palmiers croissent sur les bords du bas-

---

[1] *Journal de route de Flatters.*

sin ainsi qu'une ceinture de roseaux et de diss. Des débris organiques infectent la mare et pour abreuver la caravane d'une eau moins impure, il faut creuser des puisards sur les bords.

D'Aïn Taïba la route se poursuit à travers les hautes dunes, mais, grâce à un fedj (col-passage) ou gassi (on appelle ainsi un long couloir existant à travers les dunes et qui, sur une largeur variable, met à nu le sol primitif) nous pouvons atteindre, sans franchir de dunes, si ce n'est accidentellement, l'espace d'un degré et demi. Un nouveau banc de « dunes très confuses et un dédale de siouf enchevêtrés » se présente ensuite sur une largeur d'environ 10 kilomètres, après quoi l'on atteint la Sebkha d'El-Biodh.

Ainsi que l'indique le nom de Sebkha, (marais d'eau saumâtre) l'eau d'El Biodh est détestable. On sera heureux pourtant d'en remplir les outres, car depuis Aïn Taïba on a parcouru près de 200 kilomètres sans eau. Pour atteindre ce point on eut pu, à la vérité, franchir une route sans dunes par le très long gassi d'El Mokhanza; mais alors la distance à franchir sans eau eut dépassé 230 kilomètres. Ce gassi a été visité au retour de la mission Flatters par MM. Bernard, Beringer et Roche. Le journal de route le décrit ainsi : « Hammada. Quelques ondu-
« lations comprennent des fonds de reg un peu moins dur que
« les parties élevées. La végétation est assez rare, sauf en
« quelques points où se trouve du sable et où poussent plusieurs
« espèces de plantes dont la plus fréquente est le neci......
« 5 mai : Nous sommes assaillis par un vent des plus violents.
« Le sol qui est plutôt calcaire devient gréseux et s'aplanit......
« 6 mai : nous traversons une ligne de dunes parallèle à la pré-
« cédente. Nous sommes de nouveau sur le gassi. A droite et à
« gauche, dunes en lignes plus ou moins longues, toutes paral-
« lèles et dirigées sensiblement N. S. magnétique. 8 mai : Nous
« sommes dans une sorte de carrefour ouvert au sud, au nord-
« ouest et au nord-est par de larges couloirs. Le vent y est très
« variable, très violent et l'on y voit des tornades de grandes
« dimensions. » Arrivée le 9 mai à Aïn Mokhanza après avoir parcouru à vol d'oiseau 245 kilomètres sans eau.

Flatters pense que le Mokhanza n'est autre que le lit de l'oued Igharghar.

El Biodh est un groupe de puits d'eau amère et saumâtre qui constitue un purgatif énergique. Force sera pourtant d'en remplir les outres. Nous rencontrons ici, dans le bas fond même de la Sebkha, les premiers pâturages accidentellement visités par les Touareg.

Reprenant notre marche vers le sud, nous rencontrons un terrain d'un aspect nouveau : c'est la hammada de laquelle Flatters dit qu'elle est « absolument nue, à pierres noirâtres et
« d'un aspect le plus désolé qui se puisse voir. A peine voit-
« on par places quelques roches calcaires un peu moins foncées.
« Il est impossible de poser le pied à terre sans marcher sur
« des cailloux irréguliers et sur des veines de rochers à arêtes
« tranchantes ».

93 kilomètres sans eau, direction sud-est, nous conduisent enfin à la zaouïa de Timassinin que tant de récits ont rendue célèbre et qui, en réalité, représente une petite kouba en terre, la petite maison du nègre seul gardien et habitant de la zaouïa, enfin un jardin de 150 à 200 palmiers. La route s'est jusque-là également poursuivie sans eau. A partir de Timassinin on reprend la direction sud et l'on traverse d'abord un grand fedj ou gassi, puis un banc de dunes et l'on atteint une colline pierreuse, sorte de tertre élevé de moins de 200 mètres au-dessus de la plaine, qu'on nomme Khanfousa. C'est le premier indice d'une région montagneuse que nous ayons rencontré depuis le départ.

A la vérité, dès Ouargla, situé à 96 mètres d'altitude, la route s'est graduellement et insensiblement élevée. A Aïn Taïba, elle marquait déjà 250 mètres, El Biodh était de 100 mètres plus élevé, Timassinin atteint 375 mètres d'altitude et le sommet de Khanfousa 583. Quelques kilomètres encore et nous arriverons au puits de Touskerin, puis à la belle source de Tebalbalet. Ici, nous entrons vraiment dans une région nouvelle. Les sources vont se rapprocher, signalant ainsi le voisinage d'un important massif montagneux. Ici encore apparaîtra une plante nouvelle d'une grande importance industrielle, le gommier. Dès ce moment, on le rencontre de ci, de là, en petits bois plus ou moins épais, d'abord sous l'apparence de buissons, bientôt sous forme d'arbres normalement développés. Jusqu'alors, en effet, nous n'avions remarqué que la végétation habituelle du désert : le drin, le belbel, le guetaf, le damran, le hadjerem, le baguel et le terfa. Ici, également, nous rencontrons pour la première fois une véritable chaîne de collines pierreuses : c'est celle qui forme comme un promontoir nord-est au Tassili des Azgeur et qu'on nomme djebel Semani (on appelle Tassili des plateaux élevés et étendus de formation pierreuse). La pierre des collines est de grès très noir et les mamelons qui se succèdent le long de la route ressemblent assez bien à d'immenses tas de charbon de terre.

Sans doute le pays va devenir moins aride; grande est pourtant encore la pénurie d'eau. A Tebalbalet même en témoignent les ruines d'un petit ksar ou village. Quelques Touareg l'avaient fondé et avaient tenté des cultures. Six années de sécheresse firent abandonner le ksar dont les cultures avaient complètement péri.

Nous allons arrêter ici l'itinéraire suivi par la première mission Flatters et même revenir en arrière jusqu'à la Zaouïa de Timassinin pour rejoindre de là un point de l'itinéraire poursuivi par la deuxième et si malheureuse mission. Aussi bien, si nous poursuivions notre précédente route nous éloignerions-nous de plus en plus de ce qu'on est convenu d'appeler la vallée de l'Igharghar. De plus, nous aurions sur cette ligne une vue moins précise de la haute région montagneuse du Hoggar. Enfin, en rejoignant vers l'ouest de Timassinin, à Amguid, le second itinéraire, nous suivons exactement le tracé de transsaharien tel qu'il était projeté par Flatters et tel que le proposent encore aujourd'hui les partisans de ce qu'on appelle le tracé central.

Revenant donc à Timassinin, nous nous dirigeons vers le sud-ouest, et par un reg sans eau de 225 kilomètres, le long du talweg probable, quoique non apparent, de l'Igharghar, nous arrivons à un cap montagneux que nous doublons en le laissant sur notre gauche, pour atteindre le point d'Amguid [1].

Amguid est un point très intéressant. C'est ici que se trouve le premier ruisseau d'eau vive que la seconde mission ait rencontré : constant, sans nul doute, car la mission y pêcha quelques barbeaux. Quelle est la longueur de ce ruisseau d'eau vive ? La mission ne le dit pas expressément, mais il ne peut être supérieur à 3 ou 4 kilomètres puisqu'il prend sa source dans les escarpements d'ailleurs très proches du Tassili des Azgeur.

Nous le connaissons déjà ce Tassili sur son rebord oriental. Les mamelons du djebel Samani, observés à Tebalbalet sur le précédent itinéraire, en étaient le prolongement ; mais ici, la chaîne d'escarpement est à la fois et plus raide et plus haute (murailles à pic de 250 à 300 mètres de hauteur) formée par des bancs de grès quartzeux et très dur. Sur un plateau un peu plus bas, celui du Tinghert, placé au nord du Tassili, et constituant une première marche, s'élève, courant de l'est à l'ouest, la chaîne des monts Iraouen. A l'est d'Amguid, faisant face aux escarpements du Tassili, et parallèlement à eux, court du nord au sud une chaîne de très hautes dunes que franchit, venant du sud-ouest, l'oued Gharis, affluent de l'Igharghar.

A quelques kilomètres plus au sud se rencontre un autre point d'eau, celui de Tinezel Maken, où poussent quelques figuiers et palmiers. A signaler les ruines d'une maison et les traces de cultures depuis longtemps abandonnées. Marchant toujours au sud, la route se poursuit entre la chaîne de grandes dunes et les escarpements de la pointe sud du Tassili dont on n'atteint l'extrémité qu'à 20 kilomètres d'Amguid, à peu près en même temps que de la chaîne des dunes. A ce point, le rebord du Tassili n'atteint pas moins de 700 à 800 mètres de haut au-dessus de la vallée d'Amguid qui, à Amguid même, avait une altitude de 595 mètres. C'est donc une hauteur totale de 1,400 à 1,500 mètres qu'il faut attribuer au plateau du Tassili.

[1]. Cette partie de Timassinin à Amguid n'a pas été visitée par la mission. Elle n'est connue que par des renseignements indigènes recueillis à Timassinin même par Flatters.

Avec une reconnaissance dirigée par M. Flatters, nous poursuivons la route au sud légèrement ouest vers une gara d'une remarquable hauteur du nom de Khanfousa. De ce point s'aperçoit au sud, à environ 120 kilomètres, un djebel dont la cime doit être considérablement élevée au-dessus de la plaine pour qu'il se puisse apercevoir à pareille distance. C'est le djebel Oudan, cap nord du massif central du Hoggar dans sa partie la plus élevée.

Il n'y a donc aucune invraisemblance à attribuer avec M. Duveyrier une altitude de 2,000 mètres environ au faîte central du massif. Nous savons d'ailleurs par divers renseignements indigènes que ce faîte est constitué par un immense plateau d'au moins 200 kilomètres en longueur sur plus de 150 en largeur et affectant une forme ovale flanquée de deux promontoires situés eux-mêmes à un étage un peu inférieur, l'un au nord-nord-est, le djebel Oudan, l'autre à l'ouest, le Tourerhert ou Taourirt.

C'est sur ce plateau que se trouve le petit village d'Idèles et les campements habituels des Touareg Hoggar. Il est établi que du centre du haut plateau descendent vers le nord, le sud et l'ouest quelques ruisseaux d'eau vive alimentés par des pluies assez fréquentes sur le faîte, parfois même, dit-on, par un peu de neige.

Et maintenant de ce faîte, — Atakor N'Haaggar, ainsi que l'appellent les indigènes, — dont le centre est par 23° 30 de latitude nord et 3° de longitude est, comme du haut d'une terrasse immense dominant un immense pays, étudions sur tous les côtés de l'horizon les contrées atteintes par les talweg dont les sources sont à nos pieds sur le faîte lui-même :

Allant droit au nord et masquant le plus souvent son lit sous le reg ou les dunes, voici d'abord l'Igharghar que nous avons remonté pendant 1,000 kilomètres. Deux sources secondaires, nées elles aussi aux flancs du Hoggar, le viennent rejoindre à quelques journées de sa source ; c'est l'oued Tedjert à l'est et l'oued Gharis à l'ouest, dont la tête principale est à la vérité dans l'Ifettesen du Mouydir. Le confluent de ce dernier avec l'Igharghar est situé à quelques kilomètres au nord d'Amguid.

Sur le versant ouest et sud-ouest du faîte les sources Hoggariennes nombreuses se partagent en deux bassins. Les unes vont au Tirejert ou Teghazert, qui après s'être infléchi pendant près de 400 kilomètres dans la direction du sud-ouest, tourne au nord-ouest suivant un parcours à peu près connu pendant 250 kilomètres.

Les autres sources sont recueillies par les oued In Amedjel, Amded, Temanrasset et Ifok, qui se réunissent à cinq ou six cents kilomètres de leur point d'origine pour fournir vraisemblablement une course commune de quatre à cinq cents kilomètres vers l'ouest, jusque près de Taodeni.

Nous constaterons en son temps que, dans une direction plus sud encore et courant sur le coude occidental du Niger, se développe un autre oued : l'oued Irarbar. Enfin, né au flanc sud du Hoggar, l'oued Tefassasset amène ses eaux d'abord droit au sud, puis dans une direction inconnue. Vont-elles au Niger, comme le croit M. Duveyrier ? sont-elles arrêtées en route par un barrage de hammada, comme le pense Barth ? Les informations actuelles ne permettent pas de trancher le différend.

Les lignes d'eau ainsi déterminées, revenons au point de départ, l'Atakor, et étudions dans son aspect général l'immense pays que la pensée développe bien loin au delà des horizons.

De quelque côté que plonge le regard, l'aspect sera semblable. Au-dessous se développent en deux ou trois étages, s'abaissant successivement les unes après les autres, d'immenses hammada. C'est d'abord, du nord-ouest au nord, le Mouydir, puis du nord presque au nord-est, l'Egueré et le Tassili des Azgeur moins étendus que le Mouydir; puis, à l'est, la hammada rocheuse à sol salin d'Amadghor. Au sud, le Tassili du sud, très peu connu, il est vrai, et même problématique. Plus loin, vers cinq degrés au midi, le plateau d'Aïr si bien décrit par Barth. Au sud-ouest, à non moins longue distance, le plateau des Aouelimmiden plus connu sous le nom d'Adrar. Enfin, près du nord-ouest, le plateau très peu étendu mais élevé et géographiquement très important d'Abenet.

Au-dessous de cette première couronne de plateaux une autre de moindre hauteur se dessine, mais avec moins de régularité. C'est ainsi que, vers le nord, succède au plateau du Mouydir celui plus bas de Tadmaït et au Tassili des Azgeur celui de Tinghert ; qu'à la haute et stérile région d'Amadghor succède vers l'est l'immense hammada El Homra, plus stérile encore ; qu'une hammada plus basse que l'Aïr sépare ce pays du Soudanien Damergou et que l'Adrar des Aouelimmiden semble finir en plateau moins élevé, dont les monts Azararbou sur le Niger seraient les dernières assises. Enfin, au pied occidental du plateau d'Abenet, s'incline très loin vers l'ouest, sur une largeur de 300 kilomètres, une hammada célèbre dès Léon l'Africain par la terreur qu'elle n'a cessé d'inspirer aux caravanes qui, du Touat se rendent à Tombouctou, l'aride et désolé Tanezrouft.

Sur le versant ouest la formation générale semble, il est vrai, différente. Déjà, à la première couronne de plateaux, il existait de ce côté une forte brèche. Entre l'Adrar des Aouelimmiden et le plateau de l'Abenet, sur 450 kilomètres environ, il n'existe aucun tassili bien caractérisé que l'on puisse considérer comme une assise du Hoggar. Il y a de grosses raisons de croire que la région tout entière s'élève de ce côté en pentes peu sensibles jusqu'au faîte du Hoggar, vers l'est, pour s'abaisser toujours insensiblement vers l'ouest jusqu'aux altitudes voisines de 200, observées par Lenz dans son voyage de Taodeni à Tinboktou.

Et maintenant, après les déserts de pierres, les déserts de sables.

De même qu'une double ceinture de hauts plateaux entoure le Hoggar, de même, à plus longue distance encore, l'entoure une immense ceinture de dunes. Ce sont, au nord, les dunes de l'Erg que nous avons traversées de Djeribia à El Biodh le long de l'Igharghar. A l'ouest, c'est le banc immense d'Erguesch et d'Iguidi et, vers le nord-est jusqu'à l'est, celles d'Edeyen.

En existe-t-il vers le sud, le long de ce tassili si peu connu que seul l'informateur de M. Duveyrier signale, ou encore au pied nord de ce rideau de hammada signalées par Barth comme barrant les rivières descendues de l'Aïr occidental? Nous n'en savons absolument rien si ce n'est toutefois qu'aucun banc de dunes ne barre la route qui de Rhat mène à Agadès.

§ 3. — *Sahara Méridional.*

Avec la zône des pluies saisonnières commence une nouvelle région du désert et plus on pénètrera vers le sud, plus les pluies seront abondantes, les sources nombreuses, la végétation variée et les populations moins rares. C'est à cette zône qu'appartiennent, vers l'est, le plateau d'Aïr, puis au nord et au nord-ouest du Niger, l'Adrar des Aouelimmiden ; à égale distance encore vers l'ouest, l'Adrar de l'ouest.

De l'Aïr seul, l'altitude a été observée. Tandis que quelques cimes s'élèvent à près de 2,000 mètres, l'ensemble du plateau offre une altitude moyenne de 1,200 à 1,500 mètres. A l'angle sud-ouest, sur sa pente, est la ville d'Agadès. Sur le versant est, le plateau descend en hammada aride jusqu'au pays des Tebbous. Entre l'Aïr et l'Aouelimmiden existe, d'après Barth, courant de l'est à l'ouest, une longue hammada élevée et aride et, au sud de celle-ci, une région habitée par les Kel-Gheress et les Dionik, mais sur laquelle nous ne possédons d'ailleurs aucun autre renseignement. C'est certainement la partie la moins connue de tous les déserts africains.

L'Adrar des Aouelimmiden est, d'après les informants de Barth et de MM. Bissuel et Deporter, un plateau très élevé et vraisemblablement identique à l'Aïr. Il est flanqué, du moins vers l'ouest, par des chaînes à cimes élevées généralement isolées les unes des autres. Les pentes sont couvertes de forêts : de nombreux oued en descendent, dont les uns vont se perdre, très loin vers l'ouest, dans de petits lacs, tandis que d'autres descendent au Niger. Les pluies fréquentes sur le plateau d'Adrar approvisionnent ces rivières d'un courant d'eau constant et des rizières s'étendent, même parfois au pied des montagnes, le long de leurs bords marécageux.

Au nord du Niger s'étend une vaste plaine qui va d'un Adrar à l'autre, c'est-à-dire du pays des Aouelimmiden au pays des Tadjakant. Pourvue de puits très nombreux, sillonnée d'oued, riche en pâturages et dans sa partie méridionale couverte d'immenses forêts de gommiers, cette région paraît privilégiée entre toutes à la caravane qui vient de traverser le Tanezrouft. L'un des plus grands fleuves du monde, le Niger, l'aborde vers le sud ou plus exactement la coupe, car le désert déborde sur sa rive droite et après avoir franchi les marécages nés du Niger débordé, étend ses mimosas et sa steppe plate jusqu'à des montagnes d'une zône nouvelle, les montagnes du Hombori.

Ici commencera véritablement le Soudan aux pluies abondantes, aux plaines admirablement fertiles, aux vallées superbes mais fiévreuses, et aux populations pressées. Toutefois le Sahara méridional, dont nous aurons à dénombrer les populations et à apprécier les produits, ne souffrira pas assez de ce riche voisinage pour pouvoir être considéré comme quantité négligeable. La question de l'eau et celle du vide ne se posent, en définitive, que dans le Sahara central.

Sous réserve de ce qui nous reste à dire, dans un autre chapitre, sur les populations et les produits de cette région, il ne nous reste qu'à renvoyer le lecteur à l'examen de la carte où il trouvera indiqué tous les points d'eau et tous les accidents de relief connus des géographes.

CHAPITRE II

GÉOGRAPHIE ÉCONOMIQUE

Ce chapitre sera très court :

Ailleurs, le lecteur trouvera le dénombrement des populations tant sahariennes que soudanaises. De même le dénombrement des dattiers du Touat, des détails sur les conditions sociales du ksourien et du nomade. Notre sujet amènera l'un après l'autre divers développements qui répétés ici seraient inutiles. Que puis-je faire de mieux que d'y renvoyer le lecteur?

Ici cependant prendront place quelques données générales sur les quatre contrées qu'il nous faudra connaître :

1° Le désert vide,
2° Le désert à pâturages,
3° Le pays des oasis,
4° Le soudan.

§ 1. — *Le Désert vide.*

Sauf les taches vertes des oasis dont nous parlerons tout à l'heure, sur l'immense ruban terrestre qui sur une profondeur variable s'étend de la mer Rouge à l'Atlantique, règne l'aridité absolue et le vide. L'humanité y est moins représentée que les grands fauves dans telles forêts reculées de l'Europe et il faut d'ailleurs ajouter que nul fauve n'est nulle part plus terrible que l'homme ne l'est en Sahara.

Notre sujet ne comporte point l'étude de la région située à l'est du pays des Azgear et du pays d'Aïr, c'est-à-dire à l'est du

7° de longitude orientale ; de même vers l'ouest ne dépasserons-nous pas le 10° de longitude occidentale. Au nord la région que nous étudions commence aux grandes dunes de l'Erg, au sud de l'Algérie à la hammada voisine de la daya Daoura, au sud du Maroc ; vers le midi, c'est au 22° de latitude nord que cesse notre région. Ainsi délimitée la zone du désert vide enclave un groupe d'oasis très massées d'une superficie approximative de vingt à vingt-quatre mille kilomètres carrés, c'est-à-dire la valeur de deux grands départements de France, région qui fera l'objet d'un paragraphe spécial.

Le désert vide, enclave déduite, occupe une superficie égale à environ deux fois celle de la France entière et sur cet espace immense la population ne dépasse pas 60,000 habitants ; quelque chose comme la ville de Montpellier fondue et diluée dans un désert qui s'étendrait du Pas-de-Calais à Gibraltar, sur la France, le Portugal et l'Espagne. Encore faut-il considérer que cette population se divise en petits groupes habituellement campés dans quelques talweg un peu moins arides et particulièrement au flanc ouest du Hoggar. Partout ailleurs le sol offre une telle pénurie de récolte, l'atmosphère une telle sécheresse, les sables une telle aridité que le voyageur qui passe, poussant devant lui ses chameaux chargés d'outres gonflées d'eau, fuit, plutôt qu'il ne voyage vers quelque but lointain.

On étonnerait l'Européen traversant le pays de nos Chaamba si on lui disait de ces déserts qu'ils ont été chantés par les poètes Hoggar comme une terre de délices, comme un pays d'abondance et de fécondité. Il en est ainsi pourtant et l'existence assez misérable d'ailleurs de nos Chaamba, leurs repas de farine d'orge, de dattes séchées et de beurre rance a toujours excité la jalousie des Touareg Azgeur et Hoggar. Il faut lire les chants féroces de ces peuples déshérités pour se rendre compte de tout ce que leur vie a de cruel et de dur et de tout ce qu'elle leur a mis au cœur de dureté, de haine et de fourberie. Tous les explorateurs qui ont tenté de pénétrer dans leur pays, sauf M. Duveyrier, ont été sinon massacrés, — Laing, Mlle Tyne, Dournaux-Duperrés, Joubert, cinq Pères blancs, Palat et Douls ;

— du moins attaqués comme le furent Richardson, Owerverk et Barth, puis Nachtigal. Qui, enfin, n'a présent à la mémoire l'épouvantable drame de la mission Flatters et quelle plus douloureuse preuve de la fourberie et de la férocité de ces peuples bandits.

Nous n'essayerons pas une nomenclature des productions du sol, le botaniste marque bien quelques plantes, mais sans aucune utilité alimentaire ou industrielle. La faune y est également très pauvre : le fauve, aussi bien que l'homme, y meurt de faim ; le sol ne paraît y recéler aucun métal précieux, non plus qu'aucun combustible, et telle est la rareté de l'eau, la sécheresse du climat, l'inexorable dureté du sol qu'il est invraisemblable que l'homme, utilisa-t-il même les engins les plus perfectionnés de la civilisation moderne, puisse jamais modifier assez le pays pour le rendre habitable à l'homme civilisé. Il serait supprimé de la surface actuelle de la terre que la richesse économique de celle-ci n'en serait pas diminuée d'un fétu, que dis-je, elle en serait accrue, car le désert obstacle disparaissant, les belles contrées de l'Afrique centrale se placeraient sous la main de l'Européen, déjà établi dans les riches contrées du Tell méditerranéen.

§ 2. — *Le Désert à pâturages et l'Adrar des Aouelimmiden.*

Enfermé entre les mêmes méridiens que la région précédente et descendant du parallèle 22 jusqu'au 16, s'étend encore le désert, mais sous un nouvel aspect. Rares sans doute à l'estimation d'un européen, les pluies y sont du moins régulières et suffisantes pour faire germer à deux reprises dans l'année des tapis de fleurs variées et de plantes. Barth et Lenz nous signalent tous deux cette abondance relative de la flore dans ce Sahara méridional. Nachtigal, qui l'a visité sur sa lisière orientale, nous laisse la même impression. D'ailleurs, la variété de la végétation n'y a pas seulement un intérêt botanique : ici se rencontrent des productions vraiment utiles à l'homme, des fourrages souvent très beaux et très abondants qui permettent l'élève de troupeaux innombrables, ainsi que les mimozas dont les vastes et nombreuses forêts produisent la précieuse gomme d'Arabie. C'est en particulier dans la région montagneuse de l'Adrar et dans celle qui, de l'Adrar, s'étend un peu au sud du grand arc du Niger, que se rencontrent les pâturages féconds et les troupeaux superbes. L'homme lui-même cesse d'être rare, car, dans l'état des renseignements actuels, la population paraît devoir en être évaluée à environ deux habitants par kilomètre carré. Laissons à divers informants le soin de nous renseigner sur l'aspect et les productions de ce pays.

El Ouarani avait déjà signalé à l'est de Mabrouk de vastes forêts peuplées de rhinocéros et d'éléphants. Barth signalait à son tour à maints endroits les belles forêts de l'Adrar, les gras pâturages de Tilimsi et de l'In Egellaia, les innombrables troupeaux des Aouelimmiden et des Iguelad, les beaux chevaux des Debbakal. Réné Caillé, avant tous autres, avait été frappé des superbes montures des Aouelimmiden qu'il avait rencontrés dans la région de Timboktou. Voici maintenant ce que nous dit Mohamed ben Ahmed d'un oued Tidjerert, que nous avons toute raison d'assimiler à l'oued Irarrar ouan Tidjeresrest de M. Deporter : « Dans mon pays, en outre d'un grand nombre de petits ruisseaux, il n'existe qu'une rivière, l'oued Tidjererth, qui était souvent à sec, mais qui, dans la saison pluvieuse, roulait autant d'eau que l'oued El Kebir, près de Blida. . . . . Généralement, mes camarades et moi amenions aux bords de l'oued les troupeaux dont nous avions la garde ; la vallée était très boisée et les pâturages constants et abondants ; les arbres y formaient de véritables forêts, mais n'atteignaient qu'une hauteur médiocre. Un jour, étant sur la lisière d'une forêt avec quelques bergers de mon âge, nous aperçûmes un éléphant qui nous fit grand peur, car il passa très près de nous. Pour s'ouvrir un chemin, il cassa une très grosse branche d'arbre avec sa trompe. Je n'ai pas appris que les gens de mon pays chassent cet animal. Les animaux sauvages sont les gazelles, les mouflons, les antilopes et les autruches ; ils sont extrêmement nombreux.

« Les Aouelimmiden ne s'adonnent pas à la culture, bien que les pluies soient dans leur pays presque aussi fréquentes qu'en

Algérie. Ils possèdent d'immenses troupeaux de bœufs et de chameaux. Ils ont aussi des moutons à poil et des chèvres. Je ne connaissais pas de pauvres dans mon pays, car chacun possède de nombreuses têtes de bétail, aussi les Aouelimmiden mangent-ils beaucoup de viande et de lait. Par contre, ce n'est qu'au Gourara que j'ai vu pour la première fois le blé, l'orge, le riz et le bechna. Le seul grain de mon pays est le millet, qui vient sans culture et en grande abondance dans la vallée; les indigènes en font grand usage. »

Sur le même pays, Hammadi ben Blel nous dit : L'Aouelimmiden qui m'acheta. . . . . passait pour très pauvre, car il ne possédait que seize bœufs ou vaches et une soixantaine de moutons, ce qui est peu de chose eu égard à l'innombrable quantité de troupeaux que nourrit le pays. Cette richesse en troupeaux est due à la fréquence des pluies qui y entretiennent des pâturages abondants et fournis. Je n'ai connu dans mon pays qu'une rivière. . . . . l'eau ne disparaît jamais, mais elle diminue beaucoup en été; il s'y trouve beaucoup de poissons; sur les bords s'étendent de vastes forêts où s'abritent des lions, des panthères, des hyènes et des éléphants dont je vis un jour un troupeau. »

Embareck ben Mohamed : « Nous campions généralement sur les bords de l'Egirrhoï (Niger), aux environs d'Igomaren; berger de chameaux, je suivais mes maîtres partout où les menait le désir d'assurer à leurs troupeaux une nourriture abondante. C'est ainsi que nous allâmes camper, durant six mois, sur les bords de l'oued Tegbazert. Cette rivière est aussi large que l'oued Mzi. A l'époque où je l'ai vue, hiver et printemps, elle n'avait pas d'eau courante; mais de vastes et profondes dépressions successives formant comme un chapelet de lacs y conservent d'assez gros poissons. La vallée produit abondamment du riz que les Aouelimmiden recueillent et ne sèment point. Seules, les graines qui se perdent, emportées çà et là par les eaux des crues, servent de semence pour l'année suivante. Le millet y pousse également en abondance, sans culture; ces deux graines forment, avec la viande de chameau, de bœuf à bosse, de mouton, avec le gibier et le lait, la nourriture exclusive des Aouelimmiden.

« D'immenses forêts couvrent la vallée dont les principaux arbres sont les talha[1], les taboraq[2], les aguercemi, les taragat[3], les tirouarount, les tamat[4], les afaghagh. Les animaux féroces ou sauvages y sont très nombreux : lions, panthères, hyènes, éléphants, sangliers, mouflons, antilopes, gazelles, girafes. Beaucoup de menu gibier : lièvres, lapins, perdrix, etc.

« Les troupeaux y sont innombrables. Celui de mon maître était composé de deux cents chameaux, de plus de cent bœufs à bosse, d'une centaine de moutons et de deux chevaux. Tous les autres en avaient à peu près autant et il n'en est pas qui n'en ait point. Les plus pauvres ont au moins, avec une quarantaine de moutons, dix à douze bœufs et autant de chameaux. Cette abondance de troupeaux est due à la grande quantité de fourrages que produit le pays. — Les pâturages y sont meilleurs que dans le Tell et les bestiaux plus nombreux qu'en aucun point de l'Algérie.

« Les Aouelimmiden achètent le sel à Tinboktou. Une dalle de sel gemme vaut un bon chameau. Il existe au pays de Aouelimmiden des mines de fer qui sont utilisées pour la fabrication de leurs lances. C'est de cette arme que la plupart sont armés. Un petit nombre seulement a des fusils.

« Le pays des Aouelimmiden est plus salubre que les bords même de l'Eghirroï. Les pluies y sont fréquentes mais de peu de durée. Elles sont généralement précédées d'orages. »

Le capitaine Bissuel, le commandant Deporter reçoivent de leur côté des renseignements identiques ; ils signalent tous deux les immenses forêts où s'égare le voyageur qui y pénètre, l'abondance extrême des troupeaux et la présence des éléphants.

D'autre part, dans le Saberma, région voisine, Barth signale un gros village, Ferjeza, qui n'est habité que par des chasseurs

[1] *Acacia arabica*, gommier.
[2] *Ogye sepiaria*, genre oranger, fruits très médiocres, très grand arbre.
[3] *Grevia orientalis*, arbuste.
[4] *Acacia cavenia*, genre gommier.

d'éléphants. Ainsi doit-on considérer comme établi que ce pays du Sahara méridional est véritablement un pays de riches pâturages et extrêmement giboyeux, que les troupeaux y sont innombrables et que l'éléphant n'y est pas rare.

Mais il est un autre point de vue sur lequel nous tenons à appeler l'attention du lecteur, c'est sur la salubrité même du désert. Excepté dans les bas-fonds où l'eau séjourne et que hante la fièvre, le désert est une région éminemment salubre. René Caillé signalait le premier l'action fortifiante du désert : « Une particularité que je crois digne de remarque, dit-il, c'est que ma santé se soutint au mieux dans le désert malgré les privations de tout genre qu'on y éprouve. » Barth en maints passages rend à son tour justice à la salubrité du désert : « L'air salubre du désert, dit-il, nous fortifiait le corps et l'esprit. » Nachtigal : « Grâce au repos, à l'air pur du désert et au lait frais de chamelle, je ne tardais pas à aller beaucoup mieux », et ailleurs : « On se demande par quelle aberration, quand le désert est en général si salubre, on a été choisir le site empesté de Mourzouk pour y établir un centre de populations. » Lenz s'éprend d'admiration pour le désert qu'il traverse ; au lendemain d'une pluie il s'écrie avec enthousiasme : « Quelle fausse idée se fait-on de la nature de cette région ; au lieu d'une plaine basse nous y trouvons un plateau ; au lieu d'une uniformité infinie, une grande diversité de conformation ; au lieu d'une chaleur insupportable 30° seulement en moyenne ; au lieu d'un manque d'eau absolu, des pluies abondantes et même des rivières. » Ailleurs : « Nous arrivons à un endroit nommé Boukassar où s'est développée une végétation plus abondante ; les buissons de tamarin, de mimosas, de nombreuses variétés d'herbes et de plantes, même de petites fleurs écloses et beaucoup d'oiseaux chanteurs animent le paysage qui est ma foi fort joli. » Enfermé à Araouan Lenz s'écrie : « J'aspire à me retrouver aussitôt que possible dans le désert immense, à l'air libre et salubre. »

Je laisse le lecteur sur ces témoignages, certain que désormais il ne redoutera plus pour nos compatriotes d'Europe un séjour au pays des Aouelimmiden.

§ 3. — *Le pays des oasis : Touat et dépendances.*

Le lecteur sait déjà que dans l'immense quadrilatère de désert vide, existe une enclave d'oasis serrées les unes contre les autres et formant un canton d'une superficie égale à celle de deux départements français. Ce canton est celui du Touat dont la population est d'environ quatre cent mille âmes.

Enclave dans le désert, disons-nous ; l'expression n'est pas très exacte, car une ligne très étroite, à la vérité, mais singulièrement vivante et fertile, rattache le Touat aux régions habitées du Sahara Marocain et Oranais. C'est la vallée de l'oued Messaoura, inhabitée et infertile sur sa rive droite, en raison de la hammada qui la borde, mais fournie d'oasis égrenées, sur sa rive gauche, comme les grains d'un chapelet. Un voyageur européen les a visitées : c'est Rolhfs ; la description qu'il en donne contient dans une ligne : « A partir de Beni Abbès jusqu'à El Kessabi, c'est-à-dire sur une longueur d'environ deux degrés, la vallée entière n'est plus qu'une immense forêt de dattiers. » Signalons en passant, au ksar des Beni Abbès, une source considérable qui crée, au témoignage de Rolhfs, un ruisseau constant d'eau vive. D'ailleurs, chaque année, l'oued Messaoura grossi par les pluies de printemps, tombées sur le Deren Marocain, montre un courant superficiel qui dure quelques jours et atteint toujours le blad Ghaba et Kherzas, parfois le pays de Bouda dans le Touat proprement dit et même, de loin en loin, chaque dix-huit ans, assure la tradition, l'extrême sud du Touat, le ksour de Taourirt. Avons-nous besoin d'ajouter que l'eau souterraine est du moins constante et de grande abondance à peu de profondeur sous le sable ?

Un détail nous paraît également digne d'être noté : c'est l'existence d'une chaîne montagneuse haute de 500 mètres à Guerzim et de 120 mètres à Kherzas, qui accompagne l'oued sur sa rive droite. Cette circonstance permettra aux garnisons françaises de se tenir à la fois tout à fait à proximité de la rivière et de l'eau et cependant à l'abri de la malaria, du « tehem ».

En général, en effet, la fièvre palustre est à craindre dans les oasis et nous savons que le Gourara, l'Aougueront, le Tidikelt, sont très malsains. Nous n'avons sur l'oued Messaoura aucun renseignement direct et il est vraisemblable que la pente générale de la rivière (250 mètres de dénivellation d'Igueli à Sali, d'après l'anéroïde de Rolhfs) étant assez forte, le pays est suffisamment drainé pour être relativement salubre. Il n'en est pas moins rassurant de constater qu'on pourra, en tous cas, se préserver en s'élevant un peu sur les flancs de la colline. Quant au bas Touat, il est certainement moins insalubre que le Gourara, sans doute par la raison de la pente suffisante de la région. Ahmed ben Ahmed, caïd des Chaamba, assure même que la fièvre y est inconnue. Mais là, d'ailleurs, existe aussi un rebord de hammada avec petite colline et, certitude, par conséquent, qu'on pourra y aménager quelques installations salubres.

Au point de vue économique, cette région du Touat a une grande valeur intrinsèque et une plus grande, encore, valeur de relation.

En effet, je crois prouver ailleurs qu'en raison de l'énorme production en dattes que représente les dix millions de dattiers répartis sur l'oued Messaoura, le Gourara, le Tidikelt et le Touat, une ligne ferrée pénétrant au moins jusqu'à Foum El Kheneg pourrait compter sur deux cent mille tonnes de transport. Je renvoie le lecteur aux minutieux développements que je consacre plus loin à ce grave sujet.

Quant à sa valeur de relation le lecteur l'appréciera par ce seul fait que la forêt de dattiers dont nous parle Rolhfs, abrite le voyageur depuis Igueli, au seuil de notre Sahara Oranais, jusqu'à Taourirt, situé à onze cents kilomètres de l'Adrar, vestibule du Soudan et lui-même déjà riche et fertile. Encore faut-il observer qu'à mi-chemin de Taourirt à l'Adrar des Aouelimmiden existe sur les plateaux de l'Ahenet un canton très propice par l'abondance de ses sources, son ruisseau d'eau vive et sa salubrité à l'établissement d'un poste militaire important. Le

Touat est donc la route nécessaire du Soudan, route d'ailleurs singulièrement facile, développée en ligne droite et la plus courte qui se puisse concevoir de la Méditerranée au pays des Noirs.

Au nord-ouest du Touat, à environ 160 kilomètres d'Igueli, se trouve le Tafilalet, district très important du Sahara Marocain.

De moindre étendue que le Touat mais mieux arrosé encore, le Tafilalet compte une population d'environ cinq cent mille âmes entassée dans les ksours échelonnés le long de l'oued Ziz et de ses affluents. Les cultures y sont magnifiques, les produits très variés, la population laborieuse et industrieuse : Réné Caillé et Rolhfs fournissent à cet égard des renseignements concordants. Sauf à Beni Abbès où se trouvent des arbres fruitiers de diverses espèces, des raisins et quelques légumes, le Touat ne produit guère que des dattes ; au contraire le Tafilalet présente tous les arbres fruitiers de l'Europe méridionale, les légumes, le tabac et diverses productions industrielles telles que la garance et le henné. L'industrie du tannage des cuirs y est extrêmement développée et la perfection des produits y est telle que sous le nom de marocains en Europe et de filali en Algérie et au Maroc, les cuirs préparés du Tafilalet se vendent à des prix extrêmement élevés. Un produit particulier à ce pays, et au Touat où il existe en vérité en moindre abondance, est le takaouat, gâle de quelque acacia, qui constitue une matière tannante de premier ordre. On rencontre aussi dans le Tafilalet divers minerais : la tradition rapporte que les chrétiens jadis y exploitèrent des mines que les indigènes supposent avoir été des mines d'or et d'argent. En tout cas on exporte du Tafilalet et du Drâa du koheul ou sulfure d'antimoine, et chaque année les caravanes, malgré l'énorme distance, en apportaient à Tlemcen plusieurs quintaux.

La beauté des cultures, l'activité de la population et son énorme densité sont attestées dans vingt passages de Rolhfs et de Caillé qui ne font aucun doute en géographie ; nous croyons donc inutile d'insister. D'ailleurs ce pays est marocain et nous échappera politiquement, mais nous démontrons ailleurs qu'il se trouvera dans la zône d'attraction économique d'une ligne ferrée qui descendrait de l'oued Messaoura.

§ 4. — *Le Soudan.*

Il est évidemment impossible en fin de chapitre de décrire le Soudan. Il ne faudrait rien moins qu'un volume pour y suffire. Ailleurs nous indiquons la densité de ses populations et son chiffre probable ; nous nous bornerons donc ici à quelques considérations générales. Que le sol du Soudan soit naturellement des plus fertiles, cela ne saurait faire doute, du moins dans les districts où la terre végétale a une suffisante profondeur. Le climat y est très chaud, les pluies extrêmement abondantes, il va de soi que la végétation y est très vigoureuse et très variée. Malheureusement, comme en bien d'autres points du globe, l'homme est le pire ennemi de lui-même. Des guerres perpétuelles y ensanglantent le sol, la chasse à l'esclave dépeuple les villages, l'incendie ravage les forêts et dans maintes régions l'arbre a complètement disparu. Une minime partie du sol y est mise en culture régulière, non que par sa nature celle-ci se refuse au travail de l'homme, mais parce que l'homme, relativement rare, y est d'ailleurs extrêmement paresseux et inerte. Passant en des mains plus actives, le Soudan verrait ses produits centupler ; aussi la question véritable est-elle en ce pays celle de la colonisation européenne sous les deux formes agricole et industrielle.

A cet égard le Soudan français, — et je donne ici ce nom à toute la zône reconnue par un récent traité à l'influence française, — est beaucoup plus propice que le Soudan anglais, situé à l'est du nôtre. D'un sol vraisemblablement plus fécond, habité par des peuples moins inactifs et plus denses, le Soudan anglais est par contre extrêmement insalubre, à très basse altitude et à sol presque partout marécageux. Au centre du

Soudan français s'élève au contraire un vaste plateau à l'altitude voisine de mille mètres, drainé par des rivières à pentes suffisantes et dont M. le capitaine Binger a exploré la lisière méridionale, tandis que M. le lieutenant Caron touchait, au point de Bandiagara, son rebord occidental. Barth, qui en avait le premier signalé l'importance et l'heureuse situation, avait lui-même atteint un contrefort septentrional de ce plateau, le massif du Hombori. De l'ensemble des renseignements recueillis sur ce pays — et j'en ai reçu moi-même de divers indigènes natifs du Tombo — il résulte que ce vaste plateau, connu sous le nom de Tombo et de Mossi, d'une superficie à peu près égale à celle du tiers de la France, est véritablement salubre, très fertile dans la plupart de ses cantons et d'une température moins chaude que le reste du Soudan. Il semble dès lors que la colonisation européenne s'y puisse un jour développer et, s'il en doit être ainsi, il n'est pas douteux que l'occupation du Soudan serait alors une œuvre à entreprendre et la construction d'une voie ferrée, continuant jusqu'au Soudan la ligne du Touat, une entreprise d'un riche avenir.

Le Soudan anglais, au contraire, sera une région éternellement insalubre et inhospitalière à l'Européen ; aussi, sans tenir compte des railleries intéressées de lord Salisbury, je n'hésite pas à penser que, dans le partage du Soudan africain, la France n'a pas été la moins bien pourvue.

Nous terminerons ce très court chapitre en énumérant sommairement les principales productions du Soudan français : le riz, une espèce de canne à sucre d'ailleurs grossière, l'indigo, le millet, le coton, le sarazin, le sorgo abondent dans maintes régions. Certaines sont propices à la culture du tabac et du café. L'arachide, qui constitue au Sénégal la culture maîtresse, y pousserait certainement, mais il est présumable que les frais de transport majoreraient trop cette marchandise pauvre pour que l'exploitation en fût rémunératrice ; d'ailleurs, les produits oléagineux qui viennent sans culture y sont très abondants. Des légumes particuliers : patates, ignames et d'autres que nous connaissons : oignons, fèves, haricots, etc., concourent avec une quantité de viandes très variées et les poissons très nombreux dans tous les cours d'eau du Soudan, à l'alimentation de l'homme ainsi que les fruits qui sont également très nombreux : la banane, le fruit du ronier, celui du papayer, celui du cocotier dans la partie méridionale de notre Soudan, les pastèques, etc.

Les animaux domestiques d'Europe existent à peu près tous dans le Soudan, ou du moins y vivent très bien. Les troupeaux de bœufs à bosse sont des plus abondants ainsi que ceux de moutons. On y rencontre également, suivant les régions, et on pourrait y élever partout les porcs et les chèvres. Les espèces de basse-cour y sont des plus nombreuses, et le gibier très varié et très abondant. En tête, citons les grands fauves : éléphants, buffles, panthères, girafes, hippopotames, sangliers. Les chevaux sont élevés en grand nombre dans la région du Soudan qui avoisine le Sahara, ainsi que les chameaux. Ailleurs, on utilise pour le transport les bœufs et les ânes.

Nous avons dit que certaines régions soudanaises étaient dépeuplées d'arbres sur de vastes étendues, mais dans les parties où les forêts subsistent, se rencontrent des essences très intéressantes, soit pour l'ébénisterie et la menuiserie, soit pour la construction. Citons les palmiers roniers, si précieux pour leurs fruits, leurs fibres et leurs sucs ; citons encore les bambous dont les fibres sont très recherchées, le colossal baobab, le bauhinia également recherché pour ses fibres, le santal au bois rouge, l'acacia adansonia, goniaké du Sénégal et les rhus utilisés pour la teinture. Les bois sont trop nombreux pour que nous puissions les citer : marquons cependant l'ébénier et le sterculio spinosa qui fournit en outre la gomme adragante : cette dernière matière nous rappelle les caoutchoucs produits par diverses lianes et par divers ficus. Les matières tannantes sont également très nombreuses ainsi que les matières colorantes : orseille, curcuma, rocou, etc. Marquons enfin la noix de gouro ou kola, sorte de châtaigne qu'on utilise comme café dans le Soudan, et à qui ses propriétés toniques actuellement constatées par tous nos médecins paraît devoir réserver à bref délai une réputation aussi universelle que celle du quinquina.

Quant aux matières minérales, le Soudan est plus remarquable par celle qui lui manque, le sel, que par celles qu'il possède. Celles-ci sont très nombreuses, le fer abonde presque partout. On connaît d'autre part la réputation un peu surfaite des gisements aurifères du Manding et du Bourré. Notons avec tristesse qu'il ne paraît y avoir aucune espérance de rencontrer au Soudan, en quantité utilisable, les combustibles minéraux.

En définitive, le Soudan français est un pays riche par nature, mais singulièrement apauvri par l'homme. Très humide et très chaud, par suite malsain, dans ses parties basses; d'un climat moins chaud et beaucoup moins humide, par conséquent salubre, sur son plateau central. Du moins c'est ce que les renseignements recueillis à ce jour permettent de croire, sous réserve de leur confirmation, en ce qui concerne la salubrité du Tombo et du Mossi. J'estime que le Soudan peut devenir une colonie de peuplement où se croiseront, très avantageusement pour l'évolution du progrès dans l'humanité, les races blanche et nègre.

CHAPITRE III

DE LA MER AU SOUDAN

(Les divers tracés proposés)

I

DE LA MÉDITERRANÉE AU SOUDAN : DEUX OBJECTIFS, LE TCHAD OU LE NIGER

Les diverses lignes proposées pour desservir le Soudan peuvent se diviser en deux groupes : celles qui partent de la Méditerranée ; celles qui partent de l'Atlantique. Ces dernières ont pour point de départ, soit Dakar, soit Saint-Louis et pour point d'attache un point quelconque sur le Niger supérieur ou moyen. Leur objectif est plus particulièrement ou bien la région du Haut-Niger, les États de Samory par exemple, ou bien le Massina et le Tombo.

Les lignes méditerranéennes ont quatre points de départ différents : l'une est rêvée par les Italiens dans l'éventualité de l'occupation de la Tripolitaine : elle part de Tripoli et aboutit au Tchad. C'est également au Tchad qu'aboutit la deuxième ligne française par Philippeville son point de départ ; ses principales étapes sont : Biskra, Tougourt, Ouargla, Timassinin, Amguid, Bir Garama, Asiou et Kouka. Les deux autres partent l'une d'Alger, l'autre d'Oran et ont pour but immédiat le coude oriental du Niger. L'une, celle d'Alger, touche El Goléa, In Salah, Akabli et de là se confond avec la suivante qui, partant d'Oran, passe par Ain Sefra, Igneli, et descend le Touat pour, en commun avec la précédente, atteindre le Niger vers son coude oriental.

Nous ne nous occuperons d'abord que des quatre lignes méditerranéennes, l'étude de lignes sénégalaises sera réservée pour un paragraphe suivant.

Les quatre lignes méditerranéennes se divisent elles-mêmes naturellement en deux groupes suivant leur objectif, le Tchad ou la boucle du Niger. La première question qui se pose donc est de savoir de ces deux objectifs quel est le préférable.

§ 1. — *Lignes allant au Tchad.*

Deux lignes : celle italienne par Tripoli, celle française par Philippeville. Le Tchad, naturellement desservi par le bas Niger; longueur respective des trois directions; le Tchad, pays anglais, sera toujours protégé par les mesures de douane ou de police contre les produits non anglais. La route par Philippeville-Amguid est dépourvue d'eau et à fortes rampes; est privée de tout trafic sur le parcours; est très inférieure à la ligne italienne par Tripoli. Le Tchad, objectif à rejeter.

L'événement diplomatique qui a récemment arrêté notre zône d'influence au parallèle de Baroua à Say a fait du Tchad un lac anglais. Nous avons bien un village établi sur ses bords et la pointe nord-ouest de ses rivages nous est réservée. Mais de ce côté, la région qui le borde c'est le stérile Kanem auquel Nachtigal n'attribue, malgré l'immense étendue de territoire, qu'une population de cent mille habitants. A l'ouest et au sud-ouest du Tchad s'étendent au contraire des régions riches et peuplées; c'est là que se trouve notamment la ville de Kouka. Il serait sans doute très désirable pour la France de pouvoir utiliser comme débouché de son industrie toutes ces régions fertiles et peuplées, mais il y a à cela un double obstacle; c'est d'abord que ce pays est anglais et qu'il est bien évident que l'action gouvernementale de l'Angleterre saura créer à notre commerce dans ces régions des obstacles majeurs et des conditions d'irrémédiable infériorité. C'est encore et surtout parce que ce pays est avoisiné par le Bénoué, fleuve navigable jusqu'à Yola situé, à vol d'oiseau, à 390 kilomètres de Kouka et, d'autre part, en suivant les sinuosités du fleuve, à 1,140 kilomètres des bouches du Niger. Ainsi la distance effective de Kouka à l'Océan, par cette voie, en tenant compte des courbes possibles d'une ligne ferrée reliant Yola à Kouka, ligne que les Anglais établiront sans nul doute, sera-t-elle en chiffre rond de 1,600 kilomètres. Au contraire, une voie ferrée qui relierait Kouka à la Méditerranée n'aurait-elle pas moins de 2,400 kilomètres vers Tripoli et de 3,300 vers Philippeville, ainsi 800 kilomètres en plus pour la ligne de Tripoli et 1,700 sur Philippeville. Je prie le lecteur d'observer en outre que cette formidable économie de distance se complique de l'économie de transport qu'offrent ordinairement les voies fluviales en sorte que Kouka fut-il placé à égale distance de Philippeville et des bouches du Niger, il y aurait encore lieu de se demander si une tonne de marchandises au départ de Kouka ne préférerait pas se diriger par eau sur les bouches du Niger que par voie ferrée sur Philippeville. Mais la question ne se pose même pas. Il faudrait sur la carte remonter Kouka jusqu'à mi chemin entre Tin Telloust et Asiou pour le placer à égale distance de Philippeville et des bouches du Niger.

Le graphique suivant qui donne les longueurs respectives

```
Kouka - Philippeville : |_____|
Kouka-Tripoli :              |_____|
Kouka-Bouches Niger : |_____|
```

des trois lignes : Kouka-Bouches du Niger, Kouka-Tripoli et Kouka-Philippeville, démontrera de toute évidence qu'au grand jamais une seule tonne de marchandises venant de Kouka n'irait à Philippeville, Kouka fut-il français. Or, Kouka est anglais et véritablement nos voisins d'outre-Manche ont dû rire de la prétention émise par quelques-uns d'entre nous d'amener dans nos ports les marchandises de la région du Tchad.

Mais, — objecteront comme dernier argument les partisans de cette ligne, — les bouches du Niger sont très loin de l'Europe ainsi que de l'Amérique du Nord, tandis que Philippeville est aux portes de l'Europe. Il est vrai, mais en mer les distances comptent peu et le frêt anglais n'est pas cher. On objectera encore que les bouches du Niger sont situées dans un pays extrêmement insalubre et que l'établissement des comptoirs commerciaux sur la ligne de Kouka aux bouches du fleuve usera assez de vies humaines pour majorer sérieusement le prix des transports. De pareilles considérations n'ont nulle part arrêté l'essor du commerce anglais et la difficulté de distance est beaucoup trop considérable pour que l'insalubrité du climat puisse la compenser. D'ailleurs si les marchandises de Kouka devaient, pour les deux raisons que nous venons de signaler, préférer une ligne du nord, qui ne voit qu'elles choisiraient alors la ligne de Tripoli plus courte de 900 kilomètres et probablement supérieure comme facilité de construction et moindre hauteur des rampes. Il y a quasi certitude que le commerce du Tchad reste à jamais anglais; mais si, pour une raison impossible à prévoir, il abandonnait un jour le chemin du Niger, ce serait assurément pour prendre celui de Tripoli, c'est-à-dire celui de l'Italie et non celui de la France par Philippeville.

Ce que nous disons du Tchad et de Kouka est encore plus vrai de Kano. Personne jusqu'ici n'a proposé l'établissement d'une ligne allant de Kano en Europe par le versant occidental du pays d'Aïr et l'Igharghar. Il est d'ailleurs quelque peu douteux que cette ligne soit possible car, s'il est vrai comme le croit Barth, qu'une immense hammada barre le cours du Tefassasset, on aurait une large zône stérile à traverser et peut-être des rampes abruptes. En tous cas, la ligne aurait au moins 3,200 à 3,300 kilomètres comme celle dirigée sur Kouka, et ce n'est assurément pas ce chemin que prendraient les marchandises pour l'Europe lorsque par le Niger on peut atteindre Kano par 500 kilomètres à peine de voie ferrée et moins de 500 de voie fluviale, c'est-à-dire par une route plus de trois fois plus courte. Kano, Koukaoua sont riches et fertiles, toute cette région du Soudan est particulièrement favorisée par la nature, excepté toutefois au point de vue de la salubrité; nous n'en disconvenons pas; mais elle est anglaise par les traités et, au point de vue économique, vassale des bouches du Niger. Rien ne prévaudra malheureusement contre cette double constatation.

La conclusion pour Sokoto n'est plus aussi rigoureusement la même. Cette capitale est à plus de 200 kilomètres du Niger et le point où le fleuve est atteint est à près de 1,000 kilomètres de son embouchure, c'est un total de 1,200 kilomètres. Mais les rapides de Boussa, très difficiles à franchir, barrent la route au-dessus du confluent du Bénoué. A quel accroissement de parcours correspond, en ce qui concerne la majoration des prix, la difficulté qu'offre cet obstacle, c'est ce que dans l'état actuel de nos connaissances géographiques nous ne pouvons apprécier; mais comme le pire qui pourrait arriver aux Anglais maîtres de Sokoto, serait de relier par un railway de 300 kilomètres cette capitale au point du Niger situé immédiatement en aval de Boussa et que, par ce procédé, ils assureraient indubitablement aux bouches du Niger le commerce de tout le Sokoto, il reste encore acquis que nous ne pouvons espérer détourner à notre profit les marchandises de cette région, si ce n'est peut-être celles qui, de nature facilement corruptibles, ne pourraient supporter les longueurs d'une longue traversée fluviale et maritime et préféreraient la voie plus rapide d'un chemin de fer aboutissant au coude oriental et se ramifiant jusqu'à Say. En résumé, comme conclusion ferme et que nous tenons pour évidente en elle-même, au seul aspect de la carte, dès avant que les traités n'eussent abandonné à l'influence anglaise les pays soudaniens situés au sud du parallèle de Say à Baroua, toute espérance de monopoliser entre nos mains leur commerce par une voie ferrée venant du nord était invraisemblable. Elle devient absolument déraisonnable aujourd'hui que l'action gouvernementale anglaise peut s'exercer librement. Par un régime de douanes intérieures à percevoir à quelque distance, il est vrai, du Niger, par respect pour la lettre de l'acte de navigation de ce fleuve, ou par un ensemble de mesures de police, il sera toujours facile à un gouverneur anglais de frapper de droits quelconques ou de formalités compliquées équivalant à de véritables prohibitions les produits qui ne seraient pas d'origine anglaise.

L'objectif du Tchad, de Kano ou du Sokoto doit donc être rejeté absolument, sans qu'il soit besoin de rechercher plus longtemps quelles peuvent être d'ailleurs les difficultés pratiques d'une telle voie. Et cependant, bien que nous soyons amenés ainsi à condamner ces lignes à *priori*, en raison de leur détestable objectif, nous croyons devoir nous arrêter quelques instants encore sur les autres difficultés graves que ce parcours présenterait.

Il faut d'abord observer qu'une partie seule nous en est connue. Des renseignements de toute sûreté, dus aux ingénieurs de la mission Flatters, conduisent la ligne jusqu'à Inziman Tikhsin, dernier point d'où nous avons reçu des nouvelles directes de Flatters. Les renseignements recueillis auprès de quelques indigènes qui ont survécu au massacre, ont permis au capitaine Bernard de mener, d'une façon suffisamment approximative, l'itinéraire de la mission jusqu'à Bir-Gharama. De ce point au puits d'Asiou touché par Barth, il n'existe aucun renseignement d'aucun ordre et l'on ne peut prévoir quelles seront les rampes, ni la nature du terrain. D'Asiou, le tracé sur Kouka, préconisé par MM. Roland et Philibert, se sépare de l'itinéraire de Barth sur Agadès et, contournant par l'est le versant oriental de l'Aïr, s'engage dans une contrée que Barth nous dit être une immense hammada absolument stérile et dépourvue de puits. Personne d'ailleurs ne l'a visitée et, sauf l'indication de Barth, nous n'avons sur elle aucun renseignement. On arrive enfin au Kanem, pauvre pays à population rare, puis au Tchad et à Kouka, et ce n'est que là, à la dernière étape de cette immense ligne de 3,300 kilomètres au moins, — M. Rolland dit 3,400 — qu'on rencontrerait la vie et la fertilité.

Sur le parcours connu d'Ouargla jusqu'à Inziman Tikhsin, c'est le vide absolu ; malgré le fameux Igharghar dont on mène tant de bruit, les points d'eau sont extrêmement rares, les distances de plus de 100 kilomètres sans le moindre puits sont fréquentes. D'El Mokhanza à Hassi Mouich Matalla il faut franchir 230 kilomètres sans eau et d'El Biodh au confluent de l'oued Igharghar et de l'oued Inkemelet la distance est presque égale. A la vérité, dans un accès de confiance superbe, MM. Roland et Philibert nous annoncent que là où il n'y a pas d'eau on en créera, que la sonde artésienne en trouvera partout, et ils en concluent en disant que la question de l'eau ne se pose pas. Malheureusement non elle ne se pose pas, car rien ne fait présumer qu'on puisse trouver de l'eau le long du gassi Mokhanza. M. le capitaine Bernard, qui a dû certainement recueillir les impressions des regrettés ingénieurs Beringer et Roche, ne nous dit nulle part dans le journal de route, pendant l'exploration du gassi, qu'il y ait espérance sérieuse de trouver des puits artésiens ou autres dans tout ce parcours.

A la vérité le colonel Flatters suppose, assez gratuitement d'ailleurs, que le gassi Mokhanza n'est autre que le lit de l'Igharghar lui-même. Nous n'y contredirons pas, si tant est qu'il faille placer quelque part le lit de ce problématique oued, et malgré que le caractère hammada du sol du gassi s'accorde peu avec cette hypothèse ; mais cela ne prouve pas qu'à cette latitude l'Igharghar asoiffé ait pu se réserver une goutte d'eau. De tous temps les Arabes en ont pensé autrement, car ils n'ont jamais tenté de jalonner de puits cette route qui serait pourtant si préférable à la traversée des grandes dunes. Enfin, partout où nous trouvons de l'eau dans ce que l'on considère comme le véritable lit de l'Igharghar, cette eau est amère et salée ; ce fait est dès longtemps connu et M. Duveyrier l'avait mis en relief. Il reste donc peu de chances de trouver dans ce parcours de l'eau potable pour les hommes et utilisable pour les machines.

En trouverait-on qu'assurément cette circonstance ne suffirait pas à rendre le gassi habitable. Se figure-t-on le personnel de trois ou quatre gares établi à demeure dans cet affreux pays, dans ce couloir aux tornades terribles, entre les dunes géantes qui le bordent des deux côtés comme les murs d'une prison. Il faut compter, on l'oublie généralement quand il s'agit de lignes en Sahara, avec l'état d'esprit du personnel de la voie par suite de l'isolement absolu et des conditions si dures de l'existence matérielle. C'est à leur pire degré que toutes ces causes fâcheuses se trouveraient amenées dans le parcours en question.

Il faut aussi songer aux rampes que l'on sait exister d'Amguid à Amadghor, qui existent très probablement aussi d'Amadghor à Asiou et d'Asiou à la hammada du versant oriental de l'Aïr. N'est-il pas étrange que pour pénétrer du nord dans l'Afrique centrale on aborde précisément de front, au lieu de le tourner, l'énorme bloc montagneux du Hoggar? Quelle raison y a-t-il au lieu de poursuivre sa route en plaine ou de descendre par des pentes insensibles, ce qu'on peut faire soit en partant de Tripoli et en suivant la route de Nachtigal vers le Tchad, soit en descendant l'oued Guir sur le Niger, de choisir au contraire comme à plaisir une route qui, d'une altitude de 1,200 mètres environ après Batna, descend sur Tougourt à 83 mètres seulement pour remonter à des altitudes voisines du faîte du Hoggar, redescendre, remonter, puis redescendre encore pour atteindre le Tchad? Enfin, et dut-on supposer par impossible que les marchandises du Tchad préféreraient parcourir les 3,300 kilomètres qui les séparent de Philippeville plutôt que les 1,500 ou 1,600 qui les séparent des bouches du Niger, de quel prix ne seront-elles pas majorées après un pareil transport et quelle espérance pourra-t-il rester de trouver acheteur avec quelque bénéfice? L'observation est d'autant plus grave qu'il ne faut compter, pendant l'immense route, sur aucun produit d'aucune sorte. Sauf au pays d'Aïr, dont la population orientale peut être estimée à 70 ou 80 mille habitants, et au Kanem, peuplé de 100,000 habitants, mais sur un territoire immense, on ne rencontre presque aucune trace de vie humaine, c'est partout le vide absolu. Je conclus donc très énergiquement que toute ligne ayant pour seul objectif soit le Tchad, soit Kano, soit même Sokoto, doit être rejetée absolument. Que si cependant on voulait admettre la possibilité de dériver vers le nord tout ou partie sérieuse des marchandises du Soudan oriental, ce serait sur Tripoli seulement, par une route plus courte et plus facile, que pourrait se tenter l'entreprise.

Passons maintenant au deuxième groupe d'itinéraires qui ont pour objectif le coude du Niger :

§ 2. — *Lignes allant au coude du Niger.*

Deux tracés proposés : d'Alger par In Salah, d'Oran par Igueli. Étude de la partie commune aux deux tracés variante : par Ouallen-Imrhannan, variante par Iuzize, variante par Anefodjen-Timiaouïn ; Moindre rayonnement économique et plus grande longueur de la ligne sur In Salah-Alger ; L'intégralité du Touat et le Tafilalet desservies par la ligne d'Igueli. Celle-ci préférable en tant que ligne méditerranéenne.

Le Niger forme, on le sait, entre le 16ᵉ et le 17ᵉ parallèle, un un arc qui se développe pendant quatre ou cinq cents kilomètres. Il importe d'abord de déterminer le point qu'une ligne ferrée pourrait atteindre sur cet arc. La chose est aisée, car il existe ce qu'on appelle dans les levées de route un point forcé, c'est l'étroit de Tossaye, point où le Niger se rétrécit assez entre des rives fermes et rocheuses pour qu'il soit facile de jeter un pont et de poursuivre ainsi, si besoin est, la voie ferrée dans l'intérieur de la boucle. Deux lignes sont projetées qui toutes les deux ont une partie commune, du bas du Touat jusqu'à Tossaye. Entre ces deux points, deux tracés étaient proposés : l'un par Ouallen et Imrhanan, le second par Indenan et In Zize ; nous en proposons un troisième sur les nouveaux documents apportés par le capitaine Bissuel et le commandant Deporter, par Tadremt, Anefodjen, Hassi Taradjar, Timiaouïn, et An ou Mellen. Sur aucune de ces trois routes on n'a de dunes à franchir ; toutefois la plus occidentale en coupe un banc large de 3 kilomètres sur le Tanezrouft, une journée et demie avant Imrhannan, au point dit Azenouzan. Mais certains informants nous assurent qu'au prix d'un détour on peut les éviter. Sur aucunes d'elles il n'y a à signaler de montagnes ou d'obstacles faisant prévoir quelques rampes importantes. Ce qui différencie réellement ces trois routes, c'est la répartition des points d'eau sur leur parcours respectif. Sur la première ligne entre Ouallen et Imrhannan la distance à parcourir sans eau est de 280 à 300 kilomètres, sur la seconde, entre In Zize et Indenan, la plus longue distance privée d'eau n'est plus que de 180 : enfin sur la troisième, le plus long espace se rencontre entre Hassi Taradjar et Timiaouïn : il est sur la carte de 205 kilomètres, mais ce n'est qu'une apparence car il faut observer que le trajet compris entre les deux points d'eau d'Hassi Taradjar et de Timiaouïn franchit les talweg de l'oued Timanrasset, dans une partie de son cours assez rapprochée des cimes du Hoggar pour qu'il y ait toute raison de penser que l'appareil de sonde ne sera pas inutilement essayé dans son lit. Quatre autres oueds importants sont encore traversés qui s'alimentent des pluies de l'Adrar et dont la richesse en eau est certaine.

La longueur totale de ces trois routes varie elle-même quelque peu : celle par Taourirt, Ouallen et Imrhannan est plus longue d'environ une soixantaine de kilomètres que la plus orientale. Cette moindre longueur de la ligne la plus orientale serait d'autre part compensée par la nature vraisemblablement plus montagneuse de celle-ci, en raison de la traversée de l'Adrar. Tout bien pesé, l'avantage d'un approvisionnement en eau assuré à très courte distance, est la principale raison qui nous fasse préférer cette variante et c'est à elle que nous nous en tiendrons.

Du bas du Touat au Niger, c'est-à-dire dans la partie commune aux deux tracés d'Alger et d'Oran, la ligne traverse d'abord un pays à peu près vide. Quelque abondantes, en effet, que soient les sources de l'Ahenet et si bien fournis que puissent être les pâturages des Taïtok, nous n'en considérerons pas moins ce pays comme absolument négligeable en ce qui concerne le transit d'une voie ferrée. Nous n'avons pu nous défendre de quelque étonnement en constatant l'importance que MM. Rolland et Philibert attribuent à de simples points d'eau comme Amguid et Timassinin : le ou les petits lacs d'In Zize et sa belle vallée, la guelta d'Ouallen et le bordj de Mouley Haïba les valent assurément bien ; beaucoup mieux valent surtout les plateaux du Massin et du Tegoulgoulet : nous n'en ferons pourtant pas état pour les lignes occidentales.

La vie ne commence vraiment à s'accuser que lorsqu'on entre dans la zone des pluies régulières et avec elles dans le pays des Aouelimmiden; nous coupons bientôt un ruisseau qui, durant toute l'année, garde son eau courante, l'oued Ourtadja. Les premiers campements des Aouelimmiden, les ksour des Ifoghas (Ksar Irachar, Tessilit, Tellabit) sont à proximité, ainsi que les tentes de Tademekket, c'est-à-dire les représentants de ces trois grands groupes de populations qui, sur l'espace immense qui avoisine le Niger, ne comptent pas moins avec les Iguelad, à notre estimation, de 600,000 habitants.

Je renvoie le lecteur, pour plus amples informations sur cette région, au dénombrement que nous en faisons plus loin et à notre chapitre de géographie économique. Qu'il nous suffise de lui rappeler ici que partout les points d'eau abondent et que, sous réserve des chaînons montagneux qu'il y aurait à éviter, la ligne pourrait ne pas s'écarter sensiblement de la ligne droite, de telle sorte que l'on pourrait gagner quelques kilomètres sur les itinéraires de Bissuel et de Deporter qui conduisent à An ou Mellen.

Sera-t-il indispensable même de toucher au puits de d'Hassi Taradjar, ou sera-t-il préférable de rejoindre l'oued Timanrasset et, en ligne droite, de gagner Tossaye ? L'existence certaine de pluies saisonnières dans cette région permet de supposer qu'on pourrait trouver un approvisionnement d'eau suffisant, auquel cas Hassi Taradjar ne serait plus qu'à 680 kilomètres de Tossaye au lieu d'être à 720. Quoi qu'il en soit et sous réserve d'une petite économie possible, il faut admettre pour la ligne de Tossaye à Tin Tenaï, 1,064 kilomètres. Ici, les deux projets se bifurquent : l'un se dirige sur Igueli, l'autre sur El Goléa par In Salah.

D'In Salah à El Goléa il serait vraisemblablement difficile d'aller en ligne directe : la remontée de l'oued El Moungar n'offrirait sans nul doute aucune difficulté, non plus que la descente de l'oued Mia, mais il paraît difficile d'aller à El Goléa sans franchir les dunes de l'Erg. Trouvera-t-on quelque passage ? ce n'est pas invraisemblable, en tout cas, les bancs à franchir seraient beaucoup moins larges que ceux rencontrés sur l'itinéraire de Djeribia à Taïba. La distance serait de 580 à 600 kilomètres d'Akabli à El Goléa et, de Goléa à Alger, de 916 kilomètres d'après études sur le terrain : cette ligne aurait au total 2,681, soit 2,700 kilomètres.

Elle desservirait de façon très convenable le bas Touat jusqu'au-dessus de Sali. On pourrait, en effet, venir rejoindre la ligne au moyen de quelques journées de marche par le puits d'Aïn Cheikh vers Dahar El Amar ; mais il est évident que le Tamentit, le Timmi, le Bouda, régions les plus importantes, ne serait que très imparfaitement desservies ; les marchandises à destination de Gourara et de l'Aouguerout auraient à partir d'Akabli de 220 à 320 kilomètres à faire ; enfin les oasis de l'oued Messaoura, depuis El Kessabi jusqu'à Igueli, resteraient hors de la zone d'action de la voie ferrée et préféreraient vraisemblablement remonter sur Figuig ou le Tafilalet comme elles le font aujourd'hui. A plus forte raison en serait-il ainsi du Tafilalet dans ses relations avec le nord. Ces divers pays ne pourraient utiliser la ligne transsaharienne que pour leurs communications avec le Soudan, encore faut-il observer que leur produit par excellence, les dattes, majorées du prix énorme de transport, à dos de chameau pour atteindre la gare d'Akabli, avant d'arriver au Niger, cesseraient d'être marchandes. On devrait donc considérer comme pleinement desservies par cette ligne les régions du Tidikelt, c'est-à-dire : In Salah, 3,000 habitants, Tit, In Rhar, Akabli, 6,000 ; l'Aoulef, 10,000 ; le Blad Sali et le Regan, environ 33,000 habitants, soit au total 52,000 habitants, comme à demi desservis seulement la région touatienne situé de Sali jusqu'à Bouda, le Gourara et l'Aouguerout et, comme situées hors de l'action du chemin de fer, les oasis de l'oued Messaoura, du Guir, du Tafilalet et du Drâa.

Les 6,000 palmiers de l'oasis d'El Goléa et ses 300 habitants sont évidemment négligeables. Il n'en est pas de même assurément des 30,000 habitants de l'oued Mzab et de leurs 200,000 palmiers. Il est probable, également, que l'oasis d'Ouargla serait dans une certaine mesure desservie par ligne dont elle ne serait pas très éloignée.

Revenons maintenant au point de bifurcation, Tin Tenaï, et abordant l'autre ligne, arrivons à Taourirt distant de 50 kilomètres. De ce point nous avons à rejoindre, en suivant une région très plate et très salubre et qui aurait l'avantage de se tenir à moindre distance de l'Aouïef, le Ksar de Titaf. Les 102 kilomètres qui séparent Taourirt de Titaf se poursuivent sur la lisière des palmeraies dans une plaine arrosée. De Titaf à Tamentit 39 kilomètres, de Tamentit à Kasba Sidi Saïd, 42 kilomètres, la route se poursuivrait sur la lisière orientale des palmeraies, sur un sol facile et plat, et c'est dans les mêmes conditions qu'on viendrait rejoindre l'oued Messaoura et qu'on atteindrait, après un nouveau parcours de 90 kilomètres, le point de Foum el Kheneg, un peu avant Kessabi. De là on suivrait la vallée, soit sur la rive gauche, le long des ksour, soit en rebord de hammada sur la rive droite. On arriverait ainsi, sans perdre de vue les palmiers et par une vallée richement pourvue d'eau, jusqu'à Igueli. D'Igueli, la route remontant l'oued Zouzfana et touchant au passage les palmiers des Beni Goumi atteindrait Djenian-Bouresk notre premier poste militaire placé à 45 kilomètres à l'est de Figuig, point où il est étrange que la voie ferrée ne soit pas déjà arrivée, car l'économie qui en serait résultée pour le ravitaillement de ce poste aurait suffi pour compenser la garantie d'intérêt que le tronçon eut pu coûter à l'État. Il faut remarquer, en outre, que la ligne d'Aïn Sefra est actuellement, au point de vue commercial, d'une valeur presque nulle ; elle est, en effet, trop loin de Figuig pour desservir cette importante oasis ; il en serait différemment le jour où la voie ferrée atteindrait Djenian-Bouresk. Quoi qu'il en soit, de Djenian-Bouresk, 80 à 85 kilomètres mènent à Aïn Sefra, terminus actuel de la ligne franco-algérienne.

Ce trajet diffère quelque peu de celui proposé par M. Pouyanne. En 1882, moment où cet éminent ingénieur l'élaborait, nous n'étions pas en possession de la ligne d'Aïn Sefra; il était alors plus rationnel de prévoir une ligne sur Moghrar et El Outed et, par l'oglat El Mohamed, de rejoindre la vallée du Zouzfana à Kheneg Zoubia. Aujourd'hui, la ligne déjà construite jusqu'à Aïn-Sefra a tout intérêt à éviter le détour par El Outed et à gagner Kheneg Zoubia par Djenian-Bourresk. Comme distance le résultat reste d'ailleurs sensiblement le même que celui prévu par l'ingénieur: la distance d'Arzeu à Kheneg Zoubia serait par Aïn Sefra et Djenian-Bourresk de 573 kilomètres dont 454 jusqu'à Aïn Sefra sont actuellement construits. De Kheneg Zoubia jusqu'à El Kessabi et Foum el Kheneg, c'est-à-dire pendant 458 kilomètres, le tracé de M. Pouyanne ne subit aucune modification. A partir de Foum el Kheneg, au lieu de continuer à suivre la vallée, je propose, ainsi qu'on l'a vu plus haut, de se maintenir au pied de la hammada entre le Gourara et le Touat. Outre que ce tracé est mieux à même de desservir l'intégralité des oasis, j'y trouve d'autre part une petite économie de distance. 333 kilomètres de Foum el Kheneg mènent à Tin Tenaï, lequel est lui-même à 1,064 kilomètres de Tossaye. La ligne totale par Igueli à la mer aurait donc 2,428 soit 2,430 kilomètres.

L'économie de distance par Igueli, en la comparant avec celle d'Alger, serait donc de 230 kilomètres, soit d'un dixième: encore est-il vraisemblable qu'on pourra la diminuer de quelques kilomètres en se portant sur la rive gauche de l'oued Messaoura, afin d'éviter les détours de la vallée. Mais ce qui est plus important, c'est que sur tout le parcours on reste assuré d'une ligne facile, libre de tout obstacle, à l'abri de toutes dunes, sans dénivellation sensible et admirablement pourvue d'eau. On a vu tout à l'heure qu'il n'en serait pas tout à fait ainsi sur le tracé d'In Salah à El Goléa et l'on sait que d'El Goléa à Laghouat la ligne, au point dit Teniet-el-Anès, rencontre une difficulté sérieuse et nécessite l'écrêtement sur une profondeur de six mètres d'un seuil rocheux de dureté moyenne et en divers points des bancs de sable d'une largeur de 6,300 mètres.

Enfin, et c'est là l'avantage capital, la ligne d'Igueli dessert un ensemble de pays qui ne sont pas peuplés de moins d'un million d'habitants et qui contient au minimum quatorze millions de dattiers ainsi que nous le démontrons dans un autre chapitre. Elle est, en effet, au point de vue d'Igueli suffisamment rapprochée du Tafilalet pour que ce vaste pays devienne tributaire de la ligne; de même pour le coude oriental du Draà; enfin, il n'est pas douteux que l'intégralité des oasis de l'oued Messaoura, tout le Gourara, tout le Touat et tout le Tidikelt ne soient desservis dans des conditions excellentes : le rayonnement commercial de la ligne par Igueli est certainement trois fois plus considérable que celui de la ligne par El Goléa. Si donc un transsaharien venant du nord doit être créé, il n'est pas douteux dès maintenant : 1° qu'il ne saurait desservir la région du Tchad, commercialement tributaire du bas Niger, et politiquement anglaise, et 2° que si elle doit dès lors atteindre la boucle du Niger, la seule ligne rationnelle est celle qui passe par Igueli.

Est-ce à dire que nous concluions dès ce moment ci à l'adoption de cette ligne? Non, parce que il n'est pas encore démontré que les pays de la boucle du Niger doivent être desservis par une ligne du nord de préférence, par exemple, à une ligne venant du Sénégal.

C'est donc à l'étude des lignes sénégalaises que nous devons nous attacher dès maintenant et nous faisons, dès ce moment ci, l'aveu au lecteur que la question devient extrêmement délicate. Si, en effet, on peut au simple aspect de la carte rejeter comme irrationnelle la ligne proposée de l'Algérie au Tchad, il n'en est certes pas de même de telle ligne sénégalaise que nous étudierons. Les éléments d'appréciation vont devenir très délicats et nous aurons besoin de toute l'attention du lecteur.

II

DE L'ATLANTIQUE AU SOUDAN

Fausse conception et échec fatal de la ligne en partie créée de Kayes à Bammako; une ligne de Dakar-Saint-Louis au Niger par le Kaarta serait préférable; Variante par le désert sur Koriomé, à rejeter; variante par Nioro, moins longue que la ligne d'Oran-Igueli-Niger, mais moindre rapidité du voyage; égalité de fret entre les deux lignes; difficulté des constructions de voie ferrée au Sénégal; rayonnement commercial de la ligne Oran-Niger très supérieur; supériorité de cette ligne au point de vue politique; importance capitale et nécessité de l'occupation de l'Adrar des Aouellimmiden; ligne d'Oran-Igueli-Niger définitivement préférable à toute autre ligne sur le Soudan.

Lignes sénégalaises. — A l'époque où le chemin de fer du Haut-Fleuve fut décidé et entrepris, nous tenions pour un voisin très redoutable Cheik Hamadou, le sultan de Ségou, qui paraissait très solidement établi dans le Nioro et les pays situés au nord du fleuve : aussi, l'idée de créer une voie ferrée de Saint-Louis au Niger moyen par le Nioro, fût-elle venue aux intéressés qu'elle eut été rejetée comme politiquement impraticable.

Si l'on avait eu, d'autre part, la prétention de ne faire qu'une ligne commerciale, on eut sans nul doute considéré comme beaucoup plus justifiée à ce point de vue une ligne sur la Fouta-Djalon et le haut Niger dans la direction du pays de Kong par exemple; mais on commit l'erreur de vouloir concilier le respect dû à l'état de paix très précaire qui existait entre nous et Hamadou, avec la création d'un chemin de fer stratégique qui ne pouvait être cependant raisonnablement établi que sur le territoire appartenant réellement à ce roi nègre. Une autre faute, due peut-être aux influences locales, fit préférer comme port océanique de la ligne future, Saint-Louis à Dakar. Saint-Louis est un mauvais port qui n'est pas abordable en tous temps, fermé par une barre très difficile à franchir et où les navires de fort tonnage se refusent à faire escale.

Dakar est au contraire un port très sûr, le meilleur avec le Gabon de toute la côte occidentale d'Afrique depuis Gibraltar jusqu'au cap de Bonne Espérance. Enfin, une nouvelle erreur fit conserver comme prolongement de la voie ferrée, la voie fluviale jusqu'à Kayes, alors que pendant huit mois de l'année sur douze le Sénégal cesse d'être navigable à partir de Matam. Entrepris loin de tout contrôle, dans un pays très insalubre où chaque hiver submergeait chantiers et magasins, où les bêtes de transport mouraient avec une rapidité effrayante et où ne parvenaient les matériaux envoyés d'Europe que pendant une saison de quatre mois par an, l'établissement de cette voie ferrée coûta des sommes fantastiques. Une incurie inconcevable de l'autorité militaire que préoccupait beaucoup plus le maintien de la sécurité matérielle dans le pays que la surveillance des travaux, accrut encore le déficit et les Chambres durent voter de nouveaux crédits, le premier crédit voté ayant été englouti sans aucun profit appréciable. Aujourd'hui une petite ligne étroite va de Kayes à Bafoulabé : elle est de nulle valeur au point de vue commercial et ne vaut guère plus au point de vue stratégique. La poursuivre telle quelle sur Bamakou serait une folie d'autant plus évidente que la distribution de nos postes militaires sur le haut Fleuve se modifiera certainement à bref délai pour être reportée d'une part sur le sud-est à Siguiri et au-delà, d'autre part au nord-est vers le Niger moyen où nous ne pourrons tarder d'échanger notre mouillage de Koulikoro contre celui de Mopti ou tout autre placé plus à portée du Massina. Mais ce qui aurait dû être entrepris à la première heure peut encore l'être aujourd'hui : sous réserve des difficultés techniques qui seront certainement très importantes dans un pays sillonné de nombreux cours d'eau que gonflent démesurément les crues d'hivernage, une ligne affleurant le Fouta-Djalon et le sud du Dinguiray aurait sa raison d'être tant au point de vue commercial qu'au point de vue stratégique ; mais cette ligne sera dans tous les cas manifestement indifférente à la région du Niger moyen ; elle laisse intacte la question qui nous préoccupe, à savoir quelle est la meilleure ligne à établir pour desservir le Niger moyen et pays circonvoisins. Nous n'en parlerons donc plus quel que soit l'intérêt que nous attachions à sa création.

A contraire, supposons qu'au chemin de fer déjà créé de Dakar à Saint-Louis vienne se souder à ce dernier point une ligne qui, longeant d'abord droit au Nord le rivage de la mer, tourne ensuite à l'est mais assez haut pour contourner le lac de Cayor et les lagunes avoisinantes et de là, ou bien gagne Tinboktou par la ligne la plus directe possible, ou bien s'infléchisse quelque peu au sud pour desservir le Nioro et de là atteigne, sur le lac Debo ou sur le Niger moyen, quelque point favorable. Quelles seraient les difficultés techniques et la longueur de ce tracé? Quelle serait la valeur commerciale d'abord, politique ensuite de cette ligne?

Le tracé, aussi rigoureusement direct que possible et sans tenir compte des inflexions probables, soit pour éviter quelques lagunes, soit pour éviter quelques montagnes, comporterait par Nioro sur le lac Debo 1,380 kilomètres à partir de Saint-Louis, et directement sur le coude occidental du Niger à Koriomé, près de Tinboktou, 1,500 kilomètres. Il faut évidemment faire ici ce que nous avons fait dans l'évaluation pour les lignes du nord, c'est-à-dire les majorer quelque peu en prévision des courbes de la route, en sorte que nous estimerons la première plus longue de 40 kilomètres et la seconde de 50. Dans la première, en effet, il y a à prévoir le passage d'un certain nombre de marigots et d'un certain nombre de relèvements montagneux, tantôt pour choisir un point favorable à l'établissement d'un pont, tantôt pour éviter une rampe, on devra s'écarter de la ligne droite et la majoration de 40 kilomètres n'est certainement pas exagérée.

Quant à la deuxième ligne dirigée sur Koriomé, elle se poursuivrait, depuis le Cayor, en plein Sahara, et la recherche des points d'eau obligerait à plus d'un crochet : nous allons donc supposer comme élément d'argumentation la première ligne longue de 1,420 kilomètres et la seconde de 1,550. Nous avons déjà répondu à la question des difficultés techniques :

il ne nous semble pas, dans l'état actuel de nos renseignements, qu'on puisse en rencontrer de sérieuses, soit sur l'une, soit sur l'autre de ces deux lignes et, à cet égard là, elles semblent strictement comparables à la ligne du nord par Igueli.

Nous avons déjà fait remarquer que Saint-Louis ne sera jamais le port véritable d'une ligne importante ; c'est évidemment Dakar qu'il faut considérer comme le véritable port d'attache : le transport des marchandises n'en sera d'ailleurs pas majoré : le fret d'Europe à Saint-Louis, bien que la distance soit un peu moindre, est généralement plus élevé que celui d'Europe à Dakar. Il faut donc ajouter aux longueurs de lignes déjà indiquées les 263 kilomètres de la voie ferrée établie actuellement entre Dakar et Saint-Louis : on obtient ainsi pour la première ligne 1,683 kilomètres, et pour la deuxième ligne 1,813.

Si l'on compare maintenant la longueur de ces deux lignes à celle de la ligne du nord par Igueli, on constate que pour se rendre à Dakar par la ligne de Nioro les marchandises auront à parcourir une distance égale à celle qui les mènerait, par la ligne d'Igueli, à Zaouïa Bongabia, Ksar septentrional des Beni Goumi et par la ligne directe sur Tinboktou, au confluent de l'oued El Aouedj et de l'oued Zouzfana, à une soixantaine de kilomètres au sud de Kheneg Zoubia, c'est-à-dire que pour atteindre la mer il resterait aux marchandises arrêtées à Zaouïa Bongabia, dans le premier cas 767 kilomètres, et dans le second cas 637 kilomètres. Mais entre les deux lignes sénégalaises dont il est question ici, n'est-il pas d'abord utile de faire un choix afin de ne comparer à la ligne d'Igueli que la ligne la plus avantageuse. Celle qui, aboutissant à Dakar, nous semblerait offrir le plus d'avantages serait, à notre avis, celle du Nioro ; d'abord parce qu'elle serait la plus courte, ensuite parce qu'elle ne desservirait pas un pays aussi désert que la ligne directe de Cayor à Tinboktou, enfin parce qu'elle ne serait pas de nul intérêt comme ligne stratégique, Yamina, Sansanding et toute cette région qui va de Debo à Bamakou étant commandée par ce tracé : c'est donc la ligne de Nioro que nous alions comparer à celle d'Igueli. Il est certain qu'elle est notablement plus courte, mais on sait d'autre part combien plus grande est la distance de mer entre Dakar et Bordeaux, par comparaison à celle d'Oran ou d'Arzeu à Marseille. Y a-t-il compensation? et peut-on dire que tout compte fait des distances par voie ferrée et par paquebot, de la majoration du prix de fret ou de celui par voie ferrée au point de vue commercial, une ligne vaille l'autre? Il faut, en effet, mener les marchandises non pas à Dakar ou même à Oran mais bien à Bordeaux ou à Marseille.

Étudions, pour apprécier ce point, ce que devient la tonne de marchandises arrivée à Dakar : elle attendra à quai quatre ou cinq jours en moyenne le paquebot qui devra l'amener en France, et la traversée par vapeur sera d'une dizaine de jours, par voilier la durée du voyage serait naturellement plus longue. Au contraire, arrivée à Bongabia qui correspond sur la ligne d'Igueli, nous le répétons, à la distance du Niger à Dakar, les marchandises continueraient naturellement leur route sur Oran ; des paquebots à destination de Marseille quittent ce port deux ou trois fois par semaine et deux jours suffisent pour la traversée. En cinq jours en moyenne, à partir de Zaouïa Bongabia, au lieu de quinze à partir de Dakar, la marchandise du Niger arriverait en France. Cette rapidité dans le transport influence la valeur même de la marchandise : s'arrêtant moins à Oran qu'à Dakar, elle y sera grevée de frais d'emmagasinage moindres ; il y aura moins de déchet de route, moins de marchandises avariées ou corrompues, et ces considérations sont dans l'espèce particulièrement importantes en ce que, tandis qu'à Oran, par suite de l'abondance de la main-d'œuvre, la manipulation des marchandises est peu coûteuse, elle est, par raison contraire, d'un prix très élevé à Dakar. En outre, le climat si humide et si chaud de Dakar provoque d'une manière particulièrement rapide la fermentation et l'avarie des marchandises corruptibles, accident beaucoup moins à redouter en Algérie.

Ceci observé, nous avons à rechercher quel est le prix du

fret de Dakar à Bordeaux comparé à celui d'Oran à Marseille. On sait combien difficile serait pareille comparaison car les prix varient suivant la nature des marchandises d'une manière très compliquée. Mais sans parler des prix de 80 fr., par tonne pour les marchandises de deuxième catégorie, tarif des messageries maritimes, de 40 fr. par 700 kilos des chargeurs réunis pour la quincaillerie et les étoffes et les frais de retour, de 55 fr. par tonne pour la gomme, le café, etc., nous ne retiendrons que le prix de 25 fr. par tonne de la Compagnie Freissinet. Ce prix aurait comme contre-partie le transport plus grand par chemin de fer représenté par le trajet à effectuer entre Bongabia et la mer : 0 — fr. 05 par tonne et par kilomètre, prix élevé pour une marchandise qui a plus de 2,400 kilomètres de parcours à effectuer, — nous aurions un chiffre de 38 fr. 35 ; en y ajoutant le transport par mer, on arriverait aux environs de 45 fr.

D'un côté 25 fr., quinze jours de quai ou de voyage, une manipulation majorée et chance de déchet et d'avarie ; d'autre part, 45 fr., cinq jours seulement de voyage ou de quai, moins de faux frais, bien moindre chance de déchet ou d'avarie. N'est-il pas évident que les deux lignes se valent et que transitée par l'une et par l'autre voie la tonne de marchandises arrivera en France sensiblement au même prix.

Ce premier point établi, marquons tout de suite un avantage au profit de la ligne sénégalaise : sur les 2,430 kilomètres de la ligne du nord par Igueli, 434 seulement sont construits ; resterait donc à construire à ce jour 1,996 kilomètres de voie. Par l'autre ligne, au contraire, la voie étant construite de Dakar à Saint-Louis, il ne resterait à établir que 1,420 kilomètres de voie ferrée pour arriver au Niger, soit 576 kilomètres de moins à construire, et les partisans de la ligne sénégalaise feront observer qu'une pareille économie est un argument décisif.

Mais l'argument ne paraît tel qu'à l'apparence ; ce que nous savons du Touat et du Gourara prouve surabondamment qu'en tout état de cause, et quand bien même nous ne songerions aucunement à aller au Soudan, nous ne pourrions pas négliger plus longtemps ces énormes groupes d'oasis. Nous devons poursuivre, abstraction faite de la question du Soudan et par des considérations d'ordre purement françaises et algériennes, l'occupation du Gourara et du Touat et mener, au moins jusqu'à Igueli, sinon jusqu'à Foum El Kheneg, une ligne de chemin de fer apte à les desservir en même temps qu'à desservir le Tafilalet. Nous ferons forcément cette ligne là qu'il doive y avoir ou non un transsaharien : l'intérêt national est à cet égard si net et si évident qu'on ne peut pas se défendre d'être affirmatif, sauf en ce qui concerne l'époque qui sera demain ou dans dix ans.

Mais alors que devient l'argument invoqué tout à l'heure en faveur de la ligne sénégalaise : 1,996 kilomètres à construire pour atteindre Igueli et 1,420 pour une ligne à établir jusqu'au Niger représenteraient un total de kilomètres à construire supérieur à la distance d'Aïn Sefra à Tossaye. Il y a plus, on sait combien la main d'œuvre est rare au Sénégal, on sait combien elle est abondante dans l'Ouest algérien et en particulier dans le Touat d'où nous viennent en Algérie chaque année à l'époque des moissons, malgré d'énormes distances, deux ou trois mille journaliers. Les difficultés techniques étant égales d'ailleurs, rien n'autorise à croire que les 1,420 kilomètres à construire de Saint-Louis au Niger ne coûteraient pas autant que les 1,900 et quelques kilomètres qu'il reste à construire d'Aïn Sefra à Tossaye. La double expérience du chemin de fer du Haut-Fleuve et de Dakar à Saint-Louis n'est pas faite pour nous encourager à construire des lignes ferrées au Sénégal. Mais toutes ces considérations ne sont que les moindres à invoquer dans le débat. Les lignes ferrées ont en Afrique une double utilité : elles ont d'abord une utilité d'exploitation commerciale, elles sont en outre un instrument d'occupation politique et militaire d'une incomparable puissance. Demandons-nous donc sans plus de retard laquelle des deux lignes de Saint-Louis-Nioro-Niger ou Igueli-Tossaye desservirait le plus utilement au point de vue commercial les régions soumises à notre zone d'influence et affermirait le plus sûrement notre domination sur ces pays. Voilà la véritable question et celle à laquelle on ne peut répondre que la carte à la main.

Et d'abord, il y a lieu d'observer que les pays soumis à notre influence peuvent se diviser en deux groupes : ceux qui, commercialement, ne peuvent pas nous être disputés et qu'en tout état de cause on doit considérer comme acquis, ceux au contraire qui, placés aux confins, nous seront disputés par les cotonnades de Manchester et l'alcool allemand. Il est tout de suite évident que l'effort de notre occupation doit porter sur ces derniers: agir autrement serait en réalité renoncer au bénéfice qu'a pu nous rapporter le dernier traité diplomatique. Ceci dit, nous devons classer le Massina, c'est-à-dire le royaume de Ségou, ainsi que le Kaarta, le Baghena et l'Adrar de l'ouest dans le groupe des pays où nous ne pouvons pas être concurrencés. Il n'en est plus de même du Mossi, pays trop voisin des établissements anglais, de l'Achanti et des établissements allemands du Togo, pour que nous n'ayons pas de sérieuses craintes à son endroit ; à plus forte raison en est-il ainsi du Gourma qui est en outre très rapproché du Niger, précisément au point où ce fleuve échappe diplomatiquement à notre influence. C'est également la proximité du Niger et la facilité des transports par le fleuve jusqu'à ses bouches qui risque de rendre précaire notre action dans le Galaïdjo, le Yaga, le Libtako, l'Aribenda du sud, le territoire des Sourhaï indépendants, tous pays compris dans la boucle du Niger, et de même le Saberma, le Maouri, l'Adar, le Gober et le Damergou, pays situés au nord de la ligne diplomatique qui va de Say à Baroua sur le Tchad ; chez les Aouelimmiden eux-mêmes, dont les districts orientaux sont plus rapprochés de l'anglaise Sokoto que de la française Tinboktou, nous avons lieu de craindre la concurrence anglaise. Or, que l'on trace, par la pensée, sur la carte, une ligne ferrée allant des environs du lac Débo à Saint-Louis, ne voit-on pas tout de suite qu'on abandonne *ipso facto* aux Anglais tous les territoires que je viens de citer. Pour pénétrer jusqu'à Gago, ou seulement jusqu'à Bourroum, c'est-à-dire chez les Aouelimmiden, il faudra ajouter 400 kilomètres, au moins, de navigation fluviale ; pour atteindre Say, la distance sera d'au moins 1,000 kilomètres ; quant au Mossi, on n'y pourra pénétrer que par un seul côté, toute la partie orientale restant manifestement abandonnée aux importations venues par le fleuve anglais. Au Gourma, il n'y faudra plus songer non plus qu'au Libtako, au Yaga, au Galaïdjo et en outre à toutes les parties peuplées qui sont au nord de la ligne de Say à Baroua. On ne desservira bien d'une façon effective que le Massina, pour lequel il n'est pourtant pas besoin de se mettre en frais, car aucun concurrent ne peut nous le disputer.

Supposons, au contraire, une ligne atteignant Tossaye et venant du nord ; nous constatons, tout de suite, qu'elle est plus près de Gago, même de Bourré, que de Tinboktou. Nous pouvons occuper et ravitailler aisément par le nord, l'Adrar des Aouelimmiden ; Say n'échappe plus à notre action et, avec lui, le Saberma ; nous pouvons, dans l'Adrar, tenter de créer une place de commerce qui, aisément approvisionnée par Gago, puisse lutter contre l'attraction de Sokoto et, l'action gouvernementale aidant, nous assurer l'exploitation commerciale de cette province ainsi que des provinces voisines du Maouri, du Gober et du Damergou ; si même nous devons jamais aller un jour au Tchad en voie ferrée, il est évident que nous aurons plus d'intérêt d'y pénétrer par la zône relativement peuplée et fertile de l'Adrar, du Gober et du Damergou, que directement par les pays montagneux et absolument arides du nord ; un embranchement détaché du pied de l'Adar des Aouelimmiden viendrait se greffer, comme sur un tronc principal, sur la ligne d'Igueli à Tossaye, un peu au nord de ce dernier point.

Dans le Mossi, trois chemins nous sont ouverts, l'un par Sarayamo, l'autre par Dore et Libtako, le troisième par Sinder ou Say. Et si, ce qui est vraisemblable, quelques travaux de canalisation nous permettent d'utiliser le lac Chalebleb, que Barth déclare être en communication avec le Niger aux environs de Tossaye, nous sommes alors en mesure d'aller par voie directe, et avec une remarquable économie de distance, dans l'Aribinda du sud, le Mossi et le Gourma. Il serait fastidieux de faire un tableau comparé des distances de Tossaye ou du lac Débo aux places principales des divers pays que nous avons indiqués. Le lecteur pourra, au simple aspect de la carte, se rendre compte de ce que nous avançons.

Il est une autre raison d'ordre commercial que nous devons également mettre en relief : c'est l'intérêt que présenterait une communication rapide entre le Touat et le Niger. On sait que le Touat, le Gourara sont absolument privés de céréales et de bestiaux et que le Tafilalet en a insuffisamment. On sait, au contraire, que ces produits surabondent au Niger. Par contre, les dattes très prisées par les populations du grand fleuve ne viennent que du Touat et du Tafilalet, majorées de prix de transport énorme. Un commerce très actif ne tarderait pas ainsi à s'établir entre les oasis du nord et la région du Niger si une ligne les mettait à portée les unes des autres et il y aurait là un élément de trafic important pour la ligne ferrée.

Il reste donc acquis qu'au point de vue commercial la ligne Tossaye-Igueli offre sur le tracé Débo-Nioro-Saint-Louis des avantages considérables.

Ces avantages sont beaucoup plus évidents encore au point de vue politique et militaire.

Deux puissances guerrières existent au Soudan : l'une, celle des Foulbes, aux trois quarts vaincue, a son centre dans le Massina, l'autre, encore intacte, est celle des Aouelimmiden dont le centre est dans l'Adrar au nord du coude de Bourroum. Le jour où ces deux forces se coaliseront contre nous nous serons obligés de faire au Sénégal un déploiement considérable de troupes ; or, on sait combien le pays est dangereux pour la santé de nos soldats, combien la moindre expédition militaire y est coûteuse. Une coalition de cet ordre n'aurait pas seulement pour résultat de couper toutes les communications et par suite toutes les relations commerciales entre le Sénégal et les pays de la boucle et, à plus forte raison, les régions situées beaucoup plus à l'est au-dessus du parallèle de Say à Barroua. Elle mettrait encore en réel péril nos postes avancés du Haut Niger, en sorte que tant qu'elle sera possible la prudence nous défend de nous installer dans le Tombo, dans le Hombori, régions où cependant nous tenons pour très vraisemblable que la colonisation française serait très avantageuse et très avisée. Ce but, grand entre tous, que nous avons atteint en Algérie, dont M. Franz Schrader a si heureusement donné la formule : « Faire mieux que du commerce, faire un peuple. » Ce but il nous faudrait y renoncer : tant que les Aouelimmiden resteront à l'abri de notre action immédiate et directe, il n'y aura aucune sécurité pour nos établissements qui s'éloigneraient du Niger et cesseraient d'être protégés par nos canonnières. En vérité, devons-nous accepter dans l'Afrique Centrale un programme aussi réduit, une situation aussi précaire ?

C'est dans l'Adrar des Aouelimmiden qu'est le nœud de la question politique et militaire en Afrique. Le maître des salubres plateaux de l'Adrar de l'ouest substituera tout naturellement son influence à celle des Aouelimmiden qui l'occupent aujourd'hui, et les mêmes causes géographiques qui ont donné à ces Touareg la domination de tous les pays situés depuis le Kanem jusqu'à Tinboktou feront passer cette domination entre nos mains. Or, quelle apparence y a-t-il qu'on puisse fonder dans l'Adrar des Aouelimmiden un établissement militaire en rapport avec le but politique à atteindre, si les ravitaillements des postes qui y seraient créés et le renouvellement des garnisons doit s'effectuer par le Sénégal, la remontée du Niger jusqu'à Bourroum, enfin l'ascension à partir de Bourroum des pentes de l'Adrar. Que coûterait l'entretien de pareille garnison et combien d'autre part serait précaire la sécurité des postes placés aussi loin d'un centre militaire quelconque ? Qu'on suppose, au contraire, l'Adrar relié à l'Algérie par la ligne d'Igueli-Tossaye, dans quarante-huit heures en cas de besoin, les troupes de la province d'Oran peuvent être au pied de l'Adrar et les ravitaillements sont d'autant plus aisés que l'Algérie produit déjà de quoi suffire non seulement à ses propres troupes mais encore à toutes les troupes que nous pourrions établir sur le Niger. Pris entre nos postes du Haut Niger à l'ouest et nos établissements militaires de l'Adrar, le Hombori, le Tombo nous appartiennent sans partage et nous pouvons désormais sans crainte y envoyer nos colons. Ainsi la ligne Tossaye-Igueli n'apparaît pas seulement comme hautement préférable à toutes les autres lignes; elle se révèle à nous en raison de la direction orientée droit sur l'Adrar comme l'instrument indispensable à l'œuvre de conquête civilisatrice de l'Afrique, de cette œuvre qui s'impose à nous à titre de devoir national.

Si étroit pourtant que nous paraisse ce devoir, il n'en est pas moins vrai qu'il est subordonné aux conditions plus ou moins difficiles de son exécution. Pour que nous fassions l'avance des capitaux nécessaires non seulement à l'établissement de la ligne ferrée, mais encore à l'occupation militaire et commerciale de l'Afrique, encore faut-il que l'entreprise nous apparaisse clairement comme devant être fructueuse à bref délai. Notre énorme dette à payer constitue, en effet, notre premier devoir. Nous n'avons pas le droit, tant que cette dette ne sera pas payée, de nous livrer, fut-ce sous la forme d'entreprise coloniale à des spéculations hasardées. D'autre part, l'état précaire de la paix en Europe nous impose le devoir de garder pour le Rhin toutes les forces actuellement disponibles pour cet objet et, dût le Soudan être une mine d'or, je n'en voudrais pas, quant à moi, s'il devait diminuer notre force de résistance en Europe.

Recherchons donc au double point de vue commercial et militaire ce qu'il faudrait d'hommes et d'argent pour la réalisation du seul programme digne de la France en Afrique, celui de mettre en œuvre toutes les richesses exploitables et celui de civiliser, au contact de ses colons, tous les peuples africains aptes à la civilisation.

CHAPITRE IV

PROGRAMME ET BUDGET DE L'OCCUPATION POLITIQUE ET MILITAIRE DU SAHARA

Nous diviserons, pour la plus grande commodité de l'exposition, en trois régions militaires l'ensemble des pays sur lesquels s'exercerait notre domination.

C'est d'abord le Touat et le Gourara depuis le Dahar El Amar au sud, jusqu'au Kheneg Zoubia au nord ; c'est ensuite la région des Touareg depuis Gago au sud, jusqu'à Dahar El Amar au nord ; c'est enfin la région de Mossi avec un poste extrême vers l'est, soit à Say, soit à Sinder, et au nord aux monts de Hombori.

Tout d'abord combien faudrait-il de troupes pour conquérir ces divers pays et où les recruterait-on ? La conquête faite, quelles devraient être les forces d'occupation à maintenir dans ces divers pays et quel serait le budget de cette occupation militaire ?

Je n'hésite pas à dire, dès ce moment-ci, que si nous entreprenions d'un seul coup toute la tâche, nous nous exposerions à des dépenses d'hommes et d'argent absolument excessives et telles qu'il vaudrait mieux, d'ores et déjà, renoncer à tout : mais la tâche à entreprendre se divise, au contraire, par séries qui correspondent précisément aux trois divisions que nous avons faites. La première en date devra être celle du Touat et et nous allons immédiatement l'étudier.

I

QUESTION DU TOUAT

§ 1. — *Au point de vue politique et militaire.*

L'attaque du Touat par In Salah exigerait des forces considérables ; Le Sahara entier s'armerait pour défendre In Salah ; Une page de Barth ; Dénombrement des forces guerrières du Sahara. — Deux considérations importantes sur l'état social du Touat ; Igueli ignoré du Tidikelt, du Bas Touat et du Sahara ; Pourrait être conquis pacifiquement sans écho dans le Sahara ; La politique de l'intérêt ; Les nomades et le douro ; De l'influence du premier contact avec le Ksourien ; Titres de propriété à délivrer et abolition des Guefara ; Ménagements à garder vis-à-vis des Chorfa.

La question du Touat est certainement plus diplomatique que militaire. Pour faire apprécier à ce point de vue combien elle est moins importante, supposons un moment résolue la question diplomatique, de telle sorte que nous n'ayons à nous préoccuper ni des protestations de l'Espagne, ni d'une intervention possible du Maroc. Autrement dit, supposons pour agir dans cette région, un blanc-seing de l'Espagne et chez les gouvernants marocains un état de découragement à *priori* tel qu'ils se borneraient nécessairement à une protestation platonique. Aurions-nous dans ces conditions besoin de soldats pour conquérir le Touat? Oui, et de beaucoup plus qu'on ne le pense si nous l'attaquons par In Salah; non, si nous l'attaquons par Igueli.

Par In Salah. — Géographiquement In Salah se soude aux groupes d'oasis du Touat et du Gourara ; politiquement il n'est en réalité ni touatien ni gourarien. En tant qu'oasis de production et oasis de consommation ce centre est négligeable, en tant que place de commerce il est actuellement important, mais la nature de son commerce est telle que celui-ci s'effondrera, s'évanouira nécessairement à notre contact. En effet, il résulte de tous les renseignements recueillis à cet égard, et l'on peut tenir pour notoire et certain que le commerce des esclaves représente à lui seul les 4/5 de son commerce total. Pour l'échange de la denrée humaine, In Salah a des comptoirs, d'une part à Tinboktou, d'autre part à Ghadamès. Ses actifs pourvoyeurs ce sont les Touareg sans lesquels In Salah ne pourrait vivre. En retour, c'est à In Salah que les Touareg, du moins les Hoggar emmagasinent les provisions qui leur sont nécessaires, provisions qu'ils n'achètent d'ailleurs qu'avec le léger tribut ou droit de protection (gueffara) que paient à ceux-ci les caravanes d'esclaves. In Salah n'est rien autre chose qu'un nid de négriers dont les intérêts commerciaux sont associés à ceux des traitants de tout le Sahara et des bords du Niger. Toucher à In Salah, c'est donc toucher à tout le Sahara, au Hoggar client direct de l'oasis, à Tinboktou dont les négociants sont les associés de ceux d'In Salah, aux Aouelimmiden dont une source de profits vient tantôt du pillage, tantôt de la protection des caravanes entre In Salah et Tinboktou. A cause de Ghadamès, absolument intéressé à l'existence d'In Salah, ce sont les Azgveur qui entreraient à leur tour en lutte et vraisemblablement, aussi sur les instigations des commerçants, les Kel Oui et les Kel Guéress. Pour défendre In Salah, Tinboktou armerait de même que les Aouelimmiden et les Berrabich, et les Ifogas, dont les ramifications s'étendent de l'Atlantique jusqu'en Égypte, ne laisseraient certainement pas inutiles pour cette lutte ni les Aït Atta ni les Tadjakant. Tout ce qu'il y a de Snoucti en Sahara prêcheraient la guerre sainte, et pour qu'on ne puisse taxer ces prédictions de fantaisistes que le lecteur nous permette de placer sous ses yeux cette page de Barth :

« Pour mettre le comble aux misères de ma situation, il
« arriva ce même jour la nouvelle que les Français avaient
« complètement battu, dans l'Algérie méridionale, la tribu des
« Chaamba et s'étaient avancés jusqu'à Ouargla et Metlili. Il
« s'en était suivi une crainte générale que ces étrangers exécrés
« ne gagnassent du terrain; peu de jours après, tandis que
« nous rebroussions chemin vers l'ouest, cette nouvelle non
« seulement se confirma, mais nous apprîmes que Ouargla, cet
« ancien centre du commerce le plus étendu avec la Nigritie,
« était tombé au pouvoir des Français; en conséquence, le

« cheick caressa pendant quelque temps le projet de rassem-
« bler toutes les forces militaires des Aouelimmiden et du
« Touat, pour marcher contre les conquérants. Sur mon con-
« seil, il renonça à ce plan aventureux, mais il crut devoir
« envoyer aux Français une lettre par laquelle il leur défendait
« d'avancer davantage vers le sud et de pénétrer dans le
« désert. »

Cet appel aux armes de tout le Sahara qu'El Bakay fut sur le point de proclamer pour sauver Ouargla, combien plus d'intérêt auraient les musulmans de Tinboktou à le proclamer pour la cosmopolite In Salah, et combien plus de chances il aurait d'être entendu. Il faut donc se faire à cette idée que le jour où nous attaquerons In Salah sera celui de la dernière prise d'armes et de la lutte suprême du Sahara contre nous.

Est-il possible, avec les renseignements que nous avons maintenant, d'évaluer les forces guerrières que dans cette lutte le Sahara pourrait mettre sur pied? La chose n'est pas impossible et nous allons la tenter.

Dénombrement des forces militaires. — Nous savons par M. Deporter que les Hoggar comptent 4,880 combattants si l'on joint à eux les Taïtok et leurs Imrhad. Les Azgeur disposent de forces sensiblement inférieures, et il est admissible que deux partis se formeraient chez eux, dont un convaincu de la supériorité de nos forces inclinerait vers l'abstention ; nous évaluerons donc à 6,000 le chiffre des guerriers que les deux confédérations réunies des Touareg du nord pourraient nous opposer. Le Zegdou de l'oued Guir, dont les seuls Douïménia comptent 5,000 guerriers, au témoignage du général de Wimpfel, peut mettre huit mille hommes sur pied, dont un tiers à peu près en cavalerie ; ce n'est assurément pas être pessimiste en supposant qu'il fournirait à cette lutte 3,000 fusils. Les Rlemna ou les Tchoder et autres nomades de l'oued Messaoura pourraient fournir un contingent de 500 hommes. Quant aux Aït Atta et aux tribus qui leur sont généralement alliées, les Ouled Moulat et les Ouled Delim, les Snouci ne pourraient faire moins que d'exiger d'eux un contingent semblable à celui du Zegdou du Guir. Nous arrivons maintenant à un total de 12,500 guerriers nomades qui constitueraient en quelque sorte contre nous un contingent de première ligne et seraient vraisemblablement aussi vite à In Salah que nous-mêmes. Mais à ce contingent il faut joindre celui qu'on exigerait des 400,000 sédentaires du Touat et du Gourara, contingent peu belliqueux, n'ayant guère de ressort, mais qui, encadré et excité par les nomades ayant l'avantage d'une connaissance parfaite des lieux, ne pourrait assurément être tenu pour quantité négligeable.

D'ailleurs, je prie le lecteur d'observer qu'il importerait fort peu que la bourgade d'In Salah fut ou non prise à bref délai. Ce n'est pas le bombardement facile de quelques ksour sahariens qui consoliderait notre situation au Touat. Les 1,000 kilomètres qui séparent In Salah de la tête de ligne la plus rapprochée, Biskra, n'en subsisteraient pas moins; les communications du corps expéditionnaire avec l'Algérie n'en resteraient pas moins en constant péril sur tout ce long parcours; et cela d'autant plus gravement que la rareté et la pauvreté des points d'eau sur la route ne permettraient le ravitaillement que par petits détachements et exigeraient *l'impedimentum* énorme d'innombrables bandes de chameaux exposés constamment à un coup de main ou à une débandade et dont la réquisition ne tarderait pas à épuiser les réserves en troupeaux et la bonne volonté de nos Chaamba.

Viendrait pendant ce temps-là ce que j'appellerai le contingent de deuxième ligne: les Aouelimmiden et leurs alliés, les Iguedaren et les Tademekket, les Anislimen et les Iguelad qui enverraient assurément un contingent de 12,000 cavaliers[1]; les Berrabich qui pourraient bien en offrir 2,000; les contingents des Kel Oui et des Kel Guéréss qui comptent ensemble près de 20,000 soldats, et dont 2,000 hommes, au moins, seraient les représentants dans les rangs de nos ennemis; puis toute la série des aventuriers marocains et tripolitains que les

---

[1] On verra plus loin que les Aouelimmiden et leurs vassaux forment ensemble une population de 500,000 habitants, forte de 80,000 guerriers.

Snoueïi recruteraient de toute part, ce qui placerait en face de nous une nouvelle armée de 20,000 ennemis.

Il est facile de prévoir dès lors ce que nous serions amenés à faire. Ayant l'expérience de 1880 et le souvenir des services rendus par le petit chemin de fer de Mecheria pendant l'expédition contre Bou Amama, nous pousserions en toute hâte les rails en partant d'un point quelconque choisi à la hâte suivant l'impulsion du moment. Nous improviserions une ligne avec les matériaux que nous aurions sous la main, par un tracé quelconque plus ou moins étudié et que les entrepreneurs spéculant sur l'urgent besoin que nous en aurions nous livreraient vaille que vaille au plus haut prix possible. En même temps nos colonnes seraient obligées de poursuivre leur œuvre : après In Salah, l'Aoulef deviendrait notre objectif forcé, après l'Aoulef le Gourara, et comme pour rentrer en Algérie nous trouverions devant nous l'obstacle des dunes de l'Erg, force nous serait de revenir par l'oued Messaoura et Igueli. Au départ de notre colonne, on aurait parlé d'un simple coup de main sur In Salah, d'une « harka, » d'un poste à construire et nous nous serions trouvés en présence de toute la conquête du Touat et du Gourara à faire à l'improviste et d'un soulèvement général du Sahara à réprimer. Cette œuvre accomplie, quel serait le résultat qui resterait acquis? Quelques centaines de mille de palmiers détruits, quelques habitations de ksouriens ruinées, le désert agrandi, les rancunes semées, la haine du nom français devenue générale et l'œuvre de civilisation ajournée pour trente ans.

Voilà trop souvent le fruit des expéditions militaires mal combinées. Ni le Parlement, ni l'opinion publique actuellement ne veulent à coup sûr de celles-là. Il y a mieux à faire qu'une expédition militaire; il y a à faire du Touat et du Gourara une conquête pacifique qui ne nous coûtera peut-être pas un seul homme et ne nous exposera qu'à des dépenses immédiatement productives. Mais pour mettre le lecteur à même de suivre la démonstration, il est au préalable nécessaire que je mette en relief deux circonstances particulières à l'état social du Touat et du Gourara.

Le vieil Hérodote, celui qui si bien mérite par son esprit d'observation et de critique d'être appelé non seulement le père de l'Histoire mais le modèle des historiens, signalait de son temps l'état misérable des « auasitæ », que les nomades paresseux et inutiles rançonnaient chaque année et qui vivaient dans un état de véritable servage. Il revient notamment à deux reprises sur l'infortune des sédentaires d'Augiles (Aoudjila) qui ne cultivaient les dattiers de leur oasis que pour le compte des Nazamons. Ce qui était vrai du temps d'Hérodote est encore vrai et lamentablement vrai aujourd'hui. Il n'est pas un voyageur qui n'ait été frappé de l'antithèse énergique du nomade et du ksourien; le lecteur me pardonnera de faire de nouveau appel à mes souvenirs personnels.

« Dans cette région existent différents ksours ou villages bâtis, en dehors desquels on ne rencontre que les tentes des nomades. Parfois, comme aux Arbaouat, le ksar se présente sous la forme d'un véritable et gigantesque château féodal aux hautes murailles crénelées, et qui surplombent de toute leur hauteur quelques ravins plus ou moins humides. D'autre fois les murailles sont basses, les maisons s'entremèlent de jardins et occupent ainsi, comme à Thyout, une vaste superficie. D'ailleurs, dans l'un et l'autre cas, l'aspect intérieur du ksar est misérable. Les maisons faites d'argile et de cailloux roulés et encore de toube et de boue, sont affreusement ruinées et enfumées. Les ruelles sont ravinées et encombrées d'ordures; elles sont recouvertes de voûtes sur la plus grande partie de leur longueur, en sorte que ni l'air, ni la lumière ne pénètrent jamais leurs cloaques. A travers les murs noircis et les rues puantes grouille une population blême et rongée de scrofule. Le ksourien fait mal à voir. Grêle et maigre, il est l'objet des constantes railleries du saharien nomade qui prétend que Dieu ne l'a fait ainsi que pour qu'il puisse escalader, sans les rompre, les tiges hautes et flexibles de ses dattiers.

« Le nomade, lui, fait avec le ksourien une antithèse frappante.

Bien membré, musculeux, robuste, il fait bravade du danger et de la fatigue. Son aspect est aussi insolent et fier que celui du ksourien est mélancolique et résigné. Celui-ci est le serf de celui-là. Sous sa tente, décorée, suivant les tribus, de plumes de coq, d'autruche, ou de queues de cheval, le nomade mène une vie au grand air et au grand soleil, se déplaçant constamment, parfois à de longues distances, suivant que le hasard d'une pluie estivale lui promet dans quelque canton lointain des pâturages inattendus. Les trois pierres noircies de son foyer, quelques marmites en fer battu, produits de fabrication française, quelque plat en bois, quelques outres faites de peau de chèvre ou d'antilopes et son long fusil à pierre, voilà tout le mobilier du nomade saharien. Dans le ksar, il a des dattiers que le ksourien arrose pour lui moyennant un maigre bénéfice, et c'est encore à l'abri des murailles du ksar, sous la garde du ksourien, qu'il emmagasine les blés achetés dans le Tell, le beurre fabriqué par ses femmes dans les loisirs du campement, les laines de ses moutons et les dattes du Gourara. »

Parlant ensuite des ksour oranais, j'ajoutais : « La population moyenne des ksour varie entre 200 et 600 habitants. Elle a fort diminué, d'ailleurs, depuis un siècle. Pour échapper à la misère et à l'oppression des nomades, un certain nombre d'entre eux se sont réfugiés dans nos villes du Tell. L'anémie, la scrofule et les maladies qui en sont la suite, déciment le peu qui en reste.

« Il est urgent que nous apportions remède à cette situation, car le ksourien est, au point de vue français, fort digne d'intérêt. Berbère et non arabe, il a conservé avec son antique langage les habitudes de labeur qui caractérisent cette race. Malgré les coups de force des nomades, il a su garder, plutôt comme une tradition que comme une défense, l'institution démocratique de la djemâa basée sur le suffrage universel. Propriétaire de quelques dattiers et les cultivant avec amour, il a l'instinct conservateur dans la bonne acception du mot. J'ai reçu moi-même leurs trop légitimes doléances à l'endroit des nomades et l'expression très sincère, j'en suis convaincu, de leurs vœux, pour que la France apporte chez eux et la paix et la sécurité. »

On en peut dire autant de tous les ksouriens du Touat et du Gourara. Chaque année par milliers, fuyant l'oppression et la misère du pays natal, ils viennent offrir à nos colons de la province d'Oran la main d'œuvre que les Kabyles du Djurjura procurent aux colons de la province d'Alger et de Constantine. Ils rapportent aux gens de leur pays que nos villes sont policées, nos routes sûres, le fruit du travail assuré chez nous à celui qui cultive et l'homme de rapine puni. Le colon algérien les connait-il suffisamment pour avoir droit à leur confiance, il reçoit d'eux le récit de leur infortune, de leur haine aussi profonde qu'impuissante du nomade et de leur espérance lointaine et comme obscure dans l'intervention de la France en leur faveur.

Au contraire du ksourien, le nomade a de la France une peur raisonnée ; ses instincts sont pillards et la rapine n'est pas seulement pour lui une occasion de lucre, elle est aussi un passe-temps favori ; l'arrivée des Français ce sera la fin de son règne. Pouvons-nous lui en vouloir de nous exécrer de toutes ses forces ? Comprend-on maintenant tout ce que cette rivalité des ksouriens et des nomades offrira de ressources à notre politique si elle est avisée ? que si, au contraire, nous nous présentons dans les ksours les armes à la main, sonnant la charge, nous associerons forcément, dans le sentiment d'une commune terreur, ksouriens et nomades et les aurons ainsi unis contre nous. Sans doute le ksourien manque d'énergie, la servitude l'a rendu poltron, la misère l'a fait faible, mais il est le nombre et dans le Touat il est au moins dans la proportion de onze contre un nomade ; de plus, il occupe les ksours et les magasins où se trouve la denrée du nomade en même temps que la sienne. Les ksour, il peut nous les livrer ; le nomade, il peut l'affamer ; et c'est pourquoi nous ne devons à aucun prix négliger son assistance ni nous aliéner ses sentiments.

Le deuxième fait d'ordre social que je tiens à signaler, c'est l'indépendance les uns vis à vis des autres des divers groupes d'oasis qui constituent cet ensemble géographique auquel on donne le nom général de Touat. On doit en effet distinguer d'abord cinq groupes différents qui sont: en allant de l'est à l'ouest, le Tidikelt avec son annexe l'Aoulef dont le centre principal est In Salah; le Gourara avec son annexe l'Aouguerout, centre principal Timimoun ; le Touat proprement dit avec la ville de Tamentit comme chef-lieu, et l'oued Messaoura dont la région la plus influente est celle du Kerzas ; enfin le petit « blad » d'Igueli. Chacun de ces groupes est composé de plusieurs « blad » réellement indépendants les uns des autres et administrés par des djemâa ou assemblées de notables investies de la plénitude du pouvoir. Enfin, chaque blad est lui-même composé de un ou plusieurs ksour qui administrent eux-mêmes, sous le contrôle de la djemâa du blad, leurs petits intérêts locaux.

Les ksour d'un même blad sont liés par un pacte; en attaquer un, c'est les attaquer tous. Les blad d'un même groupe sont libres les uns vis à vis des autres, mais ils ont trop le sentiment de l'intérêt commun et des relations trop fréquentes pour se laisser attaquer en détail. De groupe à groupe on ne se connaît et on ne s'assiste que dans la limite des relations commerciales plus ou moins suivies. C'est ainsi, par exemple, que le Gourara connaît le Tidikelt par suite des communications fréquentes qui existent entre In Salah et Timimoun ; mais le bas Touat et Tamentit sont plutôt des rivaux que des correspondants d'In Salah et des ennemis plutôt que des alliés. Quant aux oasiens de l'oued Messaoura ils connaissent Tamentit et le Bouda au sud, ils ignorent le Tidikelt dont ils n'entendent parler que comme d'une étape lointaine et d'un pays étranger. La connaissance exacte de ces relations permet ainsi de mesurer, dans l'étendue de la contrée touatienne, la portée des coups que l'on veut frapper et de fractionner les résistances auxquelles on s'expose. Je tiens, quant à moi, que le centre dont l'action rayonne le plus dans l'ensemble des oasis, c'est Timimoun. Les relations de ce centre avec In Salah à l'est, Tamentit au sud-ouest et Kerzas au nord-ouest sont quotidiennes. Il n'est pas douteux qu'il prendrait fait et cause pour peu qu'il estimât que la lutte offre quelque chance contre l'ennemi de ces trois régions, et que de même, s'il était attaqué, il ne puisse les intéresser à son sort. C'est ainsi que le Gourara obtiendrait l'appui d'In Salah et que les guerriers du Tidikelt accourraient pour défendre Timimoun. Mais il est non moins certain toutefois que les guerriers du Hoggar, qui n'hésiteraient pas un seul instant à défendre In Salah menacé, hésiteraient, malgré les sollicitations de la djemâa du ksar El Arab, à envoyer leurs guerriers au secours du Gourara, pays qu'ils ne connaissent guère et avec lequel ils n'ont aucune relation. Il en serait à plus forte raison de même des Kel-Oui et des Aouelimmiden plus étrangers encore au Gourara et à Timimoun.

Ceci posé, je prie le lecteur de se reporter à la carte et d'observer tout en haut de l'oued Messaoura, au point de jonction de l'oued Guir et de l'oued Zouzfana, l'oasis d'Igueli.

Constituant avec le petit ksar de Maïzer un blad isolé et indépendant, cette oasis appartient seul sur l'oued Messaoura aux Douïménia dont les campements habituels sont situés plus au nord sur l'oued Guir. En arrivant à Igueli, l'indigène du blad Kerzas ou du blad Rhaba a le sentiment qu'il entre non seulement dans un nouveau blad mais même dans un nouveau pays, le pays des Douïménia. Kerzas et Rhaba appartiennent à une sorte d'aristocratie religieuse, celle des chorfa; Igueli appartient seulement aux nomades. Les destinées de ces divers blad sont distinctes : les malheurs de l'un n'intéressent pas l'autre, en sorte que notre occupation d'Igueli, si d'ailleurs elle était prudente et se faisait sans lutte, chose facile, éveillerait sans doute dans le reste du Touat une légitime défiance mais très vraisemblablement n'entraînerait aucun soulèvement concerté. Le Reggan, Sali, Tamentit même considéreraient le danger français comme trop lointain pour s'en émouvoir; Akabli et l'Aoulef ignorent Igueli, et les rusés politiques de la djemâa d'In Salah perdraient vraisemblablement leur temps à aviver leur méfiance et à secouer leur inertie. Quant à Timimoun, son premier soin serait d'implorer le secours de Fez et de compter sur le sultan;

mais nos lecteurs se souviennent que nous raisonnons dans l'hypothèse où la protection du sultan marocain serait simplement platonique. Ainsi s'accomplirait, sans autre écho dans le Touat, notre installation à Igueli que devrait suivre d'ailleurs dans le délai le plus strictement court possible, la pose des rails.

Mais, me dira-t-on, pour admettre que l'occupation d'Igueli reste sans retentissement, il faut supposer qu'il n'y aura pas de lutte, car si les Douïménia courent aux armes, ils ne manqueront pas d'appeler à leur aide les Rlemna et autres nomades du Touat; la cause d'Igueli deviendrait ainsi la cause du Touat tout entier.

Pareille éventualité est en soi peu effrayante car, à la différence de ce qui se passerait si nous marchions sur In Salah, oasis pour laquelle le Sahara central tout entier se soulèverait, nous n'aurions à Igueli, en face de nous, de façon très certaine, que les seuls contingents du Touat; de plus, au lieu de combattre à 1,000 kilomètres d'une gare algérienne, notre effort militaire ne s'exercerait à Igueli qu'à 350 kilomètres d'Aïn Sefra, à 280 seulement de notre redoute de Djenian-Bourresk, sur les bords d'un cours d'eau courante et dans un pays bien pourvu de fourrage en tous temps. Mais cependant, je tiendrai pour fort regrettable un incident militaire quelconque à cette première étape vers le Sahara central. Il faut, en effet, de toute nécessité ne compromettre en aucune façon la cause française aux yeux des ksouriens et ne nous présenter à eux que comme des libérateurs et des amis de la paix et de la justice; il faut que nous fassions d'eux nos sincères alliés, ce que sont déjà dans le fond de leur âme tous ceux d'entre eux qui sont venus en Algérie. Il ne faut donc à aucun prix, tandis qu'ils sont encore sous la coupe des nomades, les obliger à prendre les armes contre nous.

Mais alors, comment conjurer l'éventualité d'une lutte avec les Douïménia? Certes, la chose est simple pour qui connaît les nomades. Il suffira de les intéresser pécuniairement à notre entreprise et les sacrifices à consentir, je l'assure bien, ne seront pas excessifs On n'a nulle idée en France de l'action décisive que pourraient avoir auprès d'eux quelques dix mille francs distribués entre les notables pour reconnaitre le concours qu'ils nous prêteraient, soit comme maghzen ou loueurs de chameaux dans une expédition, soit pour avoir assuré la sécurité de la voie ferrée. Le nomade saharien n'a qu'une seule passion au cœur : la cupidité. Il n'a de religion qu'à l'épiderme : la patrie, il ignore ce que c'est ; la famille, il en fait aisément bon marché ; il n'est rien qu'il ne soit tout d'abord disposé à vendre et si aigu est chez lui ce sentiment de la cupidité qu'à la vue du douro il perd, non seulement toute notion de justice, mais encore celle de ses plus évidents intérêts. Certes, si comme récompense anticipée de bons services, on lui offrait une forte somme d'un coup, il ferait toutes les promesses, acquiescerait à tous les engagements, et l'argent mis en lieu sûr, se conduirait exactement comme s'il n'avait rien promis : mais en le tenant en laisse par cette chaîne d'argent jusqu'à ce que la construction de la voie ferrée fut achevée, on amènerait sûrement le résultat désiré. D'ailleurs, au premier contact avec le ksourien, nous aurions cause gagnée et le nomade isolé sur toute la surface du Touat, ou serait tenu de se soumettre, ou nous donnerait l'occasion d'une répression facile à laquelle applaudiraient les ksouriens affranchis et qui constituerait une leçon dont le retentissement en Sahara serait des plus salutaires : tout dépendra ainsi de la prudence et de la sagacité dont feront preuve les administrateurs du début.

Et je dis, qu'au premier contact avec les ksouriens, nous aurons cause gagnée dans tout le Touat ; il va de soi que je suppose une administration soucieuse de se les concilier. On ne saurait avoir la prétention de faire d'ores et déjà un programme d'administration du Touat, mais pour les rares personnes qui ont étudié ce pays, certaines considérations s'imposent, et l'on me pardonnera d'y revenir. Un acte de début devrait être, à mon avis, la constatation par acte authentique des droits de chaque ksourien sur ses palmiers. La « carta, » comme disent nos indigènes algériens, c'est-à-dire l'acte administratif établissant leur propriété, serait pour les ksouriens notre don de joyeux avènement : cette constatation de leurs droits devrait être faite dans un délai rapide, après que cependant le chemin de fer serait arrivé à Igueli et qu'une respectable garnison y serait installée. Sauf preuves contraires bien flagrantes et aveu de tous les intéressés, les droits des nomades sur les palmiers, qu'ils ne cultivent d'ailleurs pas, devraient être rejetés, et la maxime que la mise en culture du sol vaut comme preuve de propriété, admise à titre de présomption à laquelle il ne pourrait être que très exceptionnellement dérogé. Toutes les servitudes, tous les prélèvements, tous les droits de guefara (protection) ou autres de même ordre devraient être radicalement annulés et nous devrions faire en sorte que le ksourien, dès notre arrivée, pût se considérer comme véritablement affranchi.

Il ne devrait être apporté de tempérament à cette politique que lorsqu'on se heurterait aux intérêts des chorfa. Intrigants et cupides, ces représentants de l'aristocratie religieuse du pays, ont malheureusement sur les ksouriens une influence avec laquelle nous devrons compter dans le début. Tant que notre souveraineté ne sera pas d'ailleurs pacifiquement reconnue dans tout le Touat et qu'une organisation militaire ne l'aura pas rendue inébranlable, nous devrons également éviter, soit de heurter les chorfa, soit de nous lier vis à vis d'eux; il y aura là une question de tact et de mesure.

Il est une autre considération que les administrateurs du début devront avoir constamment présente à l'esprit : c'est que nous aurons le plus grand intérêt à maintenir les rivalités entre les divers blad, à fractionner et émietter autant que possible l'autorité des chefs indigènes en morcelant les commandements et à favoriser dans chaque blad, puis dans chaque ksar l'autorité des djemâa locales élues par les ksouriens et qui, quand elles seront solidement constituées, ne pourront manquer d'être pour nous un solide point d'appui, d'abord contre les nomades, ensuite même contre les chorfa. Nous ne tarderons pas ainsi à nous faire une clientèle Ksourienne qui représentera le nombre et qui nous assurera l'adhésion successive de chacun des blad.

Je crois fermement à la possibilité de conquérir ainsi le Touat entier sans un coup de fusil. Cela ne veut pas dire qu'il n'y ait besoin d'aucune garnison dans le Touat : tout au contraire, un des facteurs de la paix sera la crainte salutaire que notre force inspirera aux nomades ; « *si vis pacem, para bellum* » est aussi vrai là que partout ailleurs. Nous nous expliquerons plus loin sur l'importance des forces militaires que l'administration touatienne devrait garder à sa disposition.

§ 2. — *Au point de vue diplomatique.*

Le traité de 1845 ; Le Touat *res nullius* ; Conséquences d'une occupation française du Touat sur la politique européenne : Angleterre, Allemagne, Italie, Espagne ; De la possibilité de résoudre la question du Touat, après accord avec l'Espagne et certitude de l'inaction du Maroc ; M. Ribot et le Touat ; Le Touat occupé poussera-t-on plus loin ? Question à réserver ; Retentissement salutaire de l'occupation du Touat dans tout le Sahara et le Soudan ; Conséquences heureuses sur l'ensemble de notre politique africaine.

Ceux qui connaissent bien le Sahara, si d'ailleurs certains préjugés professionnels, malheureusement trop communs, ne les aveuglent, me concéderont, j'en suis certain, la vérité de ces considérations ; mais il reste une objection qu'on ne manquera pas de formuler avec d'autant plus d'insistance que par suite de je ne sais quelles influences l'opinion publique semble l'admettre comme fondée à priori :

Vous admettez, me répondra-t-on, que notre intervention dans le Touat ne soulèvera aucune protestation en Europe, ni aucun soulèvement au Maroc ; cette hypothèse est gratuite et l'on ajoute que la question du Maroc soulevée mettrait en péril la paix européenne et que devant cet aléa..................

Oui certes, s'il y avait le moindre danger de complication en Europe, fut-ce du côté de la principauté de Monaco, je serais le premier à prêcher qu'on s'abstienne. Dans l'état actuel de la politique européenne l'intérêt que nous avons à garder la paix est trop évident pour que nous ayons en ceci une minute d'hésitation.

Mais si notre ministre des affaires étrangères, mais si notre gouvernement avaient la certitude que notre intervention au Touat laisserait l'Europe indifférente; si d'autre part il était infiniment vraisemblable que le Maroc se bornerait à la protestation platonique qu'il ne peut pas ne pas faire, n'est-il pas évident qu'il y aurait lieu de poursuivre immédiatement la réalisation du projet ? Je ne puis, — le lecteur me pardonnera, — dire ici toute ma pensée, je ne pourrai la dire qu'à ceux qui ont charge de mon pays; car en matière de politique étrangère la réserve la plus méticuleuse est le devoir d'un bon citoyen. Je tairai donc et le procédé et la solution que je pourrais proposer et me bornerai seulement à montrer qu'en tout cas cette question du Touat n'est pas pacifiquement insoluble, n'est pas au-dessus de la sagacité de nos diplomates.

Si d'abord nous recherchons le droit diplomatique nous en trouvons la base dans le traité de 1845. Ce traité étrange, à propos duquel nous ne savons ce qu'il faut le plus admirer de l'ignorance naïve de notre diplomate, le Comte de la Rue, ou de l'insigne mauvaise foi du diplomate marocain, marque une limite précise à notre frontière algérienne jusqu'à un point situé sur la ligne de faîtes entre le Tell et les Hauts-Plateaux, le point de Téniet-Sassi. Au sud de ce point pour le traité « il n'y a plus que Sahara », et sauf une réserve concernant quelques ksour : Sefissfa, Aïn Sefra, Thyout, Asla et les Moghrar, qui sont déclarés français, Figuig et Ich qui sont déclarés marocains, le décret déclare dans son article IV : « qu'en Sahara il
« n'y a pas de limite territoriale à établir entre les deux pays
« puisque la terre ne se laboure pas et qu'elle sert de pacage
« aux Arabes des deux empires qui viennent y camper pour y
« trouver les pâturages et les eaux nécessaires ». L'article VI va plus loin encore : « Quant au pays, dit-il, qui est au sud des
« ksour des deux gouvernements, comme il n'y a pas d'eau,
« qu'il est inhabitable et que c'est le désert proprement dit,

« la délimitation en serait superflue. » Or, ce pays inhabitable est habité par plus de 400,000 individus (quatre cent mille) : il compte au moins dix millions de dattiers, non compris ceux du Tafilalet district placé beaucoup trop à l'ouest pour qu'on puisse l'englober dans la région visée par notre article. Ce pays qui n'a pas d'eau, d'après notre diplomate géographe, est arrosé par le plus grand fleuve saharien, indiqué dès Ptolémée sous le nom qu'il porte encore actuellement d'oued Guir. A coup sûr le diplomate marocain, Hamida-ben-Ali, bien que n'ayant pas lu Ptolémée, savait parfaitement à quoi s'en tenir à cet égard. Que penser de la manière dont notre diplomate fut dupé en cette circonstance ? Ce petit faux en géographie diplomatique ne suffit-il pas à donner à ce traité son véritable caractère, celui d'une œuvre de mauvaise foi ?

Mais le faux perpétré n'a heureusement pas eu de suite : le Maroc a bien pu soustraire ainsi à notre conquête, en nous assurant qu'il n'existaient pas, le Touat et le Gourara qu'il eut alors été si aisé de prendre ; il le négligea plus tard ou ne put le prendre lui-même, en sorte que tous ces pays sont restés *inexistants* au point de vue diplomatique. Or, ce qui est inexistant est évidemment *res nullius* et le Maroc serait bien mal venu à découvrir ce pays au moment où nous nous en emparerions.

Nous disons que le Maroc n'a fait, depuis 1843, aucun acte de souveraineté sur le Touat et le Gourara ; nous n'ignorons cependant pas trois faits, les seuls que le Maroc pourrait essayer d'invoquer à l'appui de ses prétentions : c'est d'abord qu'à la suite de notre marche sur El Goléa, la djemâa d'In Salah invoqua l'appui du Sultan et lui demanda sa protection. Mais d'abord il n'apparaît pas que le Sultan la lui ait accordée ; aucun représentant du gouvernement Chérifien n'y fut envoyé ; aucune notification ne nous fut faite, ni à aucun autre État, de l'établissement d'un protectorat marocain. Voudrait-on d'ailleurs considérer la démarche de la djemâa d'In Salah comme donnant par elle seule au Maroc un droit de suzeraineté, que ce droit de suzeraineté resterait du moins limité à l'oasis au nom de laquelle la djemâa avait droit de traiter. Ce serait donc uniquement In Salah qui, dans cette hypothèse, serait placé sous le protectorat marocain. Ni Igueli, ni le Touat ne seraient engagés par un acte quelconque, en sorte qu'avant que se pose devant nous, au point de vue du droit, le prétendu protectorat marocain sur In Salah, nous serions devenus maîtres incontestés et souverains de tout le reste du Touat et aurions imposé, par la force des choses, une solution de fait.

Pareillement, à la suite de l'exploration faite par MM. Colonieu et Burin au Gourara, la djemâa de Timimoun envoya au sultan de Fez, pour le bien disposer en sa faveur et s'assurer son secours au cas où nous attaquerions l'oasis, vingt esclaves blanches et vingt esclaves noires. L'attention était aimable; mais en quoi le fait par le Sultan d'avoir gracieusement accueilli les envoyées de Timimoun, a-t-il pu constituer de la part du Maroc, une prise de possession de l'oasis elle-même ?

Enfin Taleb-ben-Ghazi, momentanément chef de toutes les fractions des Douïménia et qui dès lors préparait avec Bou-Amama contre nous l'incursion de 1880, demanda au Sultan de le reconnaître comme caïd des caïds et chef général du Zegdou; mais il ne pouvait faire et ne devait faire autrement en raison de ce qu'à cette époque les Douïménia possédaient deux ksour dans le Tafilalet, pays régulièrement administré par le Maroc. Pour ces deux ksour, les douïménia devaient nécessairement payer tribut, mais il était de notoriété dans tout le Sud Oranais, que pour tout le reste du territoire qu'ils parcourent, les Douïménia n'ont jamais rien payé à personne, et, lorsqu'en 1870, nous organisâmes contre eux une expédition, nos colonnes purent aller jusqu'aux portes du Tafilalet, occuper Bou-Kaïs, bombarder Aïn-Chaïr, sans soulever de la part du Maroc aucune protestation.

Voilà quant au droit, reste à rechercher quelles conséquences pourrait avoir dans le temps présent et dans l'état actuel de notre politique une intervention au Touat, par quelque côté d'ailleurs qu'on l'aborde : In Salah ou Igueli.

Interrogeons d'abord les puissances européennes et commençons par la plus ombrageuse, l'Angleterre. Il y a six mois, nous traitions avec elle et le résultat des négociations fut la reconnaissance de notre influence exclusive sur le Niger moyen et Tinboktou, et par suite la renonciation à toute compétition de sa part sur ces territoires. Jusqu'alors, elle pouvait ne pas marquer de limites à ses appétits, et le Touat et le Gourara, où d'ailleurs elle n'a aucun intérêt politique et commercial qui lui soit propre, pouvaient cependant ne pas lui être indifférents. Prendre pied dans ce pays, c'était pour nous comme un prélude à la conquête au moins économique du Niger moyen et les chauvins anglais eussent pu en ressentir quelque mauvaise humeur.

Les choses ont changé de face depuis le récent traité et le Touat ne peut plus être qu'indifférent aux Anglais; ceci est l'évidence même, et je n'insisterai pas.

Que l'Allemagne soit impressionnée de tout ce qui peut arriver d'heureux à la France, je n'en disconviens pas, quoique chez elle comme chez nous, il y ait, en ce qui concerne les inimitiés de races, tendance à la modération et à l'assagissement. Mais supposer que notre occupation d'un pays diplomatiquement *res nullius* comme le Touat et le Gourara, puisse provoquer son courroux, ce serait faire vraiment preuve d'une inconcevable pusillanimité. Affectant de s'intéresser au sort de ce pauvre malade qu'on nomme l'empire marocain, elle nous demandera peut-être où nous voulons aller et quel cas nous entendons faire du traité de 1845. Nous n'aurons qu'à lui dire toute la vérité et l'occasion sera bonne pour placer sous ses yeux, comme la meilleure des justifications, cette phrase si juste de l'allemand Gérard Rolhfs à propos d'Igueli :
« Avant tout, les Français devraient transporter leur frontière
« jusqu'à l'oued Messaoura; c'est d'ici, en effet, que partent
« toutes les difficultés, tous les désordres et tant qu'ils n'occu-
« peront pas ces frontières naturelles, il n'y aura aucun calme
« durable dans le sud de la province d'Oran. » (Mittheilungen *de Petermann, 1864.*) Il faut supposer qu'il n'existe aucune notion du droit des gens en Europe et que l'Allemagne a perdu

tout souci de sa considération diplomatique, — ce qui n'est pas, — pour croire que sans autre motif que son bon plaisir, elle tente de nous interdire l'occupation d'un pays qui nous touche et qui est diplomatiquement *res nullius*.

Il en est évidemment de même de l'Italie qui trouvera probablement dans l'événement l'occasion de manifester pour le Maroc la plus grande sollicitude, mais qui devra se tenir pour satisfaite de nos désirs d'exécuter rigoureusement le traité de 1845 ([1]). Qu'*in-petto*, l'Allemagne et l'Italie soient mécontentes, c'est possible, mais en quoi leur mauvaise humeur peut-elle nous préoccuper? L'état d'esprit dans lequel vivent ces deux peuples vis-à-vis de nous n'en sera pas sensiblement modifié.

Il n'en est pas de même en ce qui concerne l'Espagne.

D'abord nous ne pouvons que rendre justice à la sincérité courtoise et amie que cette puissance a toujours apportée dans ses rapports avec nous. Nous devons lui savoir un gré véritable, tandis que nous étions affaiblis et meurtris, d'avoir résisté aux avances de l'Allemagne qui a si souvent tenté de l'englober dans la ligue contre nous, et nous manquerions à nos devoirs internationaux en perdant une seule occasion de lui en témoigner notre gratitude. Nous commettrions ensuite une faute lourde si, par un acte discourtois à son égard ou seulement propre à l'alarmer, nous lui faisions faire par dépit ce qu'elle s'est toujours refusé à faire jusqu'ici, c'est-à-dire acte d'adhésion à la politique allemande. Or, l'Espagne a au Maroc des intérêts actuels et considérables; elle occupe plusieurs points sur ses côtes, pierres d'attente, dans l'opinion publique de la péninsule, d'un domaine plus considérable. Pour justifier ses ambitions, elle invoque les flots de sang versés de l'autre côté du détroit, elle ouvre son histoire à chaque page de laquelle est écrit le nom de Fez et, sous l'empire d'une susceptibilité que nous n'avons pas à juger ici, mais que nous ne pouvons pas ne pas comprendre, elle s'inquiète de tout ce qui marque de notre part prétentions concurrentes aux siennes.

[1] Au moment où ces lignes étaient écrites, M. Crispi était encore président du Conseil des ministres. Nous ne les écririons pas aujourd'hui.

A la vérité, s'il est de tout le Maroc une région dont son ambition soit prête à faire bon marché, c'est assurément le Touat et le Gourara. Aujourd'hui surtout que nous appartient le Niger, seule contrée au sud avec laquelle le Touat et le Gourara puissent entretenir le moindre commerce, elle sent bien que ces groupes d'oasis sont devenus enclaves françaises et tomberont nécessairement dans nos mains. C'est donc pour le seul véritable territoire de l'empire marocain qu'elle demandera des assurances fermes et qu'il faudra les lui donner telles qu'elles satisfassent non seulement son gouvernement mais encore son opinion publique afin que le nom de la France reste pour les Espagnols ce qu'il est, le nom d'une loyale amie. Je n'en veux dire davantage, mais j'ai de bons garants par devers moi qu'il ne serait pas difficile à notre diplomatie d'obtenir ce résultat et de s'assurer, même pour l'occupation du Touat, non seulement l'indifférence de l'Espagne mais même son concours moral.

C'est en effet que le jour où, l'Espagne étant rassurée au sujet de nos intentions sur le reste de l'empire marocain, nous nous mettrions en marche sur le Touat, cette puissance serait la première à déconseiller au Maroc toute lutte armée contre nous. Elle lui remontrerait que ses efforts, d'ailleurs certainement vains, n'auraient d'autre résultat que de nous obliger à dépasser les limites de la conquête projetée et à déchirer virtuellement le traité de 1845, sauvegarde vis à vis de nous de l'indépendance du Maroc et par suite des ambitions éventuelles de l'Espagne.

Croit-on que se sentant abandonné vis à vis de nous par l'Espagne, livré à ses seules forces dans un empire où il a tant de peine à maintenir son autorité sur ses propres sujets, le sultan Chérifien veuille tout risquer pour un pays duquel il n'a jamais tiré d'autres profits que vingt esclaves blanches et vingt esclaves noires ? Chef religieux de ces contrées il répondra à notre intervention armée par quelques protestations platoniques qu'il tendra avec un sourire résigné et fataliste à notre ambassadeur.

Ainsi, est-ce à la diplomatie à résoudre la question du Touat et à la diplomatie seule. Elle le peut, donc elle le doit. Notre Ministre des Affaires étrangères, l'honorable M. Ribot, se doit à lui-même de tirer du récent traité franco-anglais, qui est son œuvre, toutes les conséquences avantageuses qu'il peut comporter. L'une d'elles, non la moindre, a été de supprimer toute opposition de l'Angleterre à notre occupation permanente du Touat et du Gourara; qu'il lève habilement et honnêtement les difficultés qui pourraient naître du côté de l'Espagne et, au pays que le récent traité nous a diplomatiquement conquis viendra se joindre une nouvelle province belle et riche d'avenir.

Nous voici maintenant arrivés au désert vide, la région des oasis est passée et, saluant le drapeau français qui flottera sur Taourirt et Timadanin, les derniers ksour du Touat, nous enfoncerons-nous vers le Niger et y pousserons-nous notre ligne ferrée? Je le crois, car nous ne serons plus alors qu'à 1,100 kilomètres du grand fleuve, et le Soudan vaut bien la peine que l'on fasse un effort pour l'atteindre.

Mais qu'avons-nous besoin d'en former d'ores et déjà le projet, et pourquoi ne nous ménagerions-nous pas, en tout cas, si des obstacles imprévus surgissaient devant nous, la possibilité de nous en tenir au Touat? A lui seul le Touat vaut un chemin de fer. Par surcroît, cette ligne ferrée, justifiée par la seule valeur économique du Touat, pointe en droite ligne sur le Niger et constituerait vers ce fleuve plus de la moitié de chemin de fait; ce n'est pas à dire que nous soyons nécessairement obligés de l'amener jusque-là. C'est d'ailleurs l'un des principaux avantages de la ligne que nous recommandons, que nous pouvons, en la commançant, nous promettre de l'arrêter là où il nous fera plaisir, jusques au bas du Touat, certains d'ailleurs que ce que nous en aurons fait sera pour nous œuvre utile. Au contraire, par la ligne de l'Igharghar depuis quelque temps si prônée bien qu'elle constitue sans nul doute la pire des solutions, dépasser Ouargla c'est se condamner à aller jusqu'au Tchad. Même pour les partisans de cette ligne il n'y a, sur tout cet énorme parcours, aucun but à atteindre qui vaille par lui-même un kilomètre de voie ferrée ; c'est au Tchad seulement qu'ils espèrent être récompensés de leurs efforts. Les Anglais sauraient leur prouver, nous l'avons vu, combien est décevant leur projet.

Revenons au Touat.

Que nous allions au Niger par voie ferrée ou que nous nous maintenions dans le groupe des oasis, il n'en est pas moins clair que nous aurons contact et heurt vraisemblable avec les Touareg. Nous bornerons-nous, vis-à-vis d'eux, à la défensive ou bien au contraire pénétrerons-nous jusqu'au cœur de leur pays et les réduirons-nous ? Partisan quant à moi de la pénétration par voie ferrée jusqu'au Niger, j'adhérerais au besoin, contre ces nouveaux ennemis, à une politique d'offensive, mais il me paraîtrait préférable que les Touareg vinssent nous attaquer dans le Touat lui-même, c'est-à-dire dans un pays que nous occuperions entièrement et qui serait notre base d'opérations, où l'eau est abondante, où nos colonnes pourraient se ravitailler des choses les plus indispensables à la vie et où, dans tous les cas, une ligne ferrée assurerait quotidiennement ravitaillements et renforts.

Étant donné l'humeur prompte des nomades et leur peu de sens stratégique, il y a apparence qu'on pourrait, quand on le voudrait, déterminer le conflit et se faire attaquer au moment opportun. Nos troupes étant dans de telles conditions que la question des ravitaillements ne se posât pas pour elles, infligeraient aux Touareg assaillants une telle leçon, que lorsque nous prendrions l'offensive, ils seraient beaucoup plus disposés à fuir qu'à nous résister. D'ailleurs, je crois devoir appeler ici l'attention sur un effet moral de l'occupation du Touat et de l'inertie du Maroc en cette circonstance ; la question mérite toute l'attention du lecteur.

Le jour où le Touat serait tombé entre nos mains, soit grâce à l'indifférence du Maroc, soit après la défaite des troupes marocaines, il y aurait chez tous les islamistes du Niger un tel sentiment de stupeur et un tel découragement qu'on renoncerait vraisemblablement contre nous à toute résistance. J'ai été témoin, dans le Djurjura, de l'émoi que causa la nouvelle de la prise d'Alexandrie par les Anglais. Skandria, comme ils appellent Alexandrie, passait pour une citadelle de l'Islamisme. Quand on apprit qu'en quelques heures elle était tombée aux mains des chrétiens, il y eut chez les marabouts un sentiment d'affolement et chez les autres Kabyles, très peu musulmans comme chacun sait, comme une discrète raillerie à l'adresse des premiers.

Le sultan de Constantinople et le sultan de Fez, voilà en qui les ennemis des chrétiens, en Afrique, placent toute leur confiance. Écoutons ce récit fait par l'officier sénégalais Alioun Sal, d'une conversation qu'il surprit entre les chefs des Berabich et des gens du Touat. Ces derniers racontaient que des chrétiens étaient venus offrir, de la part de leur grand chef d'Alger, de magnifiques cadeaux au cheik du Touat, pour qu'ils facilitassent l'entrée de cette oasis au commerce des Européens; mais que les cheik, ne voulant pas s'engager sans avoir pris l'avis du Maroc, envoyèrent prévenir le chérif qui leur défendit de ne rien accepter ou de rien conclure, les engageant à repousser par la force les chrétiens qui tenteraient de s'introduire chez eux, et leur promettant même, au besoin, le secours de ses armes. Quelques Touareg Hoggar, présents à l'entrevue, témoignèrent leurs regrets de ce qu'on n'ait pas laissé arriver les porteurs de présents jusqu'à eux : ils auraient volontiers pris tout ce qu'ils possédaient et ensuite les auraient mis à mort. Ce texte, dont Flatters aurait dû méditer la fin, nous donne le sentiment populaire : c'est que le sultan du Maroc nous arrête dans notre marche vers l'intérieur de l'Afrique. Veut-on avoir le sentiment bien autrement autorisé d'un chef puissant, d'un politique considérable, celui-là même qui protégea si noblement Barth à Tinboktou, Cheik el Bakay. Dans le sauf-conduit rédigé en termes si élevés qu'il donna à son hôte, sauf-conduit adressé à tous les princes musulmans du Soudan, El Bakay laisse échapper cet aveu tout plein d'une secrète angoisse. Faisant allusion

au sultan de Constantinople et à l'empereur de Fez, il écrit:
« Il y a entre les chrétiens et nous de tels champions de l'Isla-
« misme, que si les infidèles parvenaient jamais à les vaincre
« pour venir ensuite nous attaquer, nous devrions renoncer à
« toute résistance armée. »

Comprend-on maintenant l'énorme effet moral que produi-rait notre occupation du Touat et la mise en relief aux yeux de tous les Sahariens de l'impuissance du Maroc? Il est évident qu'il n'y aurait plus de concert du Sahara possible contre nous. Il serait découragé à l'avance et le conseil d'El Bakay, à quarante ans de distance, dicterait à tous les grands chefs Sahariens la conduite à tenir.

Veut-on maintenant se ressouvenir de ce que nous disions dans un autre chapitre relativement à une coalition possible contre nos forces du Niger, des Foulbes du Massina et des Aouelimmiden réunis. Certes, si au lieu du jeune Abadin, fils d'El Bakay, et son successeur à Tinboktou, le père eut vécu il y a une dizaine d'années, nul doute que par sa haute influence morale il ne fut arrivé à réconcilier, pour les jeter contre nous, ces deux groupes ennemis. Nous sommes d'ailleurs aujourd'hui encore exposés à semblable danger et le jour où nous ferons sur Tinboktou une démonstration directe, les Aouelim-miden, qui considèrent cette ville comme leur ksar, faisant taire leur haine des Foulbes, s'uniront à eux contre nous.

Aucune mesure ne me semblerait plus propre à décourager à l'avance ce concert, que l'occupation du Touat et, par cela même, l'effondrement du prestige marocain. Faisons en sorte qu'à l'esprit d'Abadin se représente le conseil du vieux El Bakay son père et que par lui il arrive aux notables Aouelimmiden. L'effort militaire que nous aurons à faire en Sahara s'en trouvera singulièrement réduit et la sécurité de nos éta-blissements sur le Niger singulièrement augmentée. On voit donc que la question du Touat se rattache d'une façon intime à la question même de notre influence dans le Soudan. Pour pénétrer dans ce pays, le Touat n'est pas seulement une étape obligée, il est encore un moyen, un indispensable instrument.

II

ORGANISATION MILITAIRE

Installation matérielle ; Troupes européennes ou indigènes ? Spahis et tirailleurs ; De la création d'un régiment saharien ; Villages de liberté sur nos frontières sahariennes ; Tirailleurs algériens détachés et milice touatienne ; Armes spéciales ; Troupes sénégalaises dans l'Adrar. — Organisation militaire des gares ; De l'influence de l'isolement en Sahara sur les européens ; — Valeur stratégique de différentes localités sahariennes ; Igueli et l'Ahnet ; Akabli et Tiu Tenaï ; Tebelbelt et In Salah.

Quelle que soit la contrée du monde où la France envoie ses troupes combattre, officiers et soldats y vont avec le même entrain ; mais lorsqu'il s'agit de garnison à maintenir en pleine paix, il est naturel et juste que les chefs de l'armée se préoccupent des conditions matérielles de l'installation.

Il est absolument indéniable que le désert, sauf dans les bas fonds où l'eau s'accumule, est hautement salubre ; j'ai cité ailleurs les témoignages de Réné Caillé, de Barth, de Nachtigal, de Lenz. Mais ce qui est non moins exact c'est que, tout salubre qu'il est, le climat y est dur, allant de plusieurs degrés au-dessous de zéro à 42° au-dessus et davantage ; c'est surtout que le sentiment de l'isolement y est pour la généralité des Européens particulièrement pénible et prédispose à l'hypocondrie et à certains phénomènes mentaux variables suivant les individus.

Or, nous avons à prévoir une organisation militaire assez considérable au Sahara et tout naturellement il viendra à l'esprit une première question : Y devons-nous employer des troupes d'origine française ou d'origine indigène ? Pour la première raison que j'ai déjà citée et pour une autre que je vais développer, les troupes indigènes me paraissent hautement préférables.

Nos seules troupes indigènes en Algérie, sont des spahis et des tirailleurs ; les premiers sont montés, les seconds sont fantassins ; ni l'une ni l'autre de ces troupes ne me paraît répondre aux conditions que devrait présenter une troupe saharienne :

Les spahis ont des chevaux superbes, habitués à une nourriture abondante et à des soins de tous les jours. Il est bien évident qu'ils ne tarderaient pas à dépérir au désert et qu'ils s'accoutumeraient mal des marches sans eau du Sahara. Quant au spahi lui-même, nullement fait aux privations et aux rudes fatigues de la vie saharienne, embarrassé dans son costume superbe mais lourd et chaud, il n'est réellement utilisable que dans le Tell.

Le tirailleur, quoique généralement plus rude, ne peut également être utilisé à lointaine distance de nos postes du sud. Les étapes d'un fantassin sont nécessairement courtes et s'il faut accomplir 200 kilomètres de marche sans puits, on se trouve obligé de transporter à son intention, sur d'innombrables chameaux, des quantités énormes d'eau et de vivres. Il ne faut au Sahara ni les chevaux ni les soldats du Tell, et c'est pourquoi j'estime qu'à la veille d'une extension au Sahara, il importerait de créer sans retard un régiment de tirailleurs sahariens. Qu'il me soit permis d'exposer brièvement comment j'en concevrais le recrutement et l'organisation.

Tout d'abord on devrait n'accepter, sauf exception pour les cadres, que des indigènes de vieille date habitués au sud. Recrutés par engagement ils auraient le privilège de n'exécuter leur service que dans la région saharienne et par exemple d'Aïn Sefra, de Laghouat et de Biskra. Grâce à cette garantie, je suis convaincu qu'on trouverait dans la masse de nos tribus sahariennes les éléments d'un régiment de volontaires. On devrait en outre les organiser en smala, ce qui leur permettrait d'avoir femme, condition sans laquelle on n'aura pas de volontaires. Il importerait de réduire pour eux les obligations militaires, de n'exiger en fait de propreté que ce que les Sahariens peuvent en offrir, et d'organiser leur costume en conséquence; simplifier également leur campement de manière à l'adapter au climat du Sahara et au genre de vie qu'il est nécessaire d'y mener. Pas de casernes, des tentes; pas de lits mais bien la natte; pas de chevaux du Tell, mais des chameaux ou des chevaux aptes à supporter le climat. Comme nourriture les maintenir strictement dans la nourriture saharienne de manière à ce qu'ils sachent, le cas échéant, se contenter de dattes et de couscous de drin. On se trompe si l'on se figure qu'un couchage moelleux parait au soldat indigène une augmentation de bien-être. On se trompe si l'on se figure qu'il aime la vie en chambrée. Lorsque quelque nomade algérien vient à s'enrôler dans nos troupes indigènes, il a toujours grand mal à s'habituer à ce nouveau genre de vie ; il en est différemment il est vrai de la nourriture qu'ils apprécient très fort.

A quelles conditions obtiendrait-on les engagements volontaires pour ce régiment saharien ? Uniquement par des primes d'argent et par l'exemption de tout impôt au profit des plus proches parents de l'engagé. Comme l'argent en Sahara a une valeur plus grande que dans le Tell, il ne me parait pas douteux que la prime d'engagement qui est de 400 francs pour nos tirailleurs, pour un service de quatre ans, ne soit pleinement suffisante. Si l'on observe d'autre part que nourris, habillés et logés d'une façon particulièrement simple, ces hommes coûteraient fort peu d'entretien, on est obligé de convenir que ce serait là un régiment à bon marché. Quant aux sous-officiers ils devraient être, par considérations politiques, pris, au moins au début, en dehors des Sahariens et plus particulièrement parmi les Kabyles. Le contrôle politique exigera en effet, à notre avis, une certaine rivalité de races. Quant aux officiers ils devraient évidemment être Français et bénéficier soit d'une haute paie, soit de conditions de faveur pour l'avancement.

C'est autour de ce régiment saharien que viendraient, le cas échéant, se grouper les contingents maghzen et il suffirait certainement d'une force organisée d'un millier d'hommes bien armés pour exercer au Sahara une souveraineté militaire incontestée.

En même temps que la création du régiment saharien je

voudrais celle de villages de liberté à établir sur les extrêmes frontières méridionales de l'Algérie.

Il arrive fréquemment soit dans les ksour du Touat, soit chez les Touareg que, pour des motifs divers, des captifs cherchent à s'échapper. A ces malheureux aucun asile n'est ouvert; et si, franchissant les dunes qui ferment l'Algérie au sud, ils parviennent jusque chez nos Chaamba, rien ne les garantit que moyennant argent ils ne seront pas par ceux-ci remis entre les mains de leurs premiers maîtres. Au surplus n'avons-nous pas intérêt à grouper ainsi aux avants-postes des hommes qui auraient un évident intérêt à nous rester fidèles, qui, connaissant bien le pays, seraient à notre disposition comme guides toutes les fois que nous aurions une expédition à organiser et enfin garderaient pour notre compte quelques points d'eau en Sahara. En ouvrant ces refuges auxquels il faudrait donner au Sahara central, par tous les moyens, toute la notoriété possible, nous devrions assurer aux esclaves qui viendraient y demander notre protection quelques moutons ou une chamelle, suivant les localités, et la libre disposition d'une contrée à pâture. Par contre nous les astreindrions à un léger service militaire, notamment au service de guides en cas d'expédition. En outre nous serions par les arrivages constants des fugitifs tenus au courant de tout ce qui se passerait au Sahara. Qu'il me suffise de dire comme dernière considération à l'appui de ce projet que si l'on avait eu sous la main de ces guides esclaves il est vraisemblable que Flatters n'aurait pas eu besoin de se livrer pieds et poings liés à la discrétion des guides Hoggar; que ses compagnons et lui n'auraient pas eu à subir cette torture de la soif qui les a conduits débandés et désarmés jusqu'au puits de Gharama où était préparé le sinistre guet-apens.

Quelques-uns vont s'écrier qu'il n'arrivera pas un seul esclave. Je réponds à ceci que fréquemment les négriers du Sahara ne leur font traverser le désert qu'enchaînés, précaution qui marque combien ils les savent disposés à fuir. Natchtigal nous rapporte le fait de la fuite d'une jeune femme accomplie chez les Ouled Sliman malgré une surveillance de tous les instants et les périls d'une marche au désert. D'ailleurs actuellement les fuites sont beaucoup moins nombreuses qu'elles le seraient si des refuges étaient ouverts, car presque toujours la fuite aboutit soit à la mort dans le désert soit à un nouvel esclavage. Quand on saura dans le monde des captifs qu'à tout esclave qui vient demander sa protection la France assure la liberté et les moyens d'existence, ce que je sais du Sahara me permet d'affirmer qu'il viendra un supplément respectable à nos forces militaires. J'ajoute qu'au Sénégal où l'institution des villages de liberté avait été tentée au milieu des mêmes critiques sceptiques, elle a donné des résultats merveilleux : en moins de trois ans la seule bourgade de Kayes s'est accrue de 4,000 habitants. Au surplus, le pis qui puisse arriver c'est que le nombre des esclaves réfugiés soit très faible ou même nul ; en tout cas on ne risque, on ne compromet rien à tenter l'entreprise.

J'ai dit qu'un régiment de Sahariens devrait être créé ; j'ajoute que pour tenir garnison dans quelques postes il faudrait des troupes d'autre origine. C'est ainsi qu'on pourrait détacher de nos quatre régiments de tirailleurs quelques compagnies composées plus particulièrement de Kabyles en raison des conditions plus grandes de fidélité et de dévouement que ceux-ci offriraient contre les nomades arabes. Ces troupes relativement sédentaires garderaient les régions sédentaires et encadreraient dans une sorte de milice du territoire les ksouriens du Touat. Ainsi un millier d'hommes constituerait le régiment saharien monté en mehari, campant sous la tente et tout indiqué pour les « harca » et les expéditions d'avant-garde. Quelques compagnies détachées de nos tirailleurs algériens garderaient celles de nos oasis où nous jugerions utile d'établir des postes militaires. La présence de ces stations permanentes rendrait probablement quelque courage et quelque ressort à notre clientèle ksourienne. Si l'on ajoute à ces effectifs quelques compagnies d'armes spéciales, deux ou trois batteries de campagne, on obtiendra un chiffre d'hommes qui ne dépassera pas sensiblement 2,000 et qui sera cependant très suffisant pour garder le Sahara jusqu'à Timissao.

Que sur les troupes sénégalaises un millier d'hommes soient d'autre part prélevés pour occuper deux ou trois points de l'Adrar situés à proximité de la ligne future et j'estime qu'on aura un contingent suffisant de forces militaires pour occuper jusqu'au Niger.

Il est vrai qu'à ces forces se joindra le personnel militaire des gares : j'estime en effet complètement impossible sur toute la région entre le Touat et le Niger de confier la garde de la voie et des gares à un personnel recruté dans les conditions ordinaires, c'est-à-dire à un personnel de fonctionnaires et d'agents français. Habitués à la vie européenne, les malheureux qu'on enverrait dans de pareilles gares se sentiraient pris d'un invincible dégoût pour l'existence perdue qu'on exigerait d'eux. On ne tarderait pas avoir affaire à un personnel mécontent, de gens aigris dont l'esprit se frapperait au moindre incident de la vie quotidienne, qui se forgeraient de vaines terreurs, de subites alarmes et constitueraient pour la tranquillité politique du pays où ils se trouveraient non une sauvegarde mais un danger. A l'état isolé l'Européen ne vit pas dans le désert ; pour s'y plaire il faut être Arabe et comme on ne pourrait confier à ceux-ci s'ils n'étaient sérieusement surveillés la garde d'une gare, force sera d'organiser pour ce service un personnel spécial. Il sera nécessaire à mon avis d'avoir dans chaque gare deux escouades de dix hommes, tous anciens soldats indigènes, dont la moitié devrait chaque jour, ainsi que cela se passe entre les postes de gendarmerie, effectuer une correspondance, tandis que l'autre moitié garderait la gare. Si l'on suppose une gare par 25 kilomètres, en moyenne, les 1,000 kilomètres compris entre le Touat et le Niger exigeraient 44 gares, soit un personnel de 440 hommes que nous porterions à 600 en raison de la nécessité d'augmenter la garnison dans certaines gares d'où partirait un secours immédiat pour celles qui seraient menacées. D'ailleurs, dans les gares privées de transit, le sous-officier commandant le détachement de dix hommes remplirait les fonctions de chef de gare. Dans le parcours du Touat, le personnel pourrait être, suivant les nécessités du service, européen ou indigène. Là, l'Européen trouverait en effet l'homme pacifique, l'eau abondante et l'arbre. L'isolement et ses dangers moraux ne seraient plus à craindre surtout si l'on avait le soin de ne jamais placer un Européen seul dans une gare, mais au contraire de lui réserver au moins deux compagnons.

Je me résume : Mille hommes pris sur les troupes sénégalaises ou recrutés dans le Haut-Niger, avec cadres français, chargés d'occuper la région voisine du Niger et de l'Adrar. Mille hommes constituant un régiment saharien établi en deux ou trois smala à l'est et plus tard au sud du Touat. Six cents hommes de garnison fixe dans le Touat prélevés sur l'effectif actuel des tirailleurs algériens. Six cents hommes constituant le personnel militaire des gares entre le Touat et le Niger. Enfin huit cents hommes de troupes spéciales (artillerie, génie, soldats d'administration). Au total quatre mille hommes de troupes régulières garderaient le pays. A côté d'eux et concourant à la défense, seraient : 1° les ksouriens, organisés en milice, exercés au maniement du fusil, et destinés surtout à assurer un service de poste vigie dans toute l'étendue du Touat et dans un cordon de stations immédiatement voisines ; — 2° un service de guides constitués par les esclaves réfugiés dans les villages de liberté. Ces villages pourraient eux-mêmes être placés de telle sorte qu'ils gardent certaines positions et certains buts stratégiquement importants. Enfin le personnel de Khiala et de Mokhazni de l'administration proprement dite. En sus de leur service normal ces Khiala devraient en outre être chargés de procurer aux ksouriens ou à un certain nombre d'entre eux, choisis parmi les plus aptes, un commencement d'instruction militaire.

Je ne puis finir ce paragraphe sans faire part de quelques réflexions que me suggère, sur la valeur stratégique de différents points en Sahara, la connaissance géographique que j'ai de cette région. Les points qui me paraissent au point de vue stratégique de toute première importance, sont ceux d'Igueli et de l'Adrar Ahenet.

Igueli est, comme le lecteur l'a vu, la clef qui ouvre aux gens du Touat les chemins du nord, et aux gens du Maroc le chemin du Touat. L'Ahenet mérite une brève description que nous ferons d'après le si intéressant travail de M. le capitaine Bissuel.

Deux plateaux rectangulaires se creusant quelque peu vers une ligne médiane et placés à une altitude que nous ne connaissons pas, mais que nous sommes en mesure d'affirmer être au moins égale à 1,000 mètres, se dressent à peine séparés l'un de l'autre par quelques kilomètres. Orientés du nord au sud, dans le sens de leur plus grande longueur, ils mesurent l'un, à peu près, 80 kilomètres, l'autre 50 à 60, sur une largeur notablement moindre et qui vraisemblablement ne dépasse pas 30 à 40 kilomètres. Placés l'un au-dessus de l'autre pour le lecteur qui les examine sur la carte, ils ne sont séparés que par la coupure de quelques kilomètres dont nous venons de parler et suivant laquelle passe précisément le 24ᵉ parallèle. De l'angle intérieur sud-est de chacun de ces deux plateaux rectangulaires et les traversant ainsi en diagonale, descend un oued ; l'oued Massin pour le rectangle nord, l'oued Tegoulgoulet pour le rectangle sud. Ayant une direction générale sud-est à nord-ouest, ces deux oued aboutissent à un même talweg qui se dirige du sud au nord suivant sensiblement le premier méridien.

Grâce à leur altitude élevée, ces deux plateaux sont relativement arrosés ; aussi contiennent-ils non seulement des pâturages abondants et des puits nombreux, mais même, l'un d'eux du moins, des eaux courantes. En effet, l'oued Massin coule à ciel ouvert pendant quelque temps à partir de sa source. Pour pénétrer sur ces plateaux le seul chemin réellement praticable est la gorge de l'oued qui les traverse, c'est-à-dire de l'oued Massin ou de l'oued Tegoulgoulet. A la vérité sur le versant sud-est du plateau Tegoulgoulet existe un sentier, mais qui n'est pratiqué que par les bergers en raison de sa verticalité excessive.

Telle est du moins la description que d'après les Taïtok nous en fait le capitaine Bissuel. Si elle est à peu près exacte, elle marque la force défensive et l'importance stratégique de ces deux plateaux. Ce qui indirectement vient à l'appui des déclarations des Taïtok, c'est que la tribu de ceux-ci y a des campements permanents où elle tient en réserve, avec ses principales ressources, ses femmes et ses enfants.

Il est certain que l'occupation des gorges de l'oued Massin et de l'oued Tegoulgoulet s'imposerait dès qu'on dépasserait le Touat; c'est d'ailleurs au pied même de l'une et l'autre de ces gorges que passerait la voie ferrée allant à Timissao; du moins suivant le tracé qui nous paraît le meilleur. La garnison à établir sur le plateau sud du Tegoulgoulet devrait être même supérieure à celle qui serait nécessaire pour garder l'Adrar Ahenet lui-même, car de ce point on commanderait aisément la région sud jusqu'à Timissao, c'est-à-dire celle qui, par l'oued In Amedjel et l'oued Timanrasset, constituerait un dangereux chemin d'accès aux gens du Hoggar sur la voie ferrée.

Les pâturages des deux plateaux du Tegoulgoulet et du Massin et l'abondance des sources y rendraient vraisemblablement facile l'établissement d'une smala permanente de tirailleurs sahariens, en même temps que l'installation des services militaires destinés à assurer l'administration et le ravitaillement des postes échelonnés depuis le bas Touat jusqu'à l'Adrar des Aouelimmiden.

Deux autres postes devraient être pourvus d'une garnison permanente : ce serait d'abord celui d'Akabli, ce serait ensuite soit le Dahar El Amar, au point de Tin Tenaï placé quelque peu au-dessus du Dahar El Amar. Le premier de ces postes protégerait contre une incursion possible du sud-est par la vallée de l'oued Botha; placé au centre d'une oasis importante, il pourrait d'ailleurs être confié à une compagnie sédentaire appuyée d'une trentaine de cavaliers. Ce serait ensuite celui de Tebelbelt, oasis placée à l'ouest du blad Kerzas sur le chemin de l'oued Drâa d'où l'on pourrait utilement surveiller les Aït Atta et les Ouled Moulat. Quant à l'importance d'In Salah au point de vue stratégique, je la crois très médiocre, comme elle l'est d'ailleurs tant au point de vue de la population qui l'habite qu'au point de vue du nombre de ses dattiers. Son commerce, fait surtout de la traite des noirs, serait absolument ruiné par la ligne transsaharienne, et il n'est pas douteux que ses commerçants cosmopolites impuissants dès lors à se livrer au commerce des esclaves, quitteraient l'oasis pour d'autre pays où la traite serait encore praticable. Toutefois, In Salah mériterait encore d'être occupé comme centre d'approvisionnement des Touareg-Hoggar de la région de Khenguet El Hadid.

III

BUDGET CIVIL ET MILITAIRE DU TOUAT ET DU SAHARA

Entretien et équipement des troupes; Achat de chameaux; construction des smala, redoutes, hôpitaux. — Administration civile; Son personnel et ses dépenses; De diverses mesures administratives à prendre dès le début et de leur influence sur le budget.

Le lecteur excusera la présomption dont je fais preuve en m'occupant, malgré mon ignorance des choses militaires, d'établir un plan d'évaluation et de distribution des forces d'occupation entre le Soudan et l'Algérie. A titre d'excuse, je ferai valoir d'abord que dans des régions pareilles où la vie est soumise à des conditions fatales, où tel point commande un rayon de 100 kilomètres, la stratégie cesse d'être une science pour devenir une question de bon sens. C'est ensuite qu'il importe de provoquer la discussion sur ce point, afin que toutes les opinions se puissent faire jour. Je ne vais pas paraître moins présomptueux au lecteur dans ce nouveau chapitre, du moins dans la partie de ce budget qui touche à l'organisation militaire. Je m'en excuse à l'avance et je poursuis[1]:

§ 1. — *Dépenses.*

Elles seraient de deux sortes, celles constituées par l'entretien des troupes; celles engagées pour la construction des redoutes, fortins et camps. Les premières se chiffre-

---

1. Je crois devoir ajouter qu'avant d'avancer une opinion j'ai pris l'avis d'hommes compétents et spéciaux. Mais j'ai pu mal les comprendre. Je

raient à mon avis par 400 francs par simple soldat et par an pour les tirailleurs algériens, soit 100 francs par an pour la prime et 300 francs pour l'habillement et la nourriture. J'ai dit que l'habillement devrait être extrêmement simple, composé à peine de quelques gandoura, de deux haïck, de deux turbans, d'une corde en poils de chameau et d'un genre de chaussures dont le type serait à étudier. Qu'on ne sacrifie pas à la fantaisie, comme on l'a fait pour les spahis non sans un réel préjudice pour la force de résistance de ce régiment à la fatigue. Quant à la nourriture, elle devrait consister d'une façon normale, en couscous de céréales diverses ou de riz et en viande séchée; le tout pourrait être acheté à bas prix dans le Tell Algérien pour les céréales, sur les hauts plateaux pour la viande et plus économiquement encore sur le Niger lorsque la voie ferrée y arrivera. Mille hommes à 400 francs l'un, soit 400,000 francs.

Les chameaux devraient autant que possible être des chameaux de course; mais l'approvisionnement de cette espèce sera impossible au début et il est très probable que le Gouvernement sera obligé de constituer un haras de ces animaux. Dans tous les cas les chameaux devront être choisis parmi l'espèce du sud, celle pour qui toutes les herbes sahariennes sont bonnes. Ceux qui savent ce qu'est le désert apprécieront toute l'importance d'une pareille recommandation. En estimant à 250 francs le prix de chaque chameau, on aurait pour la première année une dépense de 250,000 francs.

Il conviendrait d'ajouter pour l'achat des tentes, effets de campement et de sellerie une somme de 50,000 francs pour les mille sahariens, soit au total 300,000 francs pour la première année. Dès la deuxième année cette somme se réduirait des deux tiers, car il ne s'agirait plus que d'entretenir l'effectif des chameaux au complet et le matériel de campement en bon état, et très certainement une somme de 100,000 francs par an serait largement suffisante.

m'excuse donc à l'avance, heureux si, pour relever les erreurs que j'ai pu commettre, les hommes entendus entament une discussion d'où jaillira la vérité.

Pour la solde des Officiers : 1 Colonel, 3 Chefs de Bataillon, 9 Capitaines, 9 Lieutenants, 9 Sous-Lieutenants, Médecins et Payeur, recevant tous une solde majorée : 140,000 francs. Solde des Sous-Officiers également très majorée : 52,000 francs ; Caporaux et Soldats, ceux-ci à raison de 0 fr. 50 par jour : 200,000 francs ; au total, 392,000 francs, soit 400,000 francs.

Ainsi le régiment coûterait par an :

Prime et entretien	400,000 »
Entretien du matériel et du campement.	100,000 »
Solde et prêt	400,000 »
Total.	900,000 »

auxquels il conviendrait d'ajouter pour la première année 200,000 francs en raison de l'achat des chameaux et du matériel de campement.

Si l'on ajoute aux 900,000 francs annuels une somme de 100,000 francs pour augmentation de solde aux officiers et soldats détachés des tirailleurs algériens, et une somme de 200,000 francs pour pareil objet en faveur des tirailleurs sénégalais envoyés dans l'Adrar, on obtient un chiffre de 1,200,000 francs. Ajoutons encore 300,000 francs en nombre rond pour augmentation de solde des troupes spéciales, solde des instructeurs de la milice ksourienne, équipement et entretien des guides libérés, on trouve de ce chef un total de 1,500,000 francs comme dépenses annuelles des forces du Sahara au chapitre du personnel et de l'équipement.

Les autres dépenses seront constituées par l'entretien des redoutes et forts et par les transports militaires annuels : 300,000 francs, soit au total, 1,800,000 fr. par an au maximum.

Comme première mise de fonds il y aura à prévoir, ainsi que nous l'avons déjà fait remarquer, l'achat des chameaux et du matériel de campement, soit 300,000 francs, compensés jusqu'à concurrence de 100,000 francs par l'absence, pendant la première année, de frais d'entretien d'un matériel neuf et du renouvellement du contingent de chameaux soit 200,000 francs. Élevant en outre à deux millions le chiffre des travaux de construction : smala, redoutes, hôpitaux, on obtient un total de

2,200,000 francs pour la première année. Il est à prévoir en outre qu'au cours des années suivantes, de nouvelles constructions de fortins s'imposeront, en sorte qu'au cours des cinq premières années on pourrait prévoir un million par an pour travaux neufs, après quoi les dépenses militaires tomberaient à un chiffre normal de 1,800,000 francs par an. Nous rechercherons plus tard comment ces dépenses pourront être couvertes.

Quant à l'administration nous n'avons qu'une seule observation préalable à faire. C'est que le personnel supérieur en devra être extrêmement peu nombreux. Accroître le nombre des administrateurs, c'est diminuer rapidement les chances d'un bon recrutement. Une autre considération doit être mise en relief; c'est la nécessité de répartir entre deux services bien distincts l'administration proprement dite et la comptabilité. C'est alléger singulièrement la charge d'un administrateur politique que de le dégager des préoccupations relatives au maniement des fonds et à l'examen des pièces comptables.

Par contre, il faudrait être moins ménager de personnel inférieur. Un service télégraphique et mieux téléphonique devrait être organisé dès la première heure et relier au siège de l'administration tous les postes du pays; dès la première heure également devrait être mise en mouvement une équipe de géomètres et d'arpenteurs afin de relever un plan parcellaire du Touat et de permettre aux propriétaires de dattiers la délivrance d'un titre officiel constatant leurs droits. Du même coup s'opérerait le recensement des biens habous et de zaouïa qu'on pourrait être amené, suivant les circonstances, c'est-à-dire suivant l'attitude hostile ou correcte des Chorfa, à conserver tels quels ou à séquestrer. Également, dès la première heure, devrait être créée une pépinière de dattiers de choix et des autres plantes susceptibles d'acclimatement ainsi qu'une école où l'on recueillerait les premiers enfants et où se formeraient les moniteurs ou maîtres indigènes pour les écoles futures. Enfin il faudrait prévoir la répartition entre les divers postes d'au moins 60 khiala, moyennement payés à raison de 700 francs, soit 42,000 francs. J'estime que ces dépenses s'élèveraient ensemble et par an à 300,000 francs. Il faudrait ajouter vraisemblablement pareille somme comme mise de fonds pour la construction des locaux du personnel administratif.

Mais il est évident que ceci ne constituerait que les dépenses du début, car le jour où la ligne ferrée se prolongeant jusqu'au Niger, l'Adrar des Aouelimmiden et l'Azaouad seraient soumis à une administration régulière, les dépenses d'administration s'élèveraient certainement à 500,000 francs, tandis que deviendrait nécessaire la construction de nouveaux locaux.

En résumé :

Une première dépense répartie en 5 années pour les services militaires..................	7,200,000 fr. »
Pour les services civils, moins le réseau télégraphique...............................	600,000 »
Réseau télégraphique....................	mémoire
Total des dépenses de premier établissement sauf mémoire.....................	7,800,000 »
Dépenses annuelles militaires.............	1,800,000 »
Dépenses annuelles administratives de 300,000 à 500,000 fr. Ci....................	500,000 »
Total des dépenses annuelles.....	2,300,000 fr. »

§ 2. — *Moyens financiers.*

Ressource de l'impôt des dattiers et des chameaux ; L'occupation du Touat permettra diverses économies dans le budget militaire de l'Algérie ; Le Touat couvrira l'intégralité de ses dépenses et amortira, par un excédent de recettes dans un délai très court, les frais de première occupation.

Il serait fait face aux dépenses de l'occupation du Touat et du Sahara : 1° par les ressources d'un impôt établi sur le pays ; 2° par les économies à réaliser du fait de la plus grande sécurité dont jouirait l'Algérie dans les dépenses militaires de cette colonie.

Quel serait l'impôt que le Touat pourrait payer ? Je n'ai pas besoin de dire qu'il importerait à la sécurité du pays et au bon renom de la France que cet impôt fut très modéré. Il devrait être à notre avis de 0 fr. 25 c. par pied de palmier femelle à l'état de production et par an. Un impôt zekkat pourrait être également établi sur les chameaux ; ainsi seraient également et équitablement atteints l'élément sédentaire et l'élément nomade. Ainsi que le lecteur pourra s'en convaincre aux pièces annexes le chiffre des dattiers de l'ensemble des oasis, Tafilalet non compris, ne peut être évalué à moins de dix millions, Beni Goumi et Tebelbelt compris ; il y aurait donc de ce chef 2,500,000 francs de recette. Quant au nombre des chameaux il n'est pas susceptible d'être évalué quant à présent ; d'ailleurs la perception sur les tribus nomades n'en serait pas très assurée. Aussi sera-t-il sage de ne le prévoir que pour compenser les non-valeurs de la lezma des dattiers. Il ne paraît pas non plus qu'il faille prévoir la lezma pour les autres cultures, celles-ci se font en effet à l'ombre des dattiers et ne constituent en quelque sorte qu'un accessoire. Il y aurait toutefois une exception à faire en ce qui concerne le tabac dont l'écoulement au Soudan serait assuré quand le chemin de fer y arrivera et dont la culture serait vraisemblablement très lucrative.

Nous nous en tenons donc au chiffre de 2,500,000 francs comme revenus à prévoir des impôts du Touat, et comme nous sommes convaincus que notre évaluation du chiffre des dattiers est restée inférieure à la réalité, nos prévisions fiscales sont un minimum.

J'ignore s'il existe au Touat quelques biens qu'on pourrait assimiler à des biens Beylik (biens d'État). Peut-être les blad possèdent-ils cette nature de biens qu'en Kabylie on nomme « mechmel » ; et dans ce cas il se pourrait que l'administration soit amenée à s'en emparer. Il est possible aussi qu'à la suite de quelques tentatives de soulèvement l'administration n'applique le séquestre sur quelques biens de zaouïa ou de particuliers. Enfin les biens habous seront, suivant les cas, déclarés biens de zaouïa ou biens d'État. Il y a donc lieu de prévoir presque dès le début un domaine d'État dans le Touat. Ce domaine équivaudra-t-il à la valeur de huit millions auxquels s'élèveront dans les cinq premières années, en dehors des frais annuels, nos frais de premier établissement ? Ce n'est pas probable ; du moins compenseront-ils une partie de ces derniers. Ce qui en restera sera rapidement amorti par les 200,000 francs d'excédent de recettes du chef de l'impôt sur les dépenses annuelles[1].

D'ailleurs un autre moyen financier naîtrait des économies à réaliser sur les dépenses militaires de l'Algérie. Cette forte organisation militaire du Touat accroîtrait singulièrement la sécurité dans les provinces d'Oran et d'Alger, et rendrait désormais impossibles toutes les entreprises de ceux qui seraient tentés d'imiter Bou Amama. Il n'y aurait dès lors plus aucune nécessité d'entretenir celles des troupes algériennes qui seraient spécialement destinées à la défense de l'Algérie. Ce serait le moment de se demander s'il convient de conserver le corps des spahis dont le recrutement aristocratique, utile à une époque où l'on était tenu de compter avec les grands chefs indigènes, est un anachronisme dans l'état politique actuel de l'Algérie. On sait combien les lourds vêtements de ces hommes leur rendent particulièrement pénibles les courses en temps de pluies, le passage des rivières, etc... Il est douteux qu'on puisse les utiliser réellement dans une guerre européenne. Si nous sommes bien renseignés, les inconvénients nés de leur costume se seraient vivement manifestés au Tonkin. D'autre part leur suppression rendrait disponibles en Algérie les terrains très fertiles qui entourent leur smala. Nous n'insistons pas sur cette indication, laissant aux hommes compétents le soin de juger dans quelle mesure elle peut être accueillie.

Comme conclusion à ce chapitre nous dirons que le Touat et le Sahara ne seraient ainsi en aucune façon une charge pour la France ; qu'ils seraient conquis vraisemblablement sans perte d'hommes et, par leurs ressources propres, feraient face aux dépenses de gardes et d'administration.

1. En réalité cet excédent sera très supérieur, car dans les dépenses militaires nous avons compris l'entretien des mille tirailleurs sénégalais préposés à la garde de l'Adrar des Aouelimmiden, entretien qu'il est injuste de faire supporter au budget du Touat et qu'un impôt établi sur l'Adrar devra couvrir. Ce résultat sera d'autant plus aisé à obtenir que l'Adrar est un pays riche.

CHAPITRE V

LE TRANSSAHARIEN PAR IGUELI

I

CHEMIN DE FER. — CONDITIONS DU TRACÉ ET DU PRIX DE REVIENT. — TARIFS. — PRÉVISIONS DE TRANSPORT

Ancien projet Pouyanne ; Variante proposée ; Autre projet par Aïn Sefra sur Djenien Bouresq ; De Djenien Bouresq à Foùm el Kheneg. — Prévisions du coût de la construction jusqu'à Tin Tenaï ; Partie de la ligne dont la construction serait subordonnée à la colonisation du Soudan ; Comparaison sommaire avec la ligne projetée par l'Igharghar.

Le tracé proposé en 1880 par M. l'ingénieur Pouyanne n'empruntait pas la ligne actuellement créée de Saïda à Aïn Sefra, mais bien celle de Raz El Mâ à Mécheria. De Mécheria la ligne se confondait avec celle actuellement créée jusqu'à Bin Touaref à 14 kilomètres au sud de Naama, puis de là se dirigeait sur Moghrar et El Outed. La ligne de Raz El Mâ à Mécheria offrait une réelle économie de distance : en effet, d'Oran à Mécheria par Raz El Mâ la distance à franchir n'était que de 314 kilomètres, d'ailleurs dans d'excellentes conditions de rampe ; il est assurément regrettable que des considérations d'urgence extrême aient, au cours de l'insurrection de Bou Amama, fait préférer le prolongement de la ligne qui arrivait déjà jusqu'à Khral Falla. Quoi qu'il en soit, on peut dès maintenant prévoir pour la ligne transsaharienne, sous réserve de construire les 136 kilomètres qui séparent, en Hauts Plateaux, Raz El Mâ de Mécheria, une réduction possible de 38 kilomètres. En outre la ligne de Raz El Mâ aboutit du Tell aux Hauts Plateaux par une pente plus modérée que par la ligne de Saïda.

Sans insister autrement sur cette faculté qui nous permettra, au cas très certain où le transit en vaudrait la peine, d'obtenir une notable économie de distance au prix de 136 kilomètres de rails à construire, nous constatons qu'au départ de Mécheria l'avant-projet de M. Pouyanne emprunte la ligne actuellement exploitée jusqu'à Bin Touaref, à 47 kilomètres au sud de Naama, c'est-à-dire sur un parcours de 14 kilomètres. A partir de ce point, le projet de M. Pouyanne descendait, non sur Aïn Sefra, mais sur Moghrar Thatani, par les stations d'Aïn Tesselagh et de Smim ; la distance franchie entre ces deux points était de 84 kilomètres, mais d'une part M. Pouyanne indique lui-même qu'en remontant le ravin d'Aïn Tesselagh et en traversant la delaa dans la vallée de Kouabi, on obtiendrait un raccourcissement notable. A la vérité, il ajoute : « La bonté de cette variante dépend d'un élément que je n'ai pu obtenir, c'est la hauteur du point de franchissement. » Comme la question reste dans le même état de doute, je ne cite que pour mémoire cette éventualité d'un léger raccourcissement. M. Pouyanne descend ensuite sur Moghrar Thatani, de là, par El Outed et Oglat El Hadj Mohamed, il gagnait Kheneg Zoubia. Ce tracé un peu long contournait le djebel Zarif à travers une hammada stérile. Le tracé par la plaine de Faïdja eut été un peu plus court et se fut poursuivi à travers un pays renommé pour ses pâturages, mais on se rapprochait trop de Figuig, et par des considérations politiques M. Pouyanne ne crut pas pouvoir le proposer. Aujourd'hui la question ne se pose même plus : la plaine de Faïdja, au point dit Djenian Bourresk, est occupée par une garnison française et il importera d'autant plus de passer par cette plaine qu'en outre des avantages qu'il présente en lui-même le tracé desservira directement notre garnison. Il est donc naturel que nous abandonnions ici le tracé de M. Pouyanne ; nous le ferons à 14 kilomètres environ au nord de Moghrar Thatani pour rejoindre Moghrar Foukani par un point appelé Es-Saa, situé à l'altitude de 975 mètres, c'est-à-dire plus haut de 15 à 20 mètres que le point où nous quitterions la vallée de l'oued Salam ; ces vingt mètres de dénivellation se répartisseul sur une longueur de 14 kilomètres, ce qui équivaut à une pente extrêmement faible. Du col d'Es Saa on descendrait dans la vallée de l'oued Moghrar supérieur et, contournant par l'ouest le ksar de Moghrar Foukani, on remonterait dans la plaine de Faïdja sur une altitude de 1,067 mètres, à Oglat Foukani. La distance parcourue depuis Es-Saa, en tenant compte des courbes que les pentes imposeraient à la voie ferrée, serait d'environ 18 kilomètres. D'Oglat Foukani par la plaine qui a toute l'apparence d'un plateau, on arriverait à Djenian Bourresk après 17 kilomètres. Ce poste militaire serait donc à 117 kilomètres de Bin Touaref, ainsi répartis : de Bin Touaref à l'oued Salam supérieur, 68 kilomètres (tracé de M. Pouyanne jusqu'à 16 kilomètres avant Moghrar Thatani) ; de l'oued Salam au col d'Es-Saa, 14 kilomètres ; du col d'Es-Saa à Oglat Foukani, 18 kilomètres ; d'Oglat Foukani à Djenian Bourresk, 17 kilomètres.

Le lecteur a remarqué que dans ce tracé nous abandonnons la ligne de Saïda à Aïn Sefra au point de Bin Touaref ; il nous est loisible de faire autrement et dans ce cas, arrivant jusqu'à Aïn Sefra, de gagner sur la route précédente le point de l'oued Salam supérieur. En ce cas la distance à partir de Bin Touaref serait de 55 kilomètres jusqu'à Aïn Sefra, 35 kilomètres environ d'Aïn Sefra, à l'oued Selam supérieur, et, à partir de ce point comme précédemment, soit 49 kilomètres, au total, depuis Bin Touaref, 139 kilomètres. Le tracé de M. Pouyanne réaliserait donc une économie de 22 kilomètres et peut-être davantage si le raccourci indiqué au sud d'Aïn Tesselagh est reconnu préférable ; mais il renoncerait à utiliser les 55 kilomètres déjà construits qui de Bin Touaref mènent à Aïn Sefra ; il y aurait donc en partant de Naama 117 kilomètres de trajet total à construire jusqu'à Djenian Bourresk. Par Aïn Sefra il n'en resterait que 84 à construire. Je n'hésiterai pas quant à moi à préférer la construction de 33 kilomètres supplémentaires, en terrain d'ailleurs très facile, dans le but d'économiser à tous les trains de l'avenir 22 kilomètres de parcours.

Admettant cette solution nous fixons donc à 516 kilomètres

au lieu de 538 la distance de la mer à Djenian Bourresk, dont 399 déjà construits et 117 à construire. De Djennian-Bourresk, à Kheneg Zoubia la distance est de 35 kilomètres qui se poursuivent toujours dans la plaine de Faïdja c'est-à-dire dans une région pourvue d'eau, sensiblement plate et sans accidents de terrain autres que quelques petits ravins. Kheneg Zoubia se trouverait donc exactement à 551 kilomètres et c'est là que nous retrouvons l'avant-projet de M. Pouyanne que nous suivons sans variation jusqu'à Foum El Kheneg, c'est-à-dire sur un parcours de 458 kilomètres qui, joints aux 551 kilomètres précédents, portent la distance de Foum El Kheneg à la mer à 1,009 kilomètres.

Je laisserai à M. Pouyanne le soin de renseigner le lecteur sur les conditions et les prix d'exécution de la voie jusqu'à Foum El Kheneg. J'ajoute que M. Pouyanne applique ce qui suit à la voie jusqu'à Taourirt. Bien qu'à partir de Foum El Kheneg nous nous écartions quelque peu de son tracé, le terrain sur lequel nous replaçons la voie ferrée étant identique sinon préférable pendant la section suivante, Foum El Kheneg à Tin Tenaï, nous nous en référerons également pour cette autre partie à l'appréciation de l'Ingénieur : « Le coût kilométrique
« de la ligne me semble possible à évaluer approximativement,
« de la même façon que j'ai employée déjà pour évaluer cet
« élément de Mécheria à El Outed, c'est-à-dire par comparaison
« avec les chiffres obtenus par MM. Baills et Clavenad pour le
« tracé des hauts plateaux. Cette comparaison, pour la section
« du Mécheria à El Outed, m'a conduit à estimer le coût du
« kilomètre à 104,700 francs, dont 72,700 francs pour la
« superstructure (matériel roulant non compris) et 32,000
« francs pour l'infrastructure.

« Pour la ligne d'El Outed à Taourirt, il faut augmenter la
« superstructure de l'excès de transport des matériaux de la
« voie, ce qui ne va pas tout à fait à 2,000 francs par kilomètre,
« en supposant, bien entendu, qu'on emploie la voie elle-même
« à apporter ses matériaux ; mais d'autre part l'alimentation
« d'eau est plus facile que sur les hauts plateaux. En tenant

« compte de cette importante circonstance, je pense qu'on
« peut admettre assez sûrement un chiffre de 74,000 francs
« par kilomètre pour la superstructure (matériel roulant non
« compris).

« Pour l'infrastructure, il y a cinq ponts un peu notables à
« prévoir sur la rivière ; mais, outre que ces ponts ne seraient
« pas des ouvrages très considérables, leur coût serait réparti
« sur 800 kilomètres. Il faudrait aussi compter des indemnités
« à donner pour occupation de terrains cultivés, ce qui par
« parenthèse serait un moyen infaillible de se rendre très
« favorables les marabouts locaux, tous gros propriétaires.
« D'autre part, il n'y aurait à prévoir que les terrassements
« les plus faibles que puisse comporter une voie ferrée, car le
« terrain d'assiette serait plat et il n'y aurait presque nulle
« part à se préoccuper de l'écoulement des eaux. Enfin on
« aurait partout de la main-d'œuvre à bon marché, une fois
« l'installation acceptée, car la population des oasis regorge
« de gens misérables qui viennent souvent jusque dans le Tell
« passer quelques années pour ramasser quelque argent, et ne
« demanderaient pas mieux que d'en gagner sur place. Tout
« bien pesé, les causes d'augmentation et celles de diminution
« me paraissent devoir se compenser à peu près, et je pense
« pouvoir adopter le chiffre de 32,000 francs susénoncé.

« Je suis donc conduit à estimer le coût kilométrique de la
« ligne d'El Outed à Taourirt à 106,000 francs.

« Mais il convient d'ajouter qu'il y aurait lieu, le long de
« cette ligne, de prendre, en des points convenablement
« choisis, quelques précautions d'ordre militaire, c'est-à-dire
« de fortifier certains points pour parer aux surprises. Avec
« les indigènes, toutefois, des fortifications n'ont pas besoin
« d'être considérables pour être très efficaces, ainsi que l'ex-
« périence l'a prouvé amplement en Algérie. Je ne me trouve
« pas compétent pour évaluer avec exactitude ce genre de
« dépense ; mais il me semble qu'une somme de 10,000 francs
« par kilomètre y pourvoirait plus que largement ; le prix

« total kilométrique ressortirait alors à 116,000 francs, toutes
« précautions militaires prises. »

Mais je ferai observer au lecteur que M. Pouyanne prévoit
une voie large. Or, la ligne de la Franco-Algérienne est à voie
étroite. Étant donné que celle-ci a construit à moins de
80,000 francs le kilomètre pour une région que M. Pouyanne
assimile, quant au prix de revient de la ligne, à la région qui
nous occupe, c'est ce même prix que nous devons admettre.

Rappelons qu'à partir de Bin Touaref nous avons 117 kilomètres à construire jusqu'à Djenian Bourresk, plus 35 de Djenian Bourresk, à Kheneg Zoubia, plus 458 kilomètres de Kheneg Zoubia à Foum El Kheneg. total 610 kilomètres à 80,000 francs l'un, soit 48,800,000 francs, en nombre rond 49,000,000.

Nous arrivons maintenant à la deuxième grande partie de la ligne, celle que nous ne ferons que si les explorations prochaines du Soudan nous rassurent d'une façon complète sur l'importance du trafic éventuel. Il est évident que les renseignements que l'on possède sur ces régions ne permettent pas d'apporter une précision aussi grande dans l'évaluation du coût kilométrique pour cette partie ; aussi, avant toute indication sur ce sujet, vais-je raviver dans l'esprit du lecteur les renseignements que l'on possède déjà, étape par étape, à partir de Tin Tenaï.

Pour aboutir à Dahar El Amar on descend la hammada ; tous les renseignements concordent à cet égard. A partir de Dahar El Amar, du puits de Tin Tenaï, nous avons les renseignements si précis d'Aomar ben Ahmed (documents n° 14) contrôlés par Mohamed ben Mohamed (documents n° 9) et El Hadj Moussa (documents n° 16). Long tertre séparant deux sebka, le Dahar El Amar aboutit au sud de la région mamelonnée de Meurath que nous traverserons non à bord occidental comme l'a fait Aomar, mais sur son oriental pour rejoindre le puits d'In Relaï ou In Arlal, à 8 mètres environ d'Aïn Cheich. Si cette distance à franch eau paraissait excessive, on pourrait la diminuer de 20 kilomètres par un insignifiant crochet sur la petite source de Mouï Guednou. Mouï Guednou et In Relal sont marqués à la 4ᵉ et 5ᵉ journée de la route de l'est décrite par Aomar. In Relal est en outre cité sous le nom d'In Arlal dans l'itinéraire de Tit à Akabli fourni par les Taïtok au capitaine Bissuel. D'In Relal à Tadremt, puis Tadjerdja, Segati, Tamada, Koussab, Anefodjen, se poursuivent dans la longue vallée de l'oued Amdja. L'itinéraire très détaillé fourni par les Taïtok permet de suivre pas à pas le tracé, et, sur la foi de leurs renseignements, d'attester l'absence de tout obstacle. Chacune des étapes cidessus indiquées constitue une aiguade excellente, tant pour la qualité que pour la quantité de l'eau. D'Anefodjen la route se poursuit jusqu'à Hassi Taradjar, étape forte sans eau, 94 kilomètres. La route continue sans obstacle; à signaler simplement une petite chebka, puis au point dit Tiriganin un ravin que nous savons d'autre part être celui de l'oued Teghazert ou Tirejert. Il y aura lieu de construire là un petit ouvrage d'art, mais comme compensation, l'existence de ce ravin rend absolument vraisemblable la découverte de l'eau : étant donné l'importance de l'oued Tirejert, l'abondance des eaux qui alimentent ses sources et qui viennent tant du Hoggar que de l'Iffetesen et du Mouydir, il est bien invraisemblable qu'à 450 kilomètres seulement de sa source la plus lointaine l'oued Tirejert soit absolument privé d'eau en toute saison. Qu'on remarque que le point de Tiriganin sur l'oued Tirejert est notablement moins éloigné de la source de la rivière que ne l'est celui de Timassinin par rapport à la source de l'Igharghar. Il suffira qu'à l'époque des pluies une nappe souterraine existe dans l'oued et soit mise à jour par un forage pour qu'une réserve d'eau puisse être construite et assurer ainsi une aiguade pour toute l'année.

A partir d'Hassi Taradjar la route se poursuit à travers un reg que coupe l'oued Timanrasset venu lui aussi des flancs du Hoggar. Les mêmes raisons qui nous font fermement espérer l'existence de l'eau dans l'oued Tirejert précédemment coupé au point de Tiriganin, nous font croire à l'existence de l'eau dans l'oued Timanrasset, d'autant plus que cet oued s'approvisionne dans une partie du Hoggar beaucoup plus rapprochée des pluies tropicales que le Mouydir qui alimente le Tirejert. D'ailleurs la ligne ferrée elle-même entre dès maintenant dans une zône de pluies régulières qui, pour n'être encore que très peu abondantes, n'en assureraient pas moins l'approvisionnement des citernes nécessaires. Nous n'avons donc plus à nous préoccuper de l'eau, d'autant plus que nous continuerons à couper divers oued venus de l'Adrar des Aouelimmiden dont nous apercevons, droit devant nous au sud, les premières cimes. C'est ainsi que nous arrivons à Timiaouïn.

A partir de Timiaouïn nous avons un itinéraire très détaillé de M. Deporter[1], contrôlé jusqu'à An ou Mellen par un autre itinéraire du capitaine Bissuel. Décidément entré dans la zône des pluies régulières nous n'avons plus à nous préoccuper de l'eau ; d'ailleurs nous ne tardons pas à rencontrer des oued à eau superficielle constante, tel que l'oued Ourtadja. La route se poursuit en terrain de reg dur tantôt en plaine, tantôt le long de larges vallées : il y a simplement lieu de prévoir quelques contournements de montagnes tels que celui du djebel Ibdekan. M. Deporter estime la distance à parcourir, en tenant compte des sinuosités assez nombreuses de la route, depuis Timiaouïn jusqu'au confluent de l'oued In Fatima avec l'oued Irarrar, à 370 kilomètres. De ce point à Tossaye la route coupe la vallée maîtresse de l'Irarrar ouan Tidjeresrest. Nous cessons d'être fixé sur l'exacte nature du sol et les obstacles qui se peuvent rencontrer. Toutefois, le peu de renseignements que nous avons sur ce pays nous le représente comme plat et abondamment pourvu de fourrage. Il est à craindre cependant que les marécages y soient fréquents et qu'il y ait de nombreux oued à franchir, ce qui augmenterait le nombre des ouvrages d'art. En ligne directe de l'Irarrar à Tossaye la route mesurerait 306 kilomètres ; il serait extrêmement important d'obtenir des renseignements nouveaux sur cette partie de la route. De

---

1. L'ouvrage de M. Deporter est trop récent pour que nous ayons cru pouvoir en reproduire de longs extraits.

même en faudrait-il rechercher sur la région située à l'est, car il reste espérance raisonnable qu'il y ait en ligne directe, à partir d'Hassi Taradjar sur Tossaye, un pays suffisamment plat pour qu'on puisse mener la ligne future d'Hassi-Taradjar par In Ouzel, In Azal, et Es Souk sur Tossaye. En ce cas, la ligne aurait une longueur directe de 710 kilomètres, ce qui procurerait une économie très notable de parcours.

Que le lecteur veuille bien maintenant relire pour renouveler ses souvenirs ce qu'avec Flatters nous avons dû dire de l'itinéraire de l'Igharghar, des 245 kilomètres sans eau du Gassi Mokhanza, de la distance presque aussi grande qui sépare, en pays d'aridité, Timassinin d'Amguid; qu'il se rappelle le vide absolu de ressources, le parcours désertique de cette ligne depuis Ouargla *usque ad infinitum*, les dunes qu'il faut traverser, les montagnes élevées qu'il faut franchir puis redescendre et qu'il la compare avec notre itinéraire, d'un tiers plus court, qui dessert sur la route jusqu'à la pointe du Touat un million d'hommes, approvisionnera ses wagons du produit de plus de quatorze millions de dattiers, n'aura pas une seule dune, si faible soit-elle, à franchir et n'aura jamais plus de cents kilomètres à franchir sans aiguade. Tout compte fait nous pouvons affirmer dès ce moment qu'il n'est pas espérable de rencontrer où que ce soit des conditions de terrain aussi aisées, une pareille absence de tout obstacle et un tel approvisionnement en eau; sur aucun point du globe on n'a eu jusqu'à présent à construire de voie ferrée dans des conditions meilleures.

Et, maintenant, que coûterait le tracé à partir de Tin Tenaï? Tout ce que l'on peut dire c'est que la route restant facile le prix restera modéré. Il y aurait présomption quant à présent à en dire davantage.

II

VALEUR ÉCONOMIQUE DE LA VOIE PAR IGUELI

Abordons maintenant la partie assurément la plus délicate en même temps que la plus importante du problème transsaharien. Quelle serait la valeur économique de la voie projetée?

Pour répondre à la question, il faut de toute évidence évaluer d'abord le chiffre des populations desservies et même au préalable déterminer le rayon d'attraction de la voie ferrée. C'est à cette première tâche que nous allons consacrer quelques pages.

§ 1er. — *Détermination du rayon d'attraction de la ligne.*

Nous n'avons teinté sur la carte que les régions qui nous paraissent devoir entrer dans le rayonnement économique de la ligne d'Igueli. Nous allons pour les pays extrêmes, c'est-à-dire pour ceux qui, à l'est, au sud et à l'ouest, s'éloignent le plus de la gare terminus, indiquer d'une part pourquoi nous croyons que l'influence commerciale de la ligne les atteindrait et pourquoi nous estimons que cette influence ne saurait s'étendre au-delà. Pour les pays intermédiaires entre la gare terminus et les extrêmes régions teintées il est évident que la démonstration se trouvera faite *ipso facto et a fortiori*.

A l'est, les pays extrêmes où aboutiraient les marchandises amenées par la voie ferrée et d'où arriveraient les produits susceptibles d'être transportés par elle, sont : l'Aïr, les Kel Gheress, le Gober. Si l'on mesure la distance qui sépare le centre de l'Aïr d'Hassi Taradjar, on constate qu'elle n'est guère plus considérable que celle qui le sépare de Kouka ou du Kano. Or, il est évident que les marchandises européennes rendues par voie ferrée au point d'Hassi Taradjar pourront être livrées à meilleur marché aux acheteurs que celles parvenues à Kano ou à Kouka par la voie du bas Niger. De plus, les transports par chameaux sont extrêmement commodes par la route bien pourvue de puits et dont les Taïtok nous marquent les étapes qui mènent de Silet au Tin Tarabin et à l'Aïr; ils deviennent au contraire très difficiles lorsque quittant le désert on pénètre dans la zone des pluies tropicales, région où on est exposé à des orages d'une extrême violence et à une humidité constante qui corrompt et détériore les denrées.

Les Kel Gheress en partant de Tejidda, leur principale ville, auraient pour se rendre au coude oriental du Niger, un tiers de chemin en plus que pour se rendre à Sokoto; mais Sokoto serait lui-même, de toute la région du Soudan anglais, le centre le plus lointainement et le plus péniblement desservi par la voie du bas Niger : les marchandises y seraient donc vraisemblablement d'un prix au moins aussi élevé qu'à Tossaye. La route de Tejidda à Sokoto se compliquerait en outre de cette circonstance que les dattes, très appréciées par les nomades Kel Gheress, ne pourraient leur venir que du nord, que le sel dont le prix de transport par voie ferrée serait très réduit et qu'ils transportent aujourd'hui de Bilma à Kano et à Sokoto, serait plus avantageusement par eux acheté à la ligne transsaharienne, au lieu et place de celui de Bilma, pour être par eux transporté jusque sur le Tchad. Enfin, — et c'est une circonstance qui, à elle seule, suffit pour justifier notre opinion, — les Kel Gheress sont compris dans la zone française ; dès lors quand nous le voudrons, nous pourrons, par un ensemble de mesures de police ou de douanes, rendre tout-à-fait difficiles les relations par caravanes au-delà de notre frontière avec les pays anglais.

Le Gober est plus près de Sokoto et de Kano que les Kel Gheress : il ne ne nous paraît pas douteux cependant qu'ils ne se laisseront pas entamer par le rayonnement économique de ces deux places commerciales : en effet, une hostilité séculaire règne entre le Gober et l'Adar d'une part, les pays Haoussa de l'autre. Les Goberaoua ont toujours été la terreur du Soudan central et les Foulbes n'ont jamais pu les soumettre.

Comment admettre qu'au moment même où nous viendrons leur offrir, par la voie ferrée, des marchandises d'Europe à des prix bien inférieurs aux prix actuels, ils se laisseraient englober dans la clientèle économique du Haoussa anglais ? Ajoutons que le Gober est tout comme le pays des Kel Gheress compris dans la zône d'influence française. Riche et peuplé, le pays vaut la peine, quand la voie ferrée sera construite jusqu'à Tossaye, que nous prenions en main son administration directe et il serait vraiment bien étrange que le gouverneur français du Gober ne parvienne pas à protéger ce pays contre l'importation du bas Niger.

C'est également la même raison, c'est-à-dire l'espérance d'une action intelligente et persévérante de l'administration française, qui nous a fait comprendre le Mossi, le Tombo, le Gourma et une partie du pays de Kong dans la zône réservée au commerce français. Abandonnés à eux-mêmes ces pays hésiteraient et finalement se livreraient au commerce anglais du bas Niger. L'ouverture des routes intelligemment dirigées vers nos centres d'action commerciale, la création d'un service à vapeur partant de Tossaye et aboutissant à Kanima d'une part, par Sarayamo, à Djenné d'autre part, enfin à Sinder et à Say nous assurerait ce résultat.

Peut-être sera-t-il encore possible de ménager un canal navigable jusqu'aux approches de Dore, dans ce vaste pays qualifié de lac par Barth et qui probablement ne mérite ce nom qu'à l'époque des pluies. En ce cas le Mossi serait desservi d'une manière particulièrement aisée. Actuellement d'ailleurs le Mossi n'est sérieusement desservi par aucun point de la côte et de Ouaghadougou, son centre principal, à Tossaye, la distance se trouve de près d'un tiers moindre de celle qui le sépare des mauvais ports du Togoland allemand.

A l'ouest nous n'avons plus à redouter sérieuse concurrence étrangère si ce n'est peut-être de Sierra Leone. C'est avec le Sénégal et nos rivières du sud que la voie du nord entrerait en concurrence. On devrait ici abandonner à eux-mêmes les intérêts économiques et les laisser librement choisir soit la voie de l'Océan soit celle de la Méditerranée. Nous avons vu précédemment que la marchandise au départ de Dakar pour l'intérieur de l'Afrique est, quant au prix de transport, aussi majorée que celle que le transsaharien aurait transportée à Zaouia Bon Gabia. 263 kilomètres séparent Dakar de Saint-Louis ; pareille distance en deçà de Zaouia Bon Gabia nous mène sensiblement à El Kessabi. Si maintenant on observe qu'à partir de Saint-Louis la navigation sur le Sénégal n'est possible en tout temps que jusqu'à Matam, que durant quatre mois de l'année seulement on peut aboutir jusqu'à Kayes, non sans de réelles difficultés d'ailleurs et après un voyage de dix jours de durée par un pays très fièvreux et où les marchandises se corrompent très vite, on admettra aisément que les mille kilomètres qui séparent Kayes de Saint-Louis majorent les denrées transportées d'un prix égal à celui qu'elles subiraient du fait du transport par voie ferrée jusqu'à Tossaye.

La navigation à vapeur par la voie du Niger, très facilement navigable en toutes saisons, amènerait les denrées du nord jusqu'auprès de Bamakou, aux rapides de Sotuba et par conséquent à Yamina et à Sansanding. Au simple aspect de la carte n'est-il pas dès lors évident que les commerçants de Damfa effectueraient plus volontiers les 90 kilomètres qui les sépareraient de Yamina pour y venir chercher les marchandises venues par le désert et le Niger, que les 430 kilomètres qui les séparent de Kayes. Ainsi se trouvent justifiées nos prévisions quant au rayonnement probable de la ligne future par Igueli.

Quant au Damergou, bien que compris dans la zone française, nous n'avons pas cru devoir le porter à l'actif de la voie ferrée. Il en serait différemment le jour où, en bordure du désert, de Timiaouin par exemple ou de la vallée de l'Irarrar, partirait un embranchement à destination du Tchad, et je me borne à remarquer que la ligne qui desservirait les rivages nord de ce lac en venant par le Gober de la vallée de l'Irarrar, serait un peu plus longue que celle projetée de Philippeville, mais aurait l'avantage de se poursuivre presque constamment en pays peuplés. D'ailleurs dirigée sur Sokoto et Kano pour gagner le bord méridional du Tchad, elle serait à l'arrivée à Kano plus courte qu'une ligne menée de Philippeville.

Le rayon d'action de la voie étant ainsi délimité, il nous reste à dénombrer les populations desservies. Nous allons y procéder section par section dans le paragraphe suivant.

§ 2. — *Dénombrement des populations desservies.*

SECTION DE KHENEG ZOUBIA A IGUELI

(Figuig, le Zegdou, Tafilalet, le Drâa, Aït-Atta, Beni-Goumi).

Négligeant la population de nos deux petits ksours des Mogrhar, situés d'ailleurs en deçà de Kheneg Zoubia, et du petit ksar marocain de Ich, nous n'avons d'abord à recenser que l'ensemble de population dont Figuig est le centre commercial. Partie en est sédentaire, partie nomade.

J'estime à vingt mille le chiffre des sédentaires, dont douze mille à Figuig. Les huit mille restant se répartissent entre le centre assez important de Kenatsa, visité par la colonne du général de Wimpfen qui lui attribue deux mille habitants, puis les ksours très petits de Sefissifa, Monghal, Ouakhda, Béchar, Aïn Chaïr, Bou Khaïs, Tin Kroud, El Ahmer, Fendi, etc.

Les nomades sont constitués en zegdou, c'est-à-dire en confédération. Celle-ci se compose des tribus suivantes : Douï-Menia dont l'influence est prépondérante, Beni Guill qui agissent fréquemment en dehors de la confédération, Ouled Djerir et Ahmour marocains. Nos officiers ont dû se préoccuper de la force militaire de ces nomades que nos troupes ont eu à combattre plusieurs fois, notamment en 1870, où ils eurent les honneurs d'une expédition, uniquement dirigée contre eux. Le journal de route de la colonne de 1870 nous dit à leur sujet que les seuls Douï Menia mettent en ligne 1,350 cavaliers et 3,100 fantassins. Dans une lutte qui avait eu lieu deux ou trois ans auparavant entre les Douï Menia et les Djorfa du Tafilalet, le zegdou (malgré l'abstention des Beni-Guill[1]) avait mis sur pied 1,100 cavaliers et 3,000 fantassins.

En résumé, j'estime à huit mille le chiffre que, dans une circonstance majeure et en faisant appel à toutes ses forces, le Zegdou pourrait mettre sur pied. A raison de un soldat par cinq habitants ce chiffre correspond à une population de quarante mille habitants.

Le groupement immédiat de Figuig représente donc, sédentaires et nomades compris, soixante mille habitants.

Soit à la gare de Kheneg Zoubia, soit plus vraisemblable à celle de Ksar el Azoudj viendrait se souder la route qui mènerait à l'oued Guir moyen, à l'oued Ziz supérieur et au Mdaghra. La partie inférieure du Tafilalet serait desservie au contraire plus vraisemblablement par la gare de Zaouïa Bongabia des Beni Goumi.

Pour éviter une complication inutile, nous allons tenter le dénombrement de l'ensemble de ces régions.

On nomme Tafilalet, au sens étendu du mot, l'ensemble des oasis réparties sur l'oued Ziz ou Tafilalet et ses affluents ; au sens spécial, un groupe d'oasis situées entre ceux d'Er Reteb et de Rhorfa.

Quelle est la somme des oasis établies sur l'oued Tafilalet et ses affluents ?

Il est impossible de répondre avec précision à cette question. Tout ce que l'on peut affirmer, c'est qu'il en existe au moins 366 dont les noms nous sont connus, soit par Rohlfs, qui en a visité environ une centaine, soit par le général Dastugue.

Il faut rechercher maintenant une moyenne de population par ksar.

Tenant compte de l'activité industrielle et de l'extraordinaire fécondité du sol, M. Pouyanne estime que le ksar doit être d'une population moyenne supérieure à celle des ksour touatiens, et il l'évalue à 1,100 âmes. Réné Caillé qui a, lui aussi,

---

[1] Le renseignement touchant l'abstention des Beni Guill m'est personnel et n'est pas emprunté au journal de marche.

visité le Tafilalet et qui, dans son long voyage, a toujours pris soin d'évaluer la population des centres qu'il traversait, apprécie la population moyenne à un chiffre un peu plus élevé. Il nous dit en effet, au chapitre XXVI de sa relation : « Les villages de El Ekséba, Gourhland, Sossa, dans la même ligne, au sud-est de Rissani, sont assez rapprochés les uns des autres. Ceux que j'ai eu occasion de voir sont à peu près d'une même grandeur et peuvent contenir chacun environ onze à douze cents habitants, tous propriétaires et marchands ». L'impression que laisse la lecture de Rolhfs confirme les indications de René Caillé. Le voyageur allemand signale, en outre, un certain nombre de véritables villes. Il nous marque la population de deux de ces centres : Ouled Aïssa qui arme 600 guerriers, et Irezat qui en arme douze cents.

Se refusant à croire aux 360 ksour que les indigènes prétendent exister dans la province du Tafilalet proprement dit, Rolhfs estime que du moins, il y en a bien 150, et que la province compte cent mille habitants. Or, il existe en outre de la province du Tafilalet, la belle province du Mdaghra, celle d'Er Retib à laquelle appartiennent les deux ksour dont la population est plus haut indiquée, celle d'Ifli, riche de 50 ksour d'après Rolhfs, celle de Rhorfa, la plus méridionale, qui compte neuf ksour, celle d'El Guerra placée au contraire sur l'oued Ziz supérieur, avec 17 ksour, « dont la plupart, dit Rolhfs, sont considérables », celle de Tissimi dont 12 ksour ont été visités par Rolhfs, celles plus petites de Todra, de Ferkla et de Douéra. A ces provinces tafilaliennes il faut joindre les ksour de l'oued Guir supérieur, dont 24 sont connus, ceux des Aït Izdeg, sis au nord du district de El Guerra, enfin les oasis du coude l'oued Drâa sur lesquelles M. de Castries nous a fourni d'intéressants renseignements, et qui peuvent nourrir environ trente mille habitants.

L'ensemble de ces indications me permet de considérer comme extrêmement vraisemblable le chiffre de cinq cent mille habitants adopté par M. Pouyanne pour la région entière de l'oued Ziz, de l'oued Guir supérieur et du Drâa oriental.

La population nomade comprend trois grandes tribus : les Aït Atta, les Beraber et les Arib.

Les Aït Atta sont considérés comme la tribu la plus importante de tout le Sahara marocain. Je tiens de divers informants que son contingent armé est supérieur à celui du Zegdou armé des Douï Menia. Il lui faut d'ailleurs un nombre considérable de guerriers pour tenir tête aux ennemis nombreux que lui occasionnent ses incursions chez tous ses voisins. Leur rivalité avec les Douï Menia est constamment à l'état aigu. Nous pouvons donc estimer le contingent de la tribu, au chiffre de neuf mille guerriers, ce qui correspond à quarante-cinq mille âmes.

Sur les Arib nous avons les très vagues renseignements de Réné Caillé. Ils sont répartis en onze tribus, dont le voyageur nous donne les noms. Placés au sud et au sud-est de l'oued Drâa, ils viendraient rejoindre la ligne vraisemblablement à Igueli ou à Beni Abbès. Aussi ne compterons-nous que dans la section prochaine les vingt mille habitants que, un peu arbitrairement d'ailleurs, nous leur attribuons.

Les Berabers sont également campés le plus souvent dans la région voisine du Tebelbelt. Ils paraissent être plus redoutés que nombreux, et nous n'estimerons leur nombre qu'à douze mille, ce qui suppose deux mille à deux mille quatre cents guerriers et, comme les Arib, les comprendrons dans la section suivante.

En récapitulant les chiffres plus haut indiqués, nous trouvons
pour la région du Figuig.............. 60,000 habitants.
Tafilalet, oued Guir, Drâa sédentaires 500,000 —
Aït Atta............................... 45,000 —

605,000 habitants.

Chiffre auquel il convient de joindre la population des Beni Goumi, dont j'ai soigneusement recensé, dans une étude antérieure, le chiffre des fusils, qui s'élève à 650 pour les cinq ksour, soit 3,000 habitants pour l'ensemble des ksour.

Le total des habitants desservis par la section serait donc de 608,000.

SECTION D'IGUELI A TIMADANIN

(Oued Messaoura, Tebelbelt, Gourara, Tidi Kelt, Touat, nomades). Considérations générales sur les divers procédés de dénombrement par renseignements; Examen critique des tableaux statistiques de M. Deporter; Relation entre le nombre des combattants et celui de la population.

Les pays desservis par cette section, seront : 1° les blad Igueli, Kherzas et Ghaba, c'est-à-dire les ksour échelonnés le long de l'oued Messaoura; 2° les ksour du Gourara et dépendances, les ksour de Seghamra et Tebalbalet, ceux du Touat et ceux du Tidikelt; 3° Les tribus nomades des Arib et Berabers, les tribus nomades du Gourara, Touat et Tidikelt; 4° les Tajakants, Ouled-Moulet, Ouled Delim.

1° Les blad de l'oued Messaoura ont été recensés par nous dans notre étude *De Figuig au Touat*, parue en 1873. Aucun nouveau renseignement n'est survenu depuis. Dans leur ensemble, nos indications sont d'ailleurs conformes à l'impression que laisse la relation de Rolhfs qui a traversé ces oasis. Les divers villages échelonnés le long de l'oued Messaoura, depuis Igueli jusqu'à El Kassabi, peuvent armer deux mille sept cents soldats. En outre trois ksour religieux uniquement composés de Chorfa, qui se tiennent en dehors des luttes armées et ne comptent, par conséquent, aucun soldat, sont peuplés ensemble de quatre-vingt dix familles de Chorfa et de cent quatre-vingt-dix familles de haratin (serviteurs non esclaves). Retenons ces chiffres, nous en ferons plus tard usage pour évaluer la population.

2° Gourara, Touat, Tidikelt, et dépendances. Jusqu'à ces derniers mois, nous n'avions sur ces pays que la relation de Rolhfs, la description sur renseignements du général de Colomb, et les renseignements statistiques puisés auprès de divers indigènes et fournis soit par M. le capitaine Lechâtelier sur In Salab soit par le capitaine Bissuel sur Titt, Akabli, l'Aoulef et le Tidikelt, soit par moi-même sur l'Aouguerout, l'Aoulef et les ksour du bas Touat depuis Zaouïa Kounta jusqu'à Taourirt.

Mettant en œuvre ces divers éléments d'appréciation, M. Pouyanne avait reconnu l'existence de 333 ksour et admis comme moyenne de population pour chacun d'eux 950 âmes. Il obtenait ainsi un chiffre de 325,000 âmes. Mais tenant compte des ksour encore inconnus, il évaluait à 400,000 la population totale dans laquelle il avait à la vérité compris celle de l'oued Messaoura.

Depuis, — et tout récemment, — M. le commandant Deporter vient de publier une série de tableaux statistiques du plus haut intérêt mais dont je n'accepte pas les conclusions en ce qui concerne la population.

Les recherches de M. Deporter nous ont mis très vraisemblablement en possession d'une liste complète des ksour du Gourara, du Touat et du Tidikelt. Nous savons ainsi que le Gourara compte cent quatorze ksour, le Touat cent cinquante six et le Tidikelt cinquante-un; soit ensemble, 321 ksour. Les ksour oubliés étaient donc moins nombreux que ne le supposait M. Pouyanne lorsque, calculant sur une moyenne de 950 habitants par ksar, il attribuait aux ksour une population de 75,000 âmes. Sans compter l'oued Messaoura et en admettant la moyenne de M. Pouyanne, on aurait dans le Touat, le Gourara et le Tidikelt une population de 305,000 âmes.

Or, ce n'est pas à ce chiffre, mais seulement à celui de 203,000 qu'arrive M. Deporter.

La différence est trop sensible pour que nous n'essayons pas de rechercher à qui il convient de nous en rapporter.

Suivant son habitude, M. Deporter ne nous dit pas la source exacte de ses renseignements. Nous ignorons le nombre de ses informants, le crédit qui pouvait s'attacher à leur situation particulière, les moyens qu'il a employés pour contrôler leurs dires. Nous ne savons, par exemple, si pour tel ou tel district, il s'est renseigné auprès de plusieurs ou si, au contraire, chacun de ses tableaux n'est que le résultat de la déposition d'un seul.

Mais ce qui est plus grave, c'est qu'il ne nous dit pas par

quel procédé il a traduit leurs formules d'évaluation. — Et ceci est fort délicat : le lecteur va en juger.

Dans chaque ksar, les membres de la djemâa savent exactement le chiffre des fusils. L'administration politique du ksar, en prévision des menaces si fréquentes, a constamment besoin de cette donnée statistique et, sur ce point particulier, on peut par interrogation précise obtenir un renseignement précis.

Il en est de même pour le nombre des palmiers, en raison de la nécessité où se trouve le syndicat des eaux du village de connaitre la quantité d'eau d'arrosage nécessaire dans chaque branche des canaux et aussi quelles quantités de régimes peuvent être dues au syndicat, à titre de contribution, par chaque propriétaire. Mais en ce qui concerne le chiffre de la population, tous ceux qui connaissent les indigènes savent pertinemment que ceux-ci n'ont aucune notion de ce qu'on appelle un dénombrement, et qu'en cette matière, les chiffres qu'ils pourraient indiquer ne répondent plus à rien et sont absolument en l'air.

Pour obtenir un chiffre approximatif de population, deux procédés existent : ou bien on prend pour base le chiffre des fusils que l'on peut, je l'ai déjà dit, obtenir assez exactement, et supposer une population quatre, cinq ou six fois plus nombreuse, suivant les cas, ou bien on essaie d'obtenir le chiffre des maisons. Si l'informant était à la fois patient et intelligent, on pourrait obtenir, pour le ksar qu'il habite, le chiffre des maisons par information directe. L'informant pourrait en effet diviser mentalement le village en quartiers, dénombrer les maisons de son propre quartier, puis se servant de celui-ci comme unité de mesure, évaluer le nombre des maisons par voie de comparaison dans les autres quartiers. Mais on avouera qu'un informant aussi patient serait une rare exception.

Il est un autre procédé, peut-être moins précis, mais plus facile à employer. On prend comme unité de mesure quelque ksar algérien bien connu de l'informant et dont le nombre des maisons vous est d'autre part connu avec précision, grâce au dénombrement quinquennal ; et l'informant vous dit des ksour qu'il connait, qu'ils sont deux, trois, quatre fois plus grands ou plus petits que le ksar type. Il a souvent recours même à des fractions de ce ksar pour indiquer dans quelle proportion celui qu'on étudie serait plus grand ou plus petit. En révisant les notes ainsi prises, l'enquêteur fixe ensuite le chiffre des maisons. Tel est le procédé que j'ai employé quand j'ai fait dénombrer par mes informants le nombre des maisons de l'oued Messaoura, de l'Aoulef, de l'Aouguerout et du Bas Touat.

D'autre procédé que celui de l'évaluation de la population par le nombre de ses fusils ou par celui de ses maisons, il n'en existe pas. Or il n'apparait pas que M. Deporter ait employé l'un ou l'autre.

Du nombre des maisons, dans tout son livre, il n'en est pas question une seule fois.

Du nombre des fusils, il en est au contraire question à chaque page et la préoccupation est hautement louable chez un officier. Mais il y a désaccord constant entre le chiffre de la population et celui des fusils. L'un ne procède donc pas de l'autre.

Par exemple :

Dans le Gourara, à dix-sept mille quatre cent fusils correspondrait une population de quatre-vingt mille âmes. A ce compte, la population apte au service des armes serait vis-à-vis de la masse dans la proportion de 1 à 4 1/2 à très peu près.

Dans le Touat, dix mille fusils correspondent à cent mille âmes ; soit un fusil par dix habitants seulement.

Enfin dans le Tidikelt, pour vingt-trois mille habitants, quatre mille fusils, soit sensiblement un fusil par six habitants.

D'où viennent ces proportions si différentes ?

Ah ! j'entends bien : il peut y avoir entre les diverses régions des différences très importantes. Personne n'ignore, en effet, parmi ceux qui se sont occupés de géographie saharienne, que les Chorfa ne comptent pas, par exemple, parmi les combattants. Qu'il en est de même des esclaves nègres lesquels, sauf exception très rare, ne sont jamais gratifiés d'un fusil. Il en est de même enfin des Haratin attachés comme khammès au service des Chorfa et qui, pour leur maigre part dans la récolte, bénéficient de l'inviolabilité dont jouissent les biens de ces derniers.

M. Deporter, assurément, n'ignore point cela. Peut-être y a-t-il dans cette distinction de combattants et de non-combattants l'explication des disproportions signalées tout-à-l'heure.

Il en est peut-être ainsi. On peut en essayer une démonstration, car M. Deporter a pu obtenir, nous ne savons par quel procédé, non seulement le dénombrement de la population, mais encore sa répartition entre Zenata (berbères), Arabes, Chorfa, Haratin et nègres esclaves :

Dans le Gourara, sur les 80,000 habitants les Chorfa et les esclaves compteraient ensemble pour 15,861. Les Haratin seraient au nombre de 17,913. Assurément les 2,762 Chorfa emploient bien quatre mille de ceux-ci à leur service, d'où vingt mille habitants qui ne fournissent point de combattants. La population, dans laquelle se recrutent ceux-ci, seraient donc de soixante mille. Ainsi les 17,913 fusils seraient recrutés à raison de un sur $3\frac{1}{2}$ habitants.

Dans le Touat, sur les 100,000 habitants, 10,080 Chorfa, 17,624 nègres esclaves et 35,267 Haratin. Combien de ces Haratin sont-ils employés au service des Chorfa? 20,000, au moins, à raison de deux par chérif, soit 47,700 habitants qui ne fournissent point de combattants. Les 10,000 fusils du Touat se recrutent donc dans une population effective de 53,000 habitants, soit 1 fusil par un peu plus de 5 habitants.

Enfin dans le Tidikelt, sur 23,000 habitants, 1,532 Chorfa, 4,194 nègres, 6,224 Haratin dont 3,000 à attribuer aux Chorfa, soit 8,700 habitants à déduire du chiffre de la population. C'est donc dans une population de 14,300 âmes que sont recrutés les 4,000 fusils, soit 1 fusil par $3\frac{1}{2}$ habitants.

On voit que pour le Gourara et le Tidikelt les chiffres cadrent. Il n'en est plus ainsi pour le Touat, à moins que M. Deporter n'ait considéré comme khammès des Chorfa, tous les

Haratin de ce pays, et, par suite, ne les ait tous considérés comme dégagés du souci de se défendre et de s'armer. Étant donné l'énorme influence des Chorfa dans le Touat et l'étendue de leurs domaines, l'hypothèse aurait grande vraisemblance. En ce cas ce serait sur un peu moins de 40,000 habitants que se recruteraient les 10,000 fusils du Touat et la proportion resterait sensiblement la même qu'au Gourara et au Tidikelt avec la population zénatienne et arabe.

Nous démêlons peut-être maintenant les éléments du calcul qui a fait adopter par M. Deporter les chiffres de population plus haut indiqués. Après avoir défalqué Chorfa, Haratin et esclaves dont le contingent lui aura été indiqué, soit par le calcul des maisons, soit par comparaison avec le reste de la population, il aura estimé qu'il fallait supposer 3 1/2 habitants par fusils.

Eh bien ! cette évaluation est inexacte :

En France, depuis l'application de la nouvelle loi militaire, nous avons un seul habitant sur dix sous les drapeaux, soit comme soldat actif, soit comme réserviste ou territorial. Il est vrai qu'il y a des exemptions pour diverses causes, notamment pour infirmités. Mais en sens contraire il faut observer que nous sommes, de toute l'Europe, le peuple qui a le moins d'enfants et qui peut fournir, pour cent habitants, le plus grand nombre d'adultes mâles. La loi française, appliquée en Angleterre, n'astreindrait au service militaire qu'un habitant sur douze.

Dans tout pays, la répartition des sexes dans les naissances est telle qu'elle tend à rétablir constamment l'équilibre entre le nombre des hommes et celui des femmes. Cette harmonie n'est troublée que par certaines institutions humaines telles que la polygamie et l'état de guerre. Lorsque la polygamie s'exerce aux dépens d'un pays voisin dont on enlève les femmes, comme il advient pour le Touat, qui s'approvisionne au Soudan de concubines noires, elle rompt l'équilibre au profit de l'élément féminin. Il me paraît donc vraisemblable qu'il y a au Touat un peu plus de femmes que d'hommes. D'autre part, sur cent individus du sexe mâle, combien y a-t-il d'adultes ? Un tiers à peine. Donc, on ne peut admettre qu'un fusil par six habitants, au moins et non pour trois ou quatre habitants.

Ceci étant, nous avons peut-être dans M. Deporter lui-même les éléments d'un calcul rectificatif. Nous allons le tenter :

Je tiens pour suffisamment exact le chiffre des Chorfa tel qu'il est indiqué par M. Deporter. L'importance dont jouissent les Chorfa fait que dans chaque ksar le nombre des familles Chérifiennes est connu. J'ignore combien d'êtres humains M. Deporter a supposé par familles, mais qu'il ait pris comme multiplicateur vis-à-vis du nombre des familles, considéré comme multiplicande, le chiffre de 8 ou de 9 la différence est minime.

J'enregistre donc avec M. Deporter et selon lui :

Pour le Gourara....................	2,762 Chorfa.
Pour le Touat......................	10,080
Pour le Tidikelt....................	1,532
Ensemble...............	14,374

Pour les esclaves et pour les Haratin le dénombrement a dû être établi par comparaison, soit avec la masse totale, soit avec les groupes Zenata et Arabes. Toutefois nous ne les augmenterons pas, dans la crainte que M. Deporter n'ait employé un autre procédé, tel que celui du dénombrement des maisons. Mais il reste probable, toutefois, que le nombre de ceux-ci, maintenu aux chiffres antérieurs, par une sorte de scrupule, fera du total que nous obtiendrons, un résultat inférieur à la réalité.

Nous ne modifierons donc le résultat définitif qu'en ce qui concerne les Zenata et les Arabes que nous supposerons vis-à-vis du nombre des fusils recensés dans la proportion de un sur six.

Nous obtenons ainsi :

	GOURARA,	TOUAT,	TIDIKELT.
Chorfa...	2,762	10,080	1,532
Esclaves.	13,099	17,624	4,194
Haratin..	17,913	33,267	6,224
Zenata. Arabes.	107,478	60,000	24,000
	141,252	120,971	35,950

Soit pour les trois régions, ensemble, 298,173 habitants, chiffre tout-à-fait voisin de celui de M. Pouyanne.

Rappelons maintenant que nous avions laissé en suspens le chiffre à attribuer à la région de l'oued Messaoura, dont nous avions seulement dénombré les fusils, et les familles de Chorfa et de Haratin. Nous savons maintenant que le nombre des fusils représente un sixième de la population zenatienne et arabe. D'autre part, nous pouvons considérer comme moyennement composée de 9 personnes chaque famille de Chorfa qui tous sont polygames et de 7 chaque famille de Haratin. Nous avons donc pour l'oued Messaoura depuis Igueli :

2,700 fusils correspondant à......	14,200 Zenata ou Arabes.
90 familles de Chorfa..........	810 habitants.
190 familles Haratin............	1,330 id.
Total.....	16,340

Chiffre auquel il convient d'ajouter un nombre donné d'esclaves. Ceux-ci sont nombreux au Kherzas peuplé par les riches Chorfa. En supposant que le nombre des esclaves et celui des Chorfa, qui n'ont été recensés qu'au Kherzas, s'élève ensemble à environ quatre mille, nous avons, en arrondissant les chiffres, vingt mille habitants dans la vallée du Messaoura depuis Igueli jusqu'à El Kessabi.

Enfin nous avons omis dans le recensement les ksour, les oasis au nombre de trois, du Tebalbalet et le très petit ksar de Seghamra. Entre les quatre ksour nous supposerons une population de trois mille habitants et nous arriverons ainsi, pour les deux premières parties de la section que nous étudions, aux chiffres de :

Oued Messaoura	20,000 h.
Touat, Gourara, Tidikelt	298,173
Tebelbelt et Seghamra	3,000
Total	321,173

La troisième partie comprend les deux tribus des Arib et des Beraber, dont nous avons déjà parlé dans la section précédente et que nous avons même évalués, mais sans les comprendre dans le total. La gare de laquelle les rapprochera le plus souvent leurs pérégrinations est en effet celle de Beni Abbès. Aussi est-ce à la section actuellement étudiée que nous avions résolu d'attribuer les trente-deux mille habitants qui les composent.

Quant aux tribus nomades du Touat, Gourara et Tidikelt, nous ne les mentionnerons que pour mémoire. Elles ont été vraisemblablement comprises dans le calcul de la population basé sur le nombre des fusils qui nous a fait adopter pour les trois grands groupes d'oasis, le chiffre plus haut indiqué de 321,173 habitants.

Il ne nous reste plus à recenser que les trois tribus des Tajakant, Ouled Moulet, Ouled Delim qui viendront s'approvisionner dans le Bas Touat. Sur ces trois tribus aucun renseignement précis. Nous savons seulement que la première est très nombreuse, les deux autres fortes et très pillardes. C'est donc à l'aventure, mais avec le désir d'être plutôt au-dessous qu'au-dessus de la réalité, que nous fixerons à vingt-cinq mille le chiffre à attribuer aux trois réunies.

Nous sommes maintenant en mesure de déterminer le total de la section.

Oued Messaoura	20,000
Gourara, Touat, Tidikelt	298,173
Tebelbelt, Seghamra	3,000
Arib, Beraber	32,000
Tajakant, Moulet, Delim	25,000
Total de la section	378,173

SECTION DE TIMADANIN A L'ADRAR

(Hoggar, Aïr.)

Les pays desservis par cette section sont uniquement ceux du Hoggar et de l'Aïr et dépendances.

La population du Hoggar a été dénombrée par M. Deporter. Nous ferons au sujet de ce dénombrement la même remarque qu'à propos du Touat. Pour 4,880 combattants, M. Deporter ne compte que 17,300 habitants, plus d'un soldat par quatre habitants. Ou bien le nombre des fusils est exagéré ou bien le nombre des habitants est trop réduit. La deuxième hypothèse est infiniment plus probable. Force nous est donc de modifier le chiffre de M. Deporter et de multiplier par six le nombre des fusils pour avoir celui de la population, ce qui nous donne 29,280 habitants. En supposant quelques Chorfa et quelques esclaves on obtient un chiffre supérieur à celui de trente mille, auquel nous nous arrêterons.

A la gare la plus voisine de Silet viendraient se desservir, nous l'avons dit ailleurs, les Kel Ouï et les tribus voisines qui sont celles des Kel Gheress et des Itissan, ainsi que les habitants d'Agadès.

Voici tout ce que nous savons sur ces populations : Barth évalue la population d'Agadès à sept mille habitants répartis en 700 maisons. Des Kel Ouï il nous dit qu'ils peuvent réunir dix mille hommes armés et montés, non compris les esclaves. Ceci nous permet de supposer une population de soixante-dix mille environ, en supposant que la tribu soit assez riche pour que chaque homme valide ait un cheval ou un méhara. Quant aux Kel Gheress et Itassan réunis, ils égalent, dit Barth, les Kel

Ouï en puissance quoiqu'ils soient moins nombreux. Fixerons-nous cinquante mille sur cette vague donnée?

Ajoutons aussi quelques tribus maraboutiques qui occupent plusieurs villages de l'Aïr et dont nous fixerons le chiffre à celui infime de 3,000 habitants, et nous aurons à recenser au total

Kel Ouï..................................	70,000 hab.
Kel Gheress et Itissan..................	50,000 —
Agadès	7,000 —
Marabouts de l'Aïr.....................	3,000 —
	130,000 hab.

Qui joints aux trente mille plus haut recensés dans le Hoggar donnent pour la section un total de cent soixante mille habitants à desservir, tous situés à gauche de la voie descendante. Sur le côté droit il n'existe habituellement aucun campement nomade.

SECTION DE L'ADRAR AU NIGER

Dénombrement de l'Adrar; Examen critique comparé des statistiques de Barth et de M. Deporter; Berabich et tribus de Oualata; Examen des renseignements Deporter, Barth et Lenz.

Les renseignements que nous possédons sur la population de la région située entre le Hoggar au nord et le Soudan au sud, le pays d'Aïr à l'est et celui des Barabich à l'ouest procèdent de deux sources : Nous devons les premiers à Barth, les seconds au commandant Deporter.

Barth nous donne les siens sous la forme d'une liste des groupes et tribus. Quelques indications éparses dans sa relation sont, en outre, à signaler. Le commandant Deporter ne nous dit pas auprès de quels informants il a puisé les renseignements qu'il nous transmet, ni sous quelle forme il les a recueillis. Mais beaucoup moins autorisés, ses renseignements sont plus précis, car il nous donne le nom et les forces d'un certain nombre de tribus entre lesquelles se répartirait la confédération des Aouelimmiden, ou qui paraîtraient avoir leur indépendance. Une étude comparée de ces deux documents nous permettra, pensons-nous, de donner une évaluation approximative.

Personne n'ignore dans quelles conditions éminemment favorables, pour être fidèlement renseigné, se trouvait Barth à Timboktou. Aussi le seul reproche que nous puissions faire au voyageur, c'est de ne pas avoir tenté un dénombrement effectif de la population que seul il aurait pu mener à bonne fin. Il nous indique le nom et le nombre des groupes et des tribus, mais sans nous indiquer leurs forces respectives, si ce n'est pour deux d'entre ces dernières. M. Deporter, au contraire, nous fournit sur la plupart des tribus qu'il cite, des indications précises sur le nombre des tentes et celui des guerriers. Mais dans l'ignorance où nous sommes des sources où il a puisé, nous aurons à rechercher d'abord quel crédit il convient d'accorder à ses informations.

Barth distingue entre les Aouelimmiden proprement dits, les Tademekket, les Iguelad, les Anislimmen et les Dinnik, tous peuples de race berbère.

Les premiers exercent une sorte de souveraineté quoiqu'ils soient moins nombreux que chacun des groupes Tademekket, Iguelad et Anislimmen. Quant aux Dinnik qui seuls sont politiquement séparés des Aouelimmiden, Barth ne connaît d'eux que leur nom.

Ce groupe souverain des Aouelimmiden est divisé en 20 tribus nobles auxquelles sont agrégées trente-huit tribus Imrhad ou serves. Barth nous donne leur nom ainsi que celui de leurs très nombreuses subdivisions. A la suite des tribus nobles, nous relevons le nom des Iguadaren qui, à l'époque du voyage de Barth, venaient de se déclarer indépendants du groupe Aouelimmiden et par leur puissance intimid... ...u, chef de la confédération entière.

Les Tademekket, an... ns possesseurs de l'Aïr et de l'Adrar, furent successivement chassés de l'Aïr par les Kel Ouï et de l'Adrar par les Aouelimmiden. Ils habitent aujourd'hui plus particulièrement les deux rives du Niger et se divisent suivant qu'ils sont de la rive gauche ou de la rive droite en « Tinguererech » ou

« Iregenaten ». Les Tinguererech se divisent en 9 sections et ont 8 tribus serves ; les Iregenaten en 7 tribus. A eux se rattache, associé à leur fortune, un groupe d'Anislimmen qui compte 6 tribus, parmi lesquelles une est très renommée et passe pour très puissante, celle des Isaqquamaren.

Les Iguelad, très nombreuse confédération, est extrêmement dispersée. Ils sont divisés en 50 tribus, parmi lesquelles une est dénombrée. C'est celle des Kel Antsar, dont Barth nous dit qu'elle compte plus de mille hommes valides.

Les Anislimmen ou Tolbas sont divisés en cinq tribus, sans compter les tribus alliées aux Iregenaten et que nous avons marquées plus haut. Au nombre des cinq tribus se trouve celle des Kel es Souk que Barth a fréquemment occasion de nous citer, soit qu'il en rencontre des campements, soit que son nom se mêle à l'histoire de l'Adrar. C'est elle qui occupait la grande ville de Tademekka. Elle est restée très nombreuse, nous dit Barth, et est divisée en vingt grands groupes auxquels sont aggrégées deux tribus Imrhad.

Répétons que de tous ces groupes, de toutes ces tribus Aouelimmiden, Tadèmekket, Onislimmen, Iguelad, Barth nous donne les noms ainsi que celui de leurs très nombreuses subdivisions.

Des Dinnik, Barth se borne à nous dire qu'ils sont indépendants des Aouelimmiden, sont également connus sous le nom de Ouen Bôhdal, occupent la région comprise entre l'Aïr et l'Adrar et s'allient le plus souvent au Kel Gheress.

A ces renseignements statistiques s'ajoute une notice historique sur les Aouelimmiden dans laquelle, au cours de ce chapitre, nous puiserons quelques enseignements.

Sur chacune de ces tribus aucun renseignement direct, si ce n'est sur les Kel Antsar, dont nous avons parlé plus haut, et sur la tribu des Kel Oulli, dont le voyageur nous dit quelque part, que jadis puissante, elle est extrêmement réduite aujourd'hui, puisqu'elle compte quatre-vingts guerriers seulement.

Ce n'est pas avec de pareilles données que nous pourrions tenter un dénombrement, car nous ne saurions établir une moyenne d'habitants par tribu. Si le texte de Barth semble nous indiquer les Kel Oulli comme une tribu minima, il ne nous signale les Kel Antsar que comme une tribu nombreuse, alors que plusieurs autres sont signalées comme *très* nombreuses, les Kel es Souk, notamment. Les mille guerriers Kel Antsar ne marquent donc pas une tribu d'exceptionnelle importance à rejeter d'un calcul des moyennes. La moyenne sera donc très vraisemblablement entre la tribu des Kel Oulli et celle des Kel Antsar.

Faisons maintenant appel aux renseignements de M. Deporter.

Observons tout d'abord que le commandant Deporter ne paraît s'occuper que des tribus voisines du Hoggar. Encore leur étude n'est-elle, ou ne paraît-elle être, qu'accessoire. Nulle part M. Deporter ne paraît émettre la prétention de recenser l'intégralité des populations situées au nord du Soudan occidental ou central. Aussi n'est-ce pas à titre de reproche que nous signalons, chez lui, l'absence de toute indication, et même de toute mention, soit des Iguelad, soit des Tademekket, bien que Barth nous signale ces deux peuples comme chacun plus important en nombre que celui des Aouelimmiden.

Si maintenant nous étudions la liste des tribus, d'après M. Deporter, et la comparons à celle de Barth, nous constatons, du premier coup d'œil, dans celle du premier, des lacunes énormes. C'est ainsi que, tandis que Barth signale dans le groupe des Aouelimmiden proprement dits 29 tribus nobles, non compris celle des Iguadaren, plus 38 tribus imrhad, M. Deporter ne marque que 12 tribus nobles et 12 tribus imrabd. La lecture comparée des deux listes nous révèle ensuite un désaccord constant entre les deux informateurs. Telle tribu, celle des Kel Antsar, que Barth donne comme appartenant au groupe des Tademekket, est marquée Aouelimmiden et noble par M. Deporter. Telle autre, celle des Imeddideren, qualifiée imrhad par Barth, est anoblie par M. Deporter. Les Machil, nobles Aouelimmiden d'après Barth, n'appartiennent à aucun groupe d'après M. Deporter, etc.

Dans ce désaccord à qui ajouter foi ?

Je n'hésite pas à le dire : à Barth.

Barth était en effet sur place. Ces Aouelimmiden, il les a fréquentés pendant sept mois et demi à Timboktou ou dans les environs de cette ville, durant trois semaines le long du Niger, pendant son voyage de retour. Il a vu des représentants de nombre de leurs tribus, a compté des amis chez eux, que dis-je, il a été leur hôte et leur protégé. Pour le défendre contre les Foulbes, ils accouraient en foule à l'appel d'El Bakay. Pour se renseigner sur eux, Barth avait à côté de lui l'homme le plus instruit de la région à 2,000 kilomètres à la ronde, celui qui, chef spirituel de ces Aouelimmiden était, au sens propre du mot, payé pour les connaître tous, puisque de chaque tribu il recevait des offrandes. Il a esquissé leur histoire et a eu le loisir d'écrire le nom de toutes leurs tribus et de toutes les subdivisions de celles-ci, travail fastidieux à propos duquel je ne sais ce que j'admire le plus de la patience de Barth, ou de celle de ses informants.

Recueillies dans de pareilles conditions, ai-je tort de dire que les informations de Barth sont, dans la mesure humaine, à l'abri de l'erreur. Étant donné le rôle prépondérant de l'informant par excellence El Bakay, elles ont toute la valeur d'un document officiel et font le pendant de ces statistiques si précieuses, que M. Duveyrier nous a données d'après Cheik Othman, du groupe des Azguer, statistiques que les renseignements ultérieurs n'ont fait que confirmer.

En présence des garanties que nous donnent les renseignements de Barth, que sont celles des informations Deporter? Anonymes et vraisemblablement obtenues de quelques Touareg Hoggar ou de quelques esclaves, recueillies à quinze cents kilomètres de distance elles n'ont qu'une valeur de simple indication et en cas de désaccord avec Barth doivent être certainement réjetées. Est-ce à dire qu'elles n'aient aucune utilité? Loin de là ; je les tiens pour très précieuses, car elles nous donnent précisément ce que Barth ne nous donnait pas, les éléments d'une moyenne de population par tribu.

Que l'on demande à un Touareg quelconque le dénombrement des forces de toute la confédération, ou même le nombre de toutes les subdivisions, il est clair qu'il n'en saura rien ; à moins qu'il ne soit un des plus grands chefs, appelé dans le conseil suprême de la confédération et ainsi mis en demeure de se tenir au courant des questions de politique générale. Mais, au contraire, il y a toute raison de croire qu'il sera bien renseigné, fût-il un simple berger, sur la force militaire de la fraction à laquelle il appartient, peut-être même de la tribu.

Substituons à l'informant Touareg, un informant arabe, Ifogas ou Kounti c'est-à-dire maraboutique ou Touati marchand. Comme le précédent informant, celui-ci ne connaîtra que les tribus qu'il aura visitées, ou quelques autres dont il aura entendu parler ; mais dans la limite de ses observations, il aura du moins bien vu et d'instinct il aura tendance à juger d'après une moyenne comme unité de mesure, les forces des divers groupements. Cette moyenne, on pourra la dégager de ses chiffres.

Voilà donc ce que nous avons le droit de demander aux renseignements de M. Deporter et ce qu'ils vont nous donner avec une approximation suffisante, si nous les analysons.

En sus des Aouelimmiden proprement dits, et sans tenir compte des tribus de l'ouest extrême telles que les Tajakant, Ouled Moulet, etc., M. Deporter signale dix tribus. Deux d'entr'elles sont exceptionnellement importantes: celle des Barabich, que nous avons une autre raison pour éliminer, ce qu'elle n'appartient pas à la région que nous étudions, et celle des Kounta, forte de 2,400 tentes. Éliminons-les, pour obtenir une équitable moyenne et, en même temps, éliminons le petit groupe des Tolbas, qualifiés de simple fraction par M. Deporter lui-même, et que nous n'avions d'ailleurs pas compté dans les dix tribus. Une tribu de M. Deporter, celle des Ibotanaten, n'est pas dénombrée. Restent les sept tribus des Dermecbakka, Ifogas, Machil, Imkalenkalen, Indenan, Touadj et Iaddes qui comptent ensemble trois mille quatre-vingts tentes, soit une moyenne de quatre cent quarante tentes par tribu.

Cette moyenne est certainement faible, car dans les sept tribus s'en trouvent deux extrêmement petites, les Indenan, qui ne comptent que 90 tentes, et les Machil qui n'en comptent que 60. Nous ne les avons point éliminées, tandis que nous en avons agi autrement pour les Kounta, comme trop forts.

Retenons donc ce chiffre de 440, comme moyenne quant à présent, pour les tribus indépendantes.

Le groupe des Aouelimmiden proprement dits est dénombré à part par M. Deporter, qui lui attribue douze tribus nobles. La force de huit d'entr'elles est indiquée. Parmi celles-ci, une extrêmement petite, puisqu'elle ne compte que 50 tentes, et qui n'est même très manifestement qu'une fraction de tribu, puisqu'elle n'est désignée que par le nom de son chef. Nous ne l'éliminerons cependant pas du calcul de la moyenne, qui, à raison de 2,500 tentes réparties entre 8 tribus, est de 312 par tribu. Cette faiblesse relative des tribus Aouelimmiden par rapport aux tribus indépendantes ne doit pas nous surprendre. Toujours en guerre pour soutenir leur souveraineté, les Aouelimmiden ne peuvent que diminuer peu à peu. Barth nous signalait déjà que chacun des autres groupes était, par le nombre, plus important que le groupe suzerain.

Enfin, M. Deporter dénombre les 12 tribus imrhad des Aouelimmiden et la moyenne de celles-ci n'est que de cent cinquante-cinq tentes. Cette différence de moyenne s'explique très aisément. Décimées quant à l'origine, elles furent vaincues et asservies; elles ne sont restées dans la condition d'imrhad que parce qu'elles étaient trop faibles pour reconquérir leur indépendance. Fortes et nombreuses, elles se fussent émancipées.

Donc, trois moyennes ressortent du travail de M. Deporter. L'une, la plus faible, à appliquer aux tribus imrhad, l'autre aux tribus nobles des Aouelimmiden, et la plus forte aux tribus des autres groupes. De ce calcul, toutefois, doivent être exceptées les tribus que nous avons le droit de considérer comme exceptionnellement importantes : celles des Kounta, des Kel es Souk et des Iguadaren.

Prenons Barth maintenant qui va nous donner la liste des tribus et nous arriverons aux chiffres suivants :

29 tribus nobles Aouelimmiden à 312 tentes l'une...	9,048 tentes.
16 tribus Tademekket (Tinguerereh ou Iregenaten) à 440 tentes l'une................	7,040 —
50 tribus Iguelad à 440 tentes l'une........	22,000 —
6 tribus Anislimmen-Iregenaten, à 440 tentes l'une..	2,640 —
4 tribus Anislimmen indépendantes (Kel es Souk non compris) à 440 tentes l'une...	1,760 —
48 tribus Imrhad (savoir 38 aux Aoelemmiden, 8 aux Tademekket et 2 aux Kel es Souk), 155 tentes l'une............................	7,440 —
	49,928 tentes

Ce chiffre est vraisemblablement inférieur à la réalité, car la moyenne est certainement trop basse pour les Tademekket puisque, au dire de Barth, les 16 tribus de ceux-ci font un total de population plus élevé que celui des Aouelimmiden. Mais comme il est possible d'autre part que le chiffre retenu plus haut soit exagéré en ce qui concerne les Iguelad, nous ne modifierons pas le résultat et nous nous bornerons à ajouter : les 2,640 tentes des Kounta, plus un chiffre de 3,000 tentes que nous attribuerons aux deux tribus réunies des Kel es Souk et des Iguadaren et nous arrivons en arrondissant les chiffres à un total de 55,500 tentes ou maisons de ksar.

Serait-il possible maintenant de savoir quelle est la moyenne d'habitants par tente ou maison? Grâce à M. Deporter la chose n'est pas impossible.

En effet, dans la liste des tribus fournies par cet informateur sont indiqués simultanément le nombre des tentes et celui des soldats, et nous voyons que généralement celui-ci est un peu inférieur au double de celui-là. Cinquante tentes correspondent à peu près à quatre-vingts ou quatre-vingt-dix soldats. Or, il est évident, à priori, que si l'on tient compte du nombre des femmes et des enfants surtout dans un pays de polygamie, et de celui des vieillards, il ne peut y avoir un soldat que par cinq ou six habitants, soit neuf habitants par tente ou maison. A ce compte les 55,500 tentes représentent 499,500 habitants, 500,000 en nombres ronds. C'est maintenant le moment de remarquer que notre dénombrement est incomplet. En effet, nous n'avons tenu aucun compte d'un élément important au Sahara : la population des esclaves noirs. Dans le Touat les esclaves ont été recensés par M. Deporter : ils constituent parfois le quart, jamais moins du dixième de la population des oasis. C'est cette dernière proportion que nous adopterons pour le pays qui nous occupe, en sorte que nous fixerons à 50,000 le chiffre de la population esclave.

Il nous faut ajouter maintenant la population de Tinboktou, évaluée à 16,000 habitants par Barth, à 20,000 par Lenz — c'est le moindre de ces chiffres que nous adopterons — les 3 ou 4,000 « rouma » (descendants de Marocains) qui habitent Ghergo et Bamba, enfin les Songhaï dont le nombre est certainement supérieur à 30,000, qui habitent, mêlés aux Touareg, les deux rives du Niger. Nous atteignons ainsi un total définitif de 600,000 habitants.

Quelque rigueur que nous ayons apportée aux calculs qui précèdent pour nous protéger contre les évaluations exagérées, notre chiffre définitif n'en paraîtra pas moins très suspect aux yeux de ceux, — et ils sont nombreux, — qui ne connaissent les Touareg que par ceux de M. Duveyrier, c'est-à-dire les Azgeur, chez qui les tribus de cent guerriers sont très rares. Aussi sommes-nous amené à nous demander si par quelque nouvelle méthode d'évaluation nous pourrions obtenir un contrôle des renseignements fournis par la statistique directe.

La population de notre territoire de commandement algérien comprend, d'après le dernier recensement, 492,990 habitants. Sur ce nombre, les non-indigènes n'interviennent que pour une part infime. D'ailleurs, divers indigènes du Sahara sont recensés dans diverses communes de plein exercice ou mixtes du territoire civil telles que Biskra, Aïn el Ksar, etc. De plus, un certain nombre d'indigènes ont été certainement omis. En estimant donc à 300,000 le nombre des habitants du Sahara Algérien, on est au-dessous de la vérité. Reportons ce chiffre sur l'espace du territoire occupé, préalablement diminué des régions absolument inhabitables telles que les dunes et quelques petites hammada, puis comparons ce Sahara Algérien avec l'étendue de pays occupé par les populations que nous essayons de recenser, et nous constaterons que le territoire de celles-ci est double au moins du territoire algérien. En effet, de l'immense espace compris entre le Tanezrouft et le Niger, nulle région n'est inhabitable. A l'est existe, il est vrai, un tiniri de médiocre étendue au-dessous et à l'est de Timissao, puis, entre l'Aïr et l'Adrar, l'immense hammada à sol rouge. Mais tout le reste du territoire est habitable. En supposant, par conséquent, au pays que nous étudions, une population à peine supérieure à celle du Sahara Algérien, nous supposons du même coup une densité moindre. C'est là une hypothèse très peu vraisemblable, car, dans le Sahara Nigérien et dans l'Adrar, les pluies sont plus fréquentes et les pâturages plus abondants que dans notre Sahara d'Algérie. Nous renvoyons le lecteur qui en douterait à notre chapitre de géographie politique et économique [1].

Notre évaluation de 600,000 individus reste donc un minimum inférieur de moitié peut-être à la réalité.

Enfin, — et cette dernière observation sera très courte, — comprendrait-on le rôle historique considérable des Aouelimmiden, si leur nombre et celui de leurs alliés ou feudataires était aussi infime que celui que paraît admettre M. Deporter? Concevrait-on qu'une peuplade ait pu se maintenir suzeraine sur cet immense territoire en présence des Foulbes tant de l'est que de l'ouest; lutter tour à tour, presque toujours victorieusement, contre le royaume de Sokoto et celui du Massina et tenir tête, même au prophète El Hadj Omar? Même en faisant une large

---

[1] Il importe de remarquer que la moyenne de population par tribu, admise plus haut pour l'Adrar est sensiblement égale à celle que présentaient nos tribus du Sahara Algérien avant le sectionnement des grandes tribus poursuivi, très utilement d'ailleurs, par le Gouvernement civil.

part à la valeur guerrière des hordes Touareg, encore faut-il un contingent appréciable de combattants. Pour toutes ces raisons nous nous maintenons au chiffre de six cent mille habitants pour la région comprise au-dessous du Hoggar entre l'Aïr et les Berabich, sans dissimuler au lecteur qu'à suivre notre inspiration personnelle nous écririons plutôt le chiffre de un million.

Ces six cent mille habitants ont été figurés sur notre carte par des teintes plus ou moins accusées suivant que nos renseignements nous représentaient tels cantons comme plus ou moins peuplés dans l'ensemble de la région.

Berabich et Oualata. — Nous comprendrons sous ce nom le pays qui s'étend entre une ligne allant à l'est depuis le Tanezrouft jusqu'à Tinboktou, en passant par Mamoun, et une autre ligne qui, partant du parallèle du Niger, remonterait le 8° de longitude ouest jusqu'aux dunes d'Iguidi.

La tribu la plus connue de cette région est celle des Berabich, tristement célèbre par l'assassinat du major Laing.

Quel est son chiffre de population ?

M. Deporter nous dit qu'elle se compose de douze cents tentes réparties en 21 tribus dont il nous donne les noms. D'accord avec Barth il signale comme la plus importante, celle des Ouled Sliman.

Dans la liste des 21 tribus, M. Deporter mentionne celle des Ouled Ranem, qui vit dans des campements séparés de ceux des autres Berabich, et il attribue à ceux-ci deux cents tentes. Nous admettrons pour le moment que les Ouled Ranem constituent la deuxième tribu par ordre d'importance. Veut-on attribuer, les Ouled Ranem en comptant deux cents, à la principale tribu des Ouled Sliman trois cents tentes ? En ce cas, les 19 autres tribus se partageraient les sept cents tentes restant, ce qui donnerait une moyenne de trente-six tentes par tribu. Sans m'arrêter, quant à présent, à l'invraisemblable faiblesse de cette moyenne, je ferai remarquer que l'une des 19 tribus, celle des

Gouanim Tourmos ou Tournos, nous est connue par Lenz qui a reçu chez eux une cordiale hospitalité. Or, sans qu'il résulte de sa relation qu'il ait mentionné tous les groupes rencontrés, nous savons qu'il a au moins vu cinq douars de cette tribu sur la route qu'il a suivie. Le premier douar est traversé le 22 juillet à dix heures du matin. Une heure après il atteint un autre douar, qui semble important d'après l'impression qu'en laisse la relation de Lenz et où réside le Cheik de la tribu. Lenz y passe la journée. Le lendemain, il quitte à huit heures le douar et dès onze heures il s'arrête « auprès de quelques tentes », donc nouveau douar, petit à la vérité. Vers quatre heures, halte « dans un autre douar des Tourmos »; observons que Lenz ne dit plus « quelques tentes ». Enfin, le lendemain, un chameau ayant refusé de marcher. Lenz en fait l'échange chez quelques Tourmos du voisinage ». Il va de soi que Lenz, qui suivait une ligne directe, n'a rencontré qu'une partie seulement des douars de la tribu, et comme on était précisément dans la saison sèche. que Lenz nous apprend qu'à cette époque le district de Ras el Ma où se poursuivait ce voyage est privé presque complètement d'eau, il y a apparence que le gros des campements Tourmos étaient non sur la route de Lenz, mais sur les bords du Niger, un peu plus au sud-est. De tout ceci, il résulte pour moi que la population des Tourmos est notablement plus élevée que la moyenne citée plus haut, que même elle est importante et qu'il ne paraît pas qu'on puisse leur attribuer un chiffre inférieur à trois cents tentes.

Lenz nous signale l'état permanent d'hostilité qui existe entre « la grande tribu des Berabich et les Touareg tant Hoggar qu'Aouelimmiden. » Croit-on qu'une confédération de douze cents tentes dont deux cents au moins, celle des Ouled Ranem, aurait même, abandonnant la confédération, accepté l'hospitalité dans l'Adrar des Aouelimmiden, pourrait lutter ainsi contre ces derniers?

De tout ceci il résulte que les renseignements statistiques de M. Deporter sont, dans des proportions considérables, au-dessous de la vérité et que, pour les Berabich, je ne puis admettre une moyenne inférieure à celle du moins des tribus imrhad, des Aouelimmiden, après avoir mis à part d'ailleurs les trois tribus notoirement très importantes des Ouled Sliman, des Tourmos et des Ouled Ranem. Nous attribuerons donc trois cents tentes aux deux premières, deux cents à la troisième et cent cinquante-cinq aux dix-huit restantes, en supposant d'ailleurs que M. Deporter n'en a oublié aucune. Or, une au moins est dans ce cas, celle des Ouasra, mentionnée par Lenz comme mêlant parfois ses tentes à celles des Tourmos. Calculant sur ces bases et continuant à admettre neuf habitants par tente et un dixième de population esclave nègre, j'obtiens, pour la tribu des Berabich, le chiffre de trente cinq mille neuf cents habitants, chiffre qui me paraît faible eu égard à l'étendue de son territoire et à la richesse de plusieurs de ses lieux de pâture.

A côté des Barabich, existe une autre tribu, celle des Iguila ou Iguiiled, établie au nord-est du coude occidental du Niger. Cette tribu descend de celle des Laghela ou Ag Lela qui fait partie du groupe Aouelimmiden, mais elle s'est croisée fortement avec les populations maures. Lenz a reçu chez les Tourmos la visite de son cheik. De renseignements pris par lui sur place et apparemment exacts, il résulte qu'elle compte deux mille tentes. Elle n'a certes pas l'importance de celle des Berabich, ce qui nous est une nouvelle preuve que M. Deporter restait fort au-dessous de la vérité en attribuant seulement douze cents tentes à ces derniers. Toujours en supposant un dixième en plus de population esclave, les deux mille tentes Iguila représentent vingt mille habitants, ce qui, joint aux trente-cinq mille neuf cents Berabich, fait un total de cinquante-cinq mille neuf cents habitants. Bien que Lenz affirme qu'il existe dans la région de Raz el Ma de nombreuses tribus arabes, nous admettrons que nous les avons comprises dans le calcul précédent et nous allons, sans autre examen, à l'extrémité occidentale de la région qui nous occupe, rechercher ce que l'on sait des tribus qui gravitent autour de Oualata.

Barth attribue 1,500 habitants à Araouan. C'est d'ailleurs le chiffre qui m'a été donné par plusieurs informants et il ne paraît pas être contredit par la relation de Lenz qui parle d'Araouan comme d'une localité importante. Si ce chiffre est admis il nous donne celui de la population de Oualata qui, au dire d'Alioun-Sal, représente le double d'Araouan.

Autour des 3,000 habitants de Oualata, vivent, au témoignage d'Alioun-Sal, les 4 tribus nomades des Mhajib, des Id Eyleba, fraction des Tajakant, des Chourfa venus du Touat, et enfin des Laghelal. Le nom de ces derniers rappelle une tribu Touareg. Il est vraisemblable que la tribu oualatienne des Laghelal n'est qu'un rameau détaché du tronc Targui et arabisée au contact séculaire des Maures.

Gravitant également autour de Oualata, mais à plus longue distance, sont les tribus des Tenouagiou, des Matchdouf, des Ouled Allouch par qui Lenz fut rançonné, les Id ou Belal, tribu maraboutique, les Id ar Moussa, les El Thaleb Moustapha, les Ehel Bou Hadda et les Ouled Bou Sba, les Chbaïn. En dehors de la ville de Oualata il existe quelques localités de sédentaires. Nous n'en connaissons que deux signalées par Alioun-Sal, celle de Nama qui représente à peu près le quart de Oualata, soit 7 ou 800 habitants, et le village de Sambakoli.

Pouvons-nous évaluer ce que représente de population cet ensemble de tribus ? Non, du moins quant à présent. J'ai le regret de n'avoir pu me procurer tout ce qui a été écrit sur ces régions. Peut-être aurais-je pu découvrir quelque donnée nouvelle. Tout ce que je puis ajouter à l'énumération qui précède c'est que Alioun-Sal constate l'importance de certaines de ces tribus puisqu'il rapporte en parlant des Laghelal que du puits de Oum Inkougoulen jusqu'à ceux de N'Toufflit pendant une journée entière de marche on a constamment sous les yeux des bivouacs et des troupeaux. Encore faut-il observer que ces nombreux campements n'appartiennent qu'à une seule fraction des Laghelal, celle des Ouled Malek.

A propos d'une lutte qui venait d'éclater entre les I Guilled ou Iguila, que nous connaissons déjà, et les Ehel bou Radda et Ouled Allouch, Alioun-Sal raconte qu'à une incursion des premiers les seconds avaient opposé en hâte une troupe de près de deux mille hommes armés de fusils. Ces divers faits ainsi que le grand nombre de camps rencontrés par Alioum Sal dans divers autres point de son voyage aux approches de Oualata, marquent que les tribus sont généralement très importantes. Aucune d'ailleurs n'est indiquée par Alioun-Sal comme plus importante ou plus faible, ce qui semble indiquer qu'il n'y a pas entr'elles d'écart bien considérable. De plus il y a certitude que nombre d'autres tribus existent dont les noms même nous sont inconnus. Nous n'avons donc sur ce pays que des renseignements aussi incomplets que vagues et pourtant, à peine de faire croire au lecteur de la carte que cette région est inhabitée, force nous est de traduire par les teintes un chiffre quelconque de population. Dans cet embarras nous attribuerons 800 tentes à chacune des 13 tribus dont les noms nous sont connus, plus 4,000 habitants aux trois localités de Oualata, Nama et Sambakholi ; enfin un dixième en plus pour la population esclave, ce qui nous donne un total de 107,000 habitants pour l'immense région occupée par les tribus oualatiennes, chiffre vraisemblable inférieur à la réalité.

Rappelant les 55,950 habitants de la région des Berabich et Iguila et les ajoutant aux 107,000 de la région de Oualata, nous dénombrons ainsi un chiffre rond de 163,000 habitants que nous grouperons autour de Oualata, de Nama, aux environs du puits d'El Bedda, à l'angle occidental du Niger et autour d'Araouan. Cet ensemble de population sera desservi par Tinboktou, point dont elles sont plus rapprochées que de tout autre centre commercial.

SOUDAN

États de Tiéba, Bambara de l'ouest, Koug, Dafina, Tombo et Mossi, Gourma. Dalla et Djilgodi, Aribinda du sud, Libtako, Songhaï indépendants, Saberma, Adar, Gober.

Les régions du Soudan que nous considérons comme devant être directement desservies par la voie transsaharienne passant par Igueli et que nous avons à recenser ici, sont les suivantes de l'ouest à l'est : 1° Les États de Tiéba, 2° le Massina, 3° la région sur la rive gauche du Niger, située à l'est d'une ligne allant de Yamina à Gombou et Koli par Damfa et Mourdia, 4° la partie septentrionale du pays de Kong, 5° la moitié septentrionale du

Dalina, 6° le Tombo et le Mossi, 7° la partie nord-occidentale du Gourma, 8° le Dalla et le Djlgodi, 9° l'Aribinda du sud, 10° le Libtako, 11° le pays des Son Rhaï indépendants, 12° le Saberma, 13° l'Adar, 14° le Gober.

Ces diverses régions sont plus ou moins connues et le sentiment des voyageurs relativement à ce chiffre de la population dû plutôt à des impressions qu'à des observations régulières. Dans le tome V des *Notices coloniales*, publié par ordre du sous-secrétaire d'État sous la direction de M. Louis Henrique, commissaire spécial de l'Exposition coloniale, un dénombrement sommaire du Soudan occidental a été tenté. Comme il y a vraisemblance que les chiffres indiqués ont été puisés directement auprès des principaux explorateurs et dans les rapports officiels, et qu'ils sont d'ailleurs conformes aux impressions que nous avaient laissée la lecture des diverses relations de voyage, nous les reproduirons sans fatiguer de détails le lecteur.

Remarquons d'abord avec notre auteur que la densité de la population s'accroît à mesure qu'on s'avance de l'ouest à l'est. C'est ainsi qu'elle serait de 2 à 3 habitants seulement par kilomètre carré dans le haut fleuve de 3 à 4 dans les états de Samory, de 4 à 5 dans le Manding et le Bouré, de 10 dans le cercle de Bammako (grand et petit Bélédougou), de 8 à 9 dans le Massina, de 11 à 12 dans les états de Tiéba, et dans le Djilgodi, de 12 à 14 dans le Gourma, les états de Kong, le Dafina, et le Saberma, de 14 à 15 dans le Libtako, enfin de 22 à 24 dans le Mossi et le Tombo. Le même auteur nous apprend que les pays bambaras, situé au nord de Bammako et à l'est du Niger, Sokolo, Mourdiari, etc., la population est au total de 600,000 habitants dont les deux tiers environ à l'est de la ligne de Goumbo à Yamina.

Ne sont pas compris dans les évaluations qui précèdent : 1° l'Aribinda du sud, 2° le district des Son Rhaï indépendants du Galindou, à l'ouest de Sinder, 3° l'Adar, 4° le Gober.

Pour l'Aribinda du sud nous avons l'impression de Barth non traduite à la vérité par des chiffres. Il en résulte qu'on peut identifier l'Aribinda avec le pays voisin du Libtako dont le chiffre est de 14 à 15.

Le district des Son Rhaï indépendants a été longé par Barth mais non traversé. Arrosé par plusieurs rivières et limité par le Niger, il est situé dans une contrée très fertile et où un peuple peut aisément prospérer. Épargné par la domination foulbe ce pays a peu connu la guerre et n'a donc point été décimé. Plus fertile que le Saberma, moins décimé que le Libtako, il nous paraît devoir nourrir une population au moins égale à celle de ce dernier district, du moins dans la partie méridionale située au midi du Goredjend. Pour la partie septentrionale comprise entre le Goredjend et le Galindou, partie exposée aux incursions des Touareg, nous admettrons seulement la densité du Saberma.

L'Adar est une vaste province où existe un nombre restreint de villages. Elle est surtout habitée par des nomades tant Foulbes que Touareg; mais ceux-ci y sont en très grand nombre à cause de l'excellence des lieux de pâture. C'est en définitive un pays de tous points comparable à la région voisine du Saberma et nous lui attribuerons le même chiffre de population au kilomètre carré.

Le Gober est certainement beaucoup plus peuplé. Ce qui le prouve ce n'est pas seulement le nombre de ses villages et de ses petites villes; c'est encore et surtout son heureuse et héroïque résistance à l'invasion foulbe. Pendant un demi-siècle le Gober a tenu tête tantôt au royaume de Sokoto, tantôt à celui de Kano et, souvent prenant l'offensive, a réussi non seulement à sauvegarder son indépendance mais encore à faire redouter son voisinage. Suffisamment arrosé pour être très fertile, suffisamment drainé par divers cours d'eau pour être assaini, le Gober nous paraît une acquisition très digne d'être appréciée et nous lui attribuerons volontiers une densité égale à celle du Sokoto qui serait d'environ 30 habitants au kilomètre carré, si nous ne redoutions d'être taxé d'optimisme. Il nous paraît toutefois que nous sommes à l'abri de toute exagération en la fixant à 20 habitants.

Ces moyennes adoptées il ne nous reste plus qu'à mesurer les superficies habitées pour obtenir les évaluations recherchées.

Passant sur le détail des calculs qui serait fastidieux pour le lecteur, nous attribuons, d'après les données qui précèdent :

1° Aux états de Tiéba..................	60,000 habitants.
2° Au Massina, (y compris le royaume de Ségou)...........................	540,000 —
3° Les pays bambaras, situés à l'est de la ligne Yamina-Goumbou.............	400,000 —
4° et 5° Le nord des pays de Kong et du Dafina (un quart environ)............	120,000 —
6° Le Tombo et le Mossi................	2,164,000 —
7° La partie nord occidentale du Gourma	50,000 —
8° Le Dalla et Djilgodi.................	158,000 —
9° 10° et 11° L'Aribinda, le Libtako et les Son Rhaï indépendants................	540,000 —
12° 13° Le Saberma et l'Adar..........	600,000 —
14° Le Gober.........................	500,000 —
	5,132,000 habitants.

Récapitulation des populations desservies.

Première section : Kheneg Zoubia à Igueli.	608,000 habitants.
Deuxième section : Igueli à Timadanin....	378,173 —
Troisième section : Timadanin à l'Adrar....	160.000 —
Quatrième section : Adrar au Niger.........	763,000 —
Populations soudaniennes desservies par la gare terminus........................	5,132,000 —
Total.......	7,041,173 habitants.

Sept millions cinquante mille en chiffres ronds.

III

TRAFIC PROBABLE DU TRANSSAHARIEN

§ 1. — *Question des tarifs.*

Sel, houille.

Quel trafic assureront à la ligne les sept millions cinquante mille clients que nous venons de dénombrer ?

Aucun, si les tarifs sont élevés ou si même ils ne sont pas très réduits.

Supposons pour les deux mille quatre cents kilomètres dix centimes par tonne et par kilomètre de transport à payer, soit une somme de deux-cent quarante francs par tonne pour le parcours total, et demandons-nous quelles marchandises supporteraient un tarif pareil. Évidemment il n'y en aurait guère. Croit-on que les arachides du Sénégal arriveraient jusqu'en France si elles étaient grevées d'un transport aussi onéreux ? Croit-on que l'on pourra jamais utiliser les produits alimentaires ou industriels du Soudan, huile de palme, beurre végétal, fruits divers, indigo, etc., si par le seul fait du transport par voie ferrée, sans compter l'emballage, le transport par mer et celui par voie ferrée dans l'intérieur de la France, leur valeur est majorée de vingt-quatre centimes par kilog. ? Le sel lui-même, que les Soudaniens vont chercher si loin, reviendrait à un prix tel qu'il resterait ce qu'il est aujourd'hui, une marchandise précieuse, d'un usage très restreint, et représentant par suite un tonnage insignifiant. En effet, si l'on calcule le prix de la matière même, le transport en chemin de fer jusqu'au Niger, le transport sur le fleuve jusqu'aux localités desservies, puis un transport terrestre jusque dans le Mossi, on s'aperçoit que rendu en ce point le sel vaudrait au moins cinquante centimes par kilog. A ce tarif il pourrait arriver du Bas-Niger anglais.

Mais il est un autre article, indispensable celui-ci, et dont le prix de revient serait majoré d'une façon encore plus funeste :

c'est la houille. Pour desservir les régions dénombrées, nous supposons, on le sait, que la voie navigable du Niger sera utilisée. Elle ne peut très évidemment l'être régulièrement en toute saison que par des navires à vapeur. Or il n'y a au Soudan ni gisements de houille actuellement connus, ni espérance raisonnable d'en découvrir jamais. Force sera dès lors de la faire venir d'Europe. Supposons que rendue en Algérie elle revienne à 30 francs la tonne, arrivée d'Algérie elle vaudra 270 francs. Le bois étant dans la région très rare et très cher, il y a grande chance que le commerce découragé renonce à toute navigation à vapeur, se contente de la navigation à voile, possible seulement dans certaine saison, et que tout le pays reste plongé dans le marasme commercial et industriel où malgré l'admirable fertilité de son sol il est plongé depuis tant de siècles.

Aussi ne faudrait-il pas que le prix de la houille, transportée de la mer ou du Niger, dépasse 0 fr. 02 par tonne et par kilomètre, ce qui la ferait encore revenir à 80 fr. la tonne environ rendue à destination ; ni que le transport du sel dépasse 0 fr. 01, de manière à ne pas majorer de plus de dix centimes le prix du kilog. Sans doute quelques marchandises telles que les cotonnades, le café, le tabac, etc., pourront supporter des tarifs élevés ; mais ces marchandises ne sont guère pesantes, et comptent dans le tonnage total pour une faible part. Au contraire, les marchandises qui devront être transportées à bas prix, c'est-à-dire le sel, la houille, les bois, les grains envoyés du Soudan au Touat, les dattes transportées du Touat au Soudan, les viandes conservées, le beurre végétal, les légumes et fruits devront être réparties dans les classes les moins tarifées, et leur transport ne pourra jamais, pour de longs parcours, excéder cinq centimes par tonne et par kilomètre.

Mais, me dira-t-on, le Transsaharien ne rapportera, dès lors, pas de gros bénéfices. Je réponds à cela que le Transsaharien, s'il est construit, ne doit pas l'être en vue de rapporter de gros bénéfices à ses actionnaires, mais seulement de permettre à la France d'accomplir, le plus sûrement possible au Soudan, son œuvre de civilisation et d'exploiter, le plus économiquement

possible, les richesses de ce pays. Il doit être construit pour
ouvrir des débouchés à notre commerce, dans l'intérêt de nos
industries productives et pour amener en France, au meilleur
marché, les denrées nécessaires à nos consommateurs. Il faut
qu'on le sache bien, le Transsaharien, en tant que placement,
ne sera jamais, ou du moins durant les vingt premières années,
une affaire exceptionnellement riche. Si les tarifs sont élevés,
il ne transportera rien et se soldera en perte ; si les tarifs sont
très réduits, il transportera beaucoup, mais les bénéfices seront
réduits de même que les tarifs. Dût mon aveu refroidir certains
enthousiasmes, et refermer certaines bourses, je tiens à dire bien
haut ce que je dis, et si jamais quelques spéculateurs plus sou-
cieux peut-être de lancer une affaire que de fonder une entreprise honorable et hautement utile, essayent, par l'appât de
gros dividendes, de duper l'épargne française, du moins je serai
bien certain que ce livre, simple et sincère, ne se sera fait leur
complice auprès d'aucun de ses lecteurs.

Le but à atteindre, ce n'est pas la construction d'une ligne
ferrée ; c'est la fondation d'un empire, c'est la rénovation d'un
peuple, c'est l'épanouissement de notre commerce et de notre
industrie. Si toutes ces grandes choses sont possibles, et je le crois,
bien que j'attende avec impatience le résultat des prochaines
explorations dans le Tombo et le Mossi, alors faisons pour nous
y aider, un chemin de fer avec l'argent français garanti par le
crédit de l'État, dont les tarifs devront être préalablement fixés
par le Ministre, modifiables à sa seule volonté et sur la gestion
financière duquel les ministres s'assureront un contrôle absolu.
Mieux serait encore que ce réseau transsaharien soit un réseau
d'État.

Ceci exposé, revenons à la question posée en tête de ce chapitre et, supposant des tarifs sagement établis, recherchons
quel sera le trafic assuré à la ligne nouvelle.

Le trafic nous viendra de six régions bien distinctes : 1° De
Figuig et région circonvoisine par Kheneg Zoubia ; 2° du Tafi-
lalet et dépendances par Zaouïa Bongabia ; 3° du Gourara, oued
Messaoura, Touat, Tidikelt et nomades de l'est par les diverses

gares de la troisième section; 4° de l'Aïr et du Hoggar par la gare la plus voisine de Silet; 5° de l'Adrar des Aouelimmiden, des régions circonvoisines par les diverses gares de la cinquième section; 6° du Soudan. L'ordre dans lequel j'énumère ces diverses régions est naturellement l'ordre géographique; mais le lecteur me permettra, pour la plus grande clarté de la démonstration, de l'intervertir en débutant et de m'occuper tout d'abord de la section où les populations desservies paraissent les plus pauvres, le Hoggar excepté. — Je veux parler de la troisième section : Gourara, Touat et Tidikelt.

§ 2. — *Section du Touat.*

Son commerce actuel; Statistique officielle du commerce par les caravanes de Hamyans et Trafi; Question de la datte; Son importance économique et sociale; Commerce du Touat avec Ghamadès, Tinboktou, Figuig, Tafilalet et Beni-Mzab; Recensement des dattiers du Touat; Considérations générales sur le compte des dattiers par renseignements; Examen critique des dénombrements de dattiers tentés par MM. Graulle, Sabatier, Coyne, Pouyanne et Deporter; Production moyenne du pied de dattier et rendement en dattes de la région du Touat; Part probable de l'exportation. — Prévisions d'importations.

Actuellement cette région commerce avec le reste du monde par six routes qui sont, par ordre d'importance du trafic : 1° celle de Tidikelt à Ghadamès; 2° celle de Gourara et Touat à Figuig; 3° celle de Tidikelt et du Touat à Tinboktou; 4° celle du Kherzas à Tafilalet; 5° celle du Tidikelt et Gourara aux Beni Mzab; 6° celle du Gourara dans le Sud Oranais par les dunes.

On remarquera dans cette énumération que les routes qui mènent en Algérie sont classées les dernières. La raison de leur moindre fréquentation est simple. C'est que la denrée commerciale par excellence dans ce pays du Touat, qui sert d'intermédiaire entre l'Afrique du nord et le Soudan, l'esclave, est interdite.

La première route exige plus de 800 kilomètres; la deuxième n'est longue que de 300 kilomètres environ, mais en réalité il faut tenir cette distance pour plus que triplée, car Kherzas et Figuig ne sont que des lieux de transit sur la route du centre du groupe touatien à Fez. La troisième route exige un parcours de 1,300 kilomètres environ ; la quatrième longue seulement de 450 kilomètres, menant au Tafilalet, ne procure au Touat que l'approvisionnement en certaines denrées alimentaires et en produits de fabrication arabe. Les deux dernières mesurent, l'une celle des Beni Mzab, environ 500 kilomètres à partir du Gourara, l'autre celle du Sud Oranais, environ 400 kilomètres. Celle-ci est véritablement la plus courte, mais elle exige la traversée, ininterrompue un seul instant, de 170 kilomètres de fortes dunes. On comprend que les deux causes réunies de l'interdiction du commerce des esclaves et de la traversée d'aussi formidables dunes l'aient fait presque abandonner.

C'est pourtant par celle-ci que nous allons juger des autres, car nous avons du moins à son sujet, sur l'importance et la nature du trafic qui s'y poursuit, des renseignements d'une irréprochable précision.

Le *Mobacher*, journal officiel du Gouvernement général de l'Algérie, contenait dans ses numéros des 21 et 28 juin derniers, les rapports adressés à l'autorité supérieure par les commandants des cercles d'Aïn Sefra et de Géryville et contenant l'état des marchandises importées et exportées par les six caravanes de très inégale importance qui, pendant l'hiver dernier, se sont rendues du Sud Oranais au Gourara.

Ces caravanes ont compté ensemble au départ un effectif de 3,504 hommes et de 13,524 chameaux. Pour atteindre le Gourara par l'oued Namous ou l'oued Seguer, elles ont dû faire en général 12 à 14 jours de marche, dont sept sans eau dans les grandes dunes de l'Erg. Elles ont, par cette voie, importé au Gourara :

7,194 moutons de 15 à 20 fr. l'un,
22,061 toisons de laine à 1 fr. 50 l'une,
   933 mesures de beurre à 40 fr. l'une,
34,093 décalitres de blé à 1 fr. 50 l'un,

18,608 décalitres de fèves à 1 fr. 70 l'un,
1,071 décalitres de fromage à 5 fr. l'un,
24 charges de chameau de graisse de mouton à 150 fr. l'une,
3,146 décalitres de viande séchée à 6 fr. l'un en moyenne,
162 décalitres de pois chiches,
473 litres d'huile,
52 kilos de bougie,
860 peaux de moutons,
80 décalitres d'orge,
40 kilos de savon,

Les mêmes caravanes ont rapporté :

12,068 charges de dattes diverses,
1,097 haïks,
4 charges de henné,

Quelques charges de paniers et d'objets de vannerie en palmier,

Quelques charges d'épices et notamment du piment.

Les valeurs des denrées, tant importées qu'exportées, sont évaluées aux cours de Mécheria, Saïda ou Géryville, lieux du départ et du retour.

Leur total se décompose ainsi :

NUMÉRO D'ORDRE DES CARAVANES	VALEUR DES MARCHANDISES		A DÉDUIRE VALEUR DES CHAMEAUX MORTS EN ROUTE	OBSERVATIONS
	IMPORTÉES AU GOURARA	EXPORTÉES DU GOURARA		
	Fr. C.	Fr. C.	Fr. C.	Soit 411,443 fr. de bénéfice, ce qui équivaut à 134 fr. 50 0/0 de bénéfice net. Si un certain nombre de chameaux n'étaient morts en route le bénéfice eut été de 437,193 fr. C'est-à-dire comme bénéfice moyen, 143 fr. 0/0.
1re	3 274 »	8 100 »	» »	
2e	65 266 »	143 450 »	5 750 »	
3e	83 970 »	200 991 »	14 000 »	
4e	92 903 »	273 484 »	6 000 »	
5e	39 920 »	68 533 »		
6e	15 380 »	48 350 »	» »	
TOTAUX.	305 715 »	742 908 »	25 750 »	

Pour savoir à quel prix sont revenues les marchandises achetées, il nous faut observer que sur les bénéfices de l'opération commerciale les 3,504 hommes composant l'effectif des caravanes ont vécu pendant toute la durée du voyage, aller et retour, et du séjour au Gourara. En supposant une dépense de 0 fr. 25 c. par jour et par homme pour une durée moyenne de 60 jours, nous arrivons à la somme de 52,560 francs. Il conviendrait très probablement d'ajouter à cette somme quelques droits de protection ou cadeaux faits à des marabouts, mais nous n'avons pas d'éléments d'appréciation à cet égard et n'en parlons que pour mémoire. Le bénéfice net est donc de 489,753 francs, ce qui correspond à une bénéfice de 160 francs pour cent. Ainsi les marchandises achetées au Gourara ont-elles été, par rapport à leur valeur dans le Tell, comme 1 fr. à 2 fr. 60. Telle charge de dattes Tineboud, évaluée à 70 francs, au retour de la caravane dans le Tell, n'a donc été achetée que 28 francs, au Gourara, c'est-à-dire à environ 15 francs le quintal ; c'est d'ailleurs la datte la plus prisée par nos indigènes. A quel prix ont dû dès lors être achetées les Amira qui, dans le Tell, ne valent plus que 55 francs la charge, les Timoudjel et les Tinaceur qui ne valent plus que 40 francs ; enfin les Degaza qui ne valent que 15 francs ; celles-ci n'ont pu être achetées au Gourara que 6 fr. 50 la charge, c'est-à-dire 3 fr. 25 et 3 fr. 50 le quintal.

Transportées à raison de 0 fr. 06 c. par tonne et par kilomètre pour wagon complet, ces dattes de rebut seraient amenées en Algérie dans un état de fraîcheur qui les ferait encore très apprécier de nos indigènes. Cette nourriture leur reviendrait à moins de 0 fr. 05 le kilo ; à ce prix, même à un prix plus élevé, la datte pourrait être utilisée pour la fabrication de l'alcool. J'ai vu, en effet, sous mes yeux, obtenir, rendement invraisemblable, 55 litres d'alcool pour 100 kilos de dattes, noyaux compris. Quant aux Tineboud du Gourara et à la qualité correspondante du Tafilalet, les Medjehoul, elles pourraient être livrées en France à la consommation courante, même en tenant compte d'un bénéfice appréciable pour le vendeur de 40 à 50 c. le kilo, c'est-à-dire à un prix de revient inférieur au raisin sec.

Or la datte a une valeur nutritive de tout premier ordre ; à la fois mucilagineuse et très sucrée, elle satisfait pleinement l'estomac à tel point, je le sais par expérience, qu'un kilogramme de dattes satisfont l'appétit d'un européen pour toute une journée et représentent comme valeur nutritive l'équivalent de 4 kilogrammes de pommes de terre. Au lecteur qui serait tenté d'en douter je recommande notamment la lecture de nombreux passages du second volume de Sir Palgrave, *Voyage dans l'Arabie centrale*. Ce ne sera pas le moindre service que rendra le chemin de fer du Touat que de mettre un aliment nouveau, aussi agréable que substantiel, à la disposition de nos classes les plus pauvres, tandis que les tables aristocratiques pourront encore, sans déroger, accueillir le Deglet en Nour à la robe ambrée et au parfum exquis. Je ferme cette longue parenthèse sur les dattes pour revenir aux caravanes algériennes du Gourara et constater qu'elles ont rapporté du Gourara 12,500 charges de chameau de produits divers qui, en poids, à raison de deux cents kilogrammes l'une, représentent 2,500 tonnes. Elles y avaient importé quinze cents tonnes environ, soit 4,000 tonnes au total d'importations et d'exportations.

Le commerce avec le Gourara ne dure que du mois de novembre au mois de mars, et ne s'effectue que par grandes caravanes. Il n'en est pas de même entre le Touat et Ghadamès. Par cette route, le commerce est constant. Les esclaves, marchandises eux-mêmes, y sont employés au transport des marchandises en même temps que les chameaux. Nous n'avons et ne pouvons espérer aucun renseignement précis à ce sujet. La seule observation à faire, c'est que cette route est actuellement la plus appréciée par le commerce touatien parce qu'elle mène à Tripoli, d'où les esclaves vendus sont facilement dirigés sur la Turquie qui en achète de grandes quantités. De plus la route est relativement courte et aisée. C'est par Ghadamès, que le Touat se procure d'autre part ses armes : fusils et sabres de fabrication allemande ou autrichienne, et la majeure partie de ses cotonnades blanches et bleues, et nombre des produits destinés à Tinboktou.

Le commerce avec Tinboktou a lieu par caravanes de très inégale importance. Les unes, les grandes, celles que les indigènes nomment « akkabar », n'ont lieu que deux fois par an, la première en mai, la deuxième en octobre. Les deux caravanes se composent ensemble de huit à dix mille chameaux. Pendant toute l'année, partent en outre, par des routes très diverses, des caravanes de bien moindre importance, mais dont les plus petites comptent toujours cependant plusieurs centaines de chameaux. Les marchandises transportées sont presque toutes d'origine européenne, et le Tidikelt n'est pour elles qu'un lieu de transit. Toutefois le Touat envoie par cette route une quantité assez considérable, soit pour les Touareg, soit pour Tinboktou, et reçoit en retour, en outre des esclaves, des peaux de bœuf tannées ou non tannées.

Le commerce avec Figuig et avec le Tafilalet, est également un commerce constant. Il s'opère sous la protection des marabouts de Kherzas; tandis que la ligne de Ghadamès est surtout une portion de la route de Tinboktou, la ligne de Figuig au Touat est bien véritablement et uniquement toualienne. Son trafic est beaucoup plus considérable que celui qui se fait par la ligne des Hamyan. Tandis que la province de Maroc use des dattes du Tafilalet, celles de Fez et Mequinez n'utilisent guère que les dattes du Touat qui leur viennent par Figuig. C'est par Figuig que vont au Touat, comme marchandises de retour, la quincaillerie, le savon, le papier, le sucre, le café, le thé, les verroteries, les faïences et porcelaines et généralement toutes les marchandises de poids, les médicaments et les drogues. En même temps que ses dattes, le Touat envoie au Figuig, son henné, sa garance et son piment renommé.

Sur le Tafilalet, le commerce redevient commerce de transit. C'est au moyen des marchandises venues directement du Soudan au bas Touat, c'est-à-dire à Taourirt, que le Touat achète au

Tafilalet ses peaux de chèvre, son koheul ou sulfure d'antimoine, son miel et ses tissus de laine notamment ses haïks.

Enfin les Mozabites, gens très entendus en commerce, comme chacun sait, font pénétrer dans le Touat des bougies, du fil, des aiguilles, des cordes et cordages, des allumettes et une quantité d'autres menus articles. Ce commerce est d'ailleurs restreint.

Pouvons-nous, avec cet ensemble de renseignements, nous faire une idée approximative du commerce que le Touat relié à l'Algérie par une voie ferrée, entretiendrait avec nous?

Il n'a qu'une denrée à nous offrir : la datte. Nous n'avons que faire de sa garance, matière que notre industrie n'utilise presque plus; ses piments, son henné, ne pourraient être marchandises à tonnage. Il n'y a que la datte et les autres produits du dattier qui pourraient être utilisés, tels que les palmes et les bourres. Les coquets objets de vannerie en palmier seraient également d'un débouché assuré.

A quel chiffre s'élève l'ensemble des dattiers répartis dans les oasis du Messaoura, du Gourara, du Touat, du Tidikelt? Nous le disons hardiment, sans crainte d'exagération, à dix millions au moins, auxquels, — si l'on veut se faire une idée de la richesse en palmiers du Sahara occidental, — il faut joindre, par la pensée, les quatre millions de dattiers, au bas mot, qu'arrose l'oued Ziz.

Nous nous occuperons des dattiers du Tafilalet, quand nous traiterons des produits de la deuxième section. Nous allons maintenant justifier auprès du lecteur le chiffre minimum de dix millions auquel nous fixons le nombre des palmiers de notre section.

C'est en 1871 que je commençais à recueillir quelques indications précises sur les palmeraies du Messaoura et du Touat et j'ai souvenir de l'étonnement incrédule que me causaient les chiffres énormes énoncés par mes informants pour m'indiquer le nombre des palmiers. Sur mes protestations, ils me répondaient avec philosophie : « Je t'indique le chiffre qu'on accuse dans le ksar lui-même. Il est véritable, et je n'ai aucun intérêt à te tromper. D'ailleurs tu peux le réduire autant que tu le voudras et écrire celui qui te fera plaisir ». Et je réduisais très régulièrement le nombre de moitié, m'étonnant encore malgré cette systématique réduction des chiffres que j'enregistrais.

Mon étonnement, tous ceux qui se sont occupés du Sud, l'ont ressenti. Il y a vingt-cinq ans à peine, il était admis qu'Ouargla comptait cent mille dattiers. Cent mille ! Et tandis qu'on écrivait ce gros chiffre on avait peur d'être taxé d'exagération. Or les dattiers d'Ouargla ont été recensés, dans le but avoué de leur faire payer l'impôt, c'est-à-dire avec la certitude que les déclarations resteraient au-dessous de la vérité et le chiffre officiel a été, pour les dattiers féconds et en période de production de 485,102.

Toujours sous l'influence de la même défiance, M. de Colomb et M. Burin ont fixé à cent mille au moins le chiffre des dattiers de Figuig. Ce chiffre je l'avais admis après eux et mes informants, sachant mon incrédulité, me le confirmaient en ce sens que lorsque je l'énonçais comme conclusion à leur réponse, beaucoup me répondaient en souriant : « au moins ».

Or, depuis j'ai moi-même vu Figuig à quelques kilomètres de distance, détaillant de la hauteur où j'étais placé, avec une longue-vue ksour et jardins. J'ai vu combien étaient serrés les arbres dans l'immense étendue de l'oasis qu'enferme une muraille de seize kilomètres de longueur ; combien il y en avait en dehors, soit dans le ksar isolé de Beni Ounif, soit dans des palmeraies éparses, et mon sentiment intime est qu'il existe à Figuig autant de palmiers qu'à Ouargla. J'avais déjà eu la veille même une indication précise à ce sujet. Prenant pour unité de comparaison le ksar de Moghrar sur l'importance exacte duquel j'avais été fixé, puisque les dattiers y ont été officiellement recensés, j'avais invité divers chefs des Ahmour réunis sous ma tente à comparer sa richesse en dattiers avec celle de chacun des ksour de Figuig pris en particulier. Le résultat de leurs indications fut d'attribuer à Figuig environ six cent mille palmiers. M. le capitaine Graulle avait déjà, bien avant, estimé à 570,000 le chiffre des dattiers de cette oasis, chiffre qu'il obtenait en multipliant les 3,000 hectares de sa superficie complantée par cent quatre-vingt dix, nombre supposé des dattiers à l'hectare.

Si l'oasis était uniquement complantée en dattiers, j'estimerais aujourd'hui ce chiffre comme manifestement très modéré, mais l'oasis compte également un certain nombre d'arbres fruitiers de diverses espèces, je m'arrête à titre de minimum au chiffre de trois cent mille, certain que quand on les recensera on en trouvera davantage.

J'explique ailleurs, dans mon chapitre relatif à la valeur et à l'emploi des informations indigènes, quelle est la moyenne du nombre des dattiers par hectare. Il y a environ vingt-cinq mille dattiers au kilomètre carré dans les oasis du Touat. Que le lecteur veuille bien se reporter au chapitre indiqué au cas où il ressentirait à son tour l'étonnement des gros chiffres et qu'il me permette en attendant de revenir à mon recensement des oasis de l'oued Messaoura.

Je pourrais dès ce moment en fournir le total tel qu'il résulte de la publication qui fut faite de mon étude dans le *Mobacher*, étude qui a été reproduite depuis dans les documents rassemblés par M. Pouyanne. Mais j'ai d'abord à la rectifier.

En effet, pour la belle forêt des Beni Goumi, tous mes informants me l'indiquaient comme beaucoup plus riche que Figuig : « très certainement plus de deux fois supérieure et vraisemblablement supérieure de quatre fois », me disaient les caïds des Ahmour que j'avais interrogés pour la première fois en 1880. En présence de cette réponse, Figuig étant estimé à cent mille dattiers, j'estimais à trois cent mille l'oasis des Beni Goumi. Je suis obligé, rectifiant le chiffre de Figuig, de rectifier également celui-là et de le porter au moins à 600,000 auquel je m'arrête.

Enfin Igueli m'était indiqué comme d'importance égale à Figuig quant au chiffre de ses dattiers et, joignant toutefois à ce ksar le jardin de dattiers d'Ouarourout, la forêt du ksar Maïzer et les jardins du ksar Seghamra, j'évaluais le tout à 100,000. Une rectification identique me fera écrire 300,000.

Je maintiens au chiffre de 700,000, que j'avais primitivement accusé, quoique j'ai la certitude morale qu'il est très inférieur à la réalité, le chiffre des dattiers depuis Beni Abbès jusqu'à El Kessabi, ce qui me donne, pour l'intégralité de l'oued Messaoura, en omettant Beni Gonmi et Figuig qui seront dénombrés dans la deuxième section, un total de un million.

Sur les trois grands groupes du Gourara, Touat, Tidikelt, nous avons des renseignements de sources diverses :

Le premier essai de dénombrement date de 1880. D'une part, M. le capitaine Graulle, d'autre part l'auteur de cette étude essayèrent le dénombrement par des procédés divers. M. Graulle se servit pour apprécier l'importance des trois groupes, de l'oasis du Tafilalet pris comme terme de comparaison et auquel il attribuera, un peu a priori, une richesse en dattiers de trois millions de pieds. Cette appréciation est, comme je le démontrerai plus loin, notoirement trop basse de plus d'un tiers. Quoi qu'il en soit, et sur cette première donnée, M. Graulle, puisant ses renseignements plus particulièrement auprès du marabout de Kenatsa, attribuait au Gourara un chiffre de palmiers égal à celui du Tafilalet, trois millions, au Touat un chiffre de même importance et le tiers de pareil chiffre au Tidikelt. Il arrivait ainsi à un total de sept millions.

Par comparaison avec Brézina dont les dattiers, qui sont au nombre de 8,000, furent supposés n'être que de 6,000, je pus obtenir de plusieurs natifs du Timmi, fixés à Géryville, des renseignements assez précis sur le nombre des dattiers de chacun des ksour du blad Bouda et du blad Timmi. Il résulta de leur déposition que ces deux blad, assurément les plus riches du Touat, possédaient, le premier, 858,000 dattiers, et le second, 966,000, soit au total, 1,824,000 dattiers.

De même, et toujours en prenant Brézina comme terme de comparaison, j'obtins de deux indigènes, originaires de Barma Amelal, ksar du blad Zaouïet, cheik ben Abdel Kerim, l'évaluation du chiffre des dattiers de ce blad. Le total s'éleva à 350,000.

Un indigène de Ben Attab, qui avait suivi pendant huit ans la fortune de Si Hamza et avait maintes fois visité tout le Touat, m'avait donné d'autre part l'appréciation générale que voici :

« L'oued Zouzfana, l'oued Messaoura, le blad Bouda et le

blad Timmi réunis comptent environ le même nombre de dattiers que les blad Tsabit, Tamentit, Fennorrhin, tout le Touat, y compris le Reggan, et enfin le Tidikelt réunis. Le groupe des oasis septentrionales comprenant le Gourara et dépendances, compte à lui seul plus de dattiers qu'aucun des deux autres groupes déjà indiqués. »

Sur ces indications, une évaluation d'ensemble était permise. Mais, persévérant dans mes scrupules, j'en réduisis le total de moitié, le plus arbitrairement du monde, dans le rapport que j'adressais sur ce sujet à M. Pouyanne, et qui fut publié dans les documents relatifs aux missions dirigées par cet ingénieur.

Si, sur les renseignements actuellement existant en ma possession, j'avais à traduire en chiffres la formule d'évaluation de l'indigène de Ben Attab, j'arriverais au résultat suivant :

1er groupe	Figuig...............	300,000	
	Beni Goumi.........	600,000	
	Igueli et dépendances.	300,000	3,724,000
	Bas-Messaoura.......	700,000	
	Bouda..............	858,000	
	Timmi	966,000	
2e groupe (Tsabit, Tidikelt et bas Touat, déclaré égal au précédent).............................			3,724,000
3e groupe (Gourara, supérieur à aucun des deux groupes, inférieur à leur somme).....			4,500,000
		Total.....	11,948,000

Soit 12,000,000, en y comprenant les petites oasis voisines de Figuig.

M. l'ingénieur Pouyanne essaya d'obtenir une évaluation approximative par un nouveau procédé. Utilisant tous les renseignements qui lui étaient fournis, et en obtenant lui-même de très précieux de Ahmed ben Ahmed, ancien caïd des Chaamba, interrogé devant lui par M. le capitaine Coyne, il rechercha une moyenne par ksar. Mais, tenant compte de nos évaluations systématiquement réduites de moitié, il obtint les chiffres suivants, qu'il déclara lui-même être vraisemblablement inférieurs à la réalité.

Gourara, 1,747,000 dattiers; Tidikelt, 902,000; Touat, 4,316,000. Total, 6,965,000.

Depuis, quelques renseignements sont survenus, notamment sur les palmiers du Tidikelt. Les Taïtok interrogés par le capitaine Bissuel donnèrent à cet officier quelques indications sur le nombre des dattiers d'Akabli, de l'Aoulef, d'In Salah. Elles mirent généralement en relief la faiblesse des évaluations de M. Pouyanne.

Enfin M. le commandant Deporter vient de publier une statistique très détaillée indiquant pour chacun des ksour du Gourara, du Touat et du Tidikelt, le chiffre des dattiers. Nous ne savons toujours pas ni de quels informants il tient ses renseignements, ni par quel procédé d'interrogation il les a obtenus. Toutefois les tableaux, tels qu'il les a publiés, accusent un travail considérable. Nous pouvons juger de la conscience et du scrupule apporté à ce travail non seulement par le caractère bien connu de l'honorable officier, mais encore par cette remarque que les chiffres indiqués conservent entre les divers blad et les divers ksour, les proportions de relation que révélaient les renseignements antérieurs. Le chiffre total est d'autre part conforme à celui qu'on pouvait légitimement prévoir, en supposant d'ailleurs le même désir de rester au-dessous de la vérité. Nous accepterons donc telles quelles les évaluations de M. Deporter et fixerons à sept millions le chiffre des trois grands groupes, plus un million depuis Igueli jusqu'à El Kessabi, soit au total, huit millions ainsi répartis:

Gourara, 2,500,000; Tidikelt, 1,500,000; Touat, 3,000,000; Messaoura, 1,000,000.

Avoir au minimum le nombre des dattiers n'est que la première partie de notre tâche. Il faut encore calculer le rendement en dattes, c'est-à-dire la production moyenne de chaque pied.

Sur ce sujet nous ne saurions mieux faire que d'enregistrer la conclusion à laquelle arrive M. Pouyanne après une étude approfondie : « Tout bien pesé et considéré, nous dit l'éminent ingénieur, je crois pouvoir adopter quarante kilogrammes comme un chiffre moyen minimum pour la production en dattes sèches d'un pied de palmier dans le bassin géographique de l'oued Messaoura. »

A raison de huit millions de dattiers, la production moyenne en dattes, dans notre seule section, serait donc de trois cent vingt millions de kilogrammes, soit trois cent vingt mille tonnes.

Il faut nous demander maintenant quelle part, sur cette quantité, le bassin de l'oued Messaoura, du moins ce qui en est compris dans la section que nous étudions, pourrait livrer à l'Europe et à l'Algérie.

Algérie comprise, je l'estime au quart, et voici pour quelles raisons :

Bien que les céréales et viandes du Tell leur arrivent désormais, par suite de l'établissement de la voie ferrée, à un bon marché qui, au début, leur paraîtra invraisemblable, il est à présumer que les populations du Touat, qui ont fait depuis des siècles, de la datte, leur nourriture presque exclusive, conserveront encore ce fruit comme base de leur alimentation. De plus les Chaàmba et les Beni Mzab, qui se trouveraient en dehors de la zône d'action de la ligne, continueraient à les aller chercher directement au Tidikelt ou au Gourara. Également les Touareg Hoggar, dont le Touat est le marché d'approvisionnement, retiendraient pour leur part une certaine quantité de ce produit. En outre, un certain nombre d'espèces communes sont facilement corruptibles et se transportent difficilement. Enfin toute la partie orientale du Maroc, depuis Fez et Méquinez, qui fait de dattes une consommation énorme, tire ce fruit du Touat, tandis que la partie occidentale, Maroc et Méquinez, sont approvisionnés par le Tafilalet, le Drâa et le Sous. J'estime donc à priori que les Touatiens feront deux parts égales de leur récolte : une sera gardée dans le pays pour l'usage des habitants et de leurs clients du désert central, l'autre sera elle-même partagée entre le Maroc d'un côté, l'Algérie et l'Europe de l'autre. A celle-ci seront réservées les dattes de choix telles que les Tinehoud, tandis que les espèces de qualité inférieure seront encore très appréciées par les indigènes algériens et marocains. Il y a d'autant plus de raison de le penser, que par suite de la substitution du transport par voie ferrée au transport par caravanes, elles leur reviendront à bien meilleur marché que précédemment.

Mais il faut remarquer qu'au regard de la voie ferrée la distinction plus haut établie entre les dattes destinées au Maroc et celles destinées à l'Europe ou à l'Algérie, est de peu d'importance. Les unes et les autres emprunteraient en effet la voie ferrée. Les premières s'arrêteraient toutefois à Kheneg Zoubia où les recevraient les négociants de Figuig.

Il résulte de ce qui précède, que la ligne du Touat pourrait espérer de la deuxième section, un transit de la moitié de la production des dattes jusqu'à Kheneg Zoubia, c'est-à-dire de cent soixante mille tonnes, et du quart seulement pour Kheneg Zoubia à la mer, c'est-à-dire de quatre-vingt mille tonnes.

Nous tiendrons pour négligeables les autres produits du Touat et du Gourara dont nous avons donné plus haut la courte énumération et n'en ferons pas entrer en ligne de compte l'exportation possible.

A quelle importation correspondra ce chiffre d'exportation? Il n'est pas aisé de répondre exactement, mais il est du moins facile de prévoir que, sans être aussi élevé que celui de l'exportation, ce chiffre sera très considérable. Supposons en effet que le commerce d'échange ait lieu uniquement en dattes d'une part, et en blé de l'autre. Supposons également, ce qui est vraisemblable, qu'il s'établisse une échelle des prix tel que un quintal de blé représente une valeur de deux quintaux de dattes, il en résulte que pour cent soixante mille tonnes de dattes il faudra importer au Touat quatre-vingt mille tonnes de blé. Mais ce chiffre est inexact, d'abord parce que pareille quantité de blé dépasserait les besoins de la population touatienne, ensuite parce que, pour une large part, interviendront dans l'importation au Touat, les viandes conservées, les beurres, les sucres et cafés, les huiles,

les bougies, etc., tous articles qui à poids égal vaudront de quatre à dix fois plus que les dattes. Il est vrai que les orges tendront à rétablir l'équilibre. Tout compte fait j'estime au quart en poids de l'exportation le chiffre de l'importation au Touat, et le premier étant de cent soixante mille, j'estime le second à quarante mille tonnes, ce qui nous donne comme total de l'importation et de l'exportation pour la troisième section, le chiffre de deux cent mille tonnes, dont moitié sur toute la longueur du parcours, depuis les premiers ksour du Touat jusqu'à la mer, moitié depuis le Touat jusqu'à Kheneg Zoubia seulement.

Il en est beaucoup qui se récrieront. Deux cent mille tonnes avec le Touat! Mais c'est du rêve! La moitié, le quart seraient plus que suffisants pour justifier une ligne ferrée. A quoi bon enfler les chiffres?

A celui de mes lecteurs qui me ferait semblable réponse, j'adresse une simple prière : Qu'il veuille bien relire ce qui précède et, s'il découvre dans une seule ligne le moindre désir d'arriver à un résultat autre que la vérité, le moindre artifice d'exposition, je courberai la tête sous le reproche. Si au contraire il rend justice à ma sincérité, qu'il veuille bien se souvenir que depuis vingt ans j'étudie la question saharienne et que j'ai du moins gagné le droit de voir mon opinion discutée et non rejetée, à priori, par simple prévention d'ignorant. Mes éléments d'appréciation ont été mis sous les yeux du lecteur. Il peut juger sur pièces.

Au surplus, l'étude économique du Touat met en relief un phénomène bien singulier et qui, ne fut-ce que comme étrangeté, mérite de fixer l'attention. Ce pays n'a qu'un seul produit ; mais avec le Tafilalet, il est presque le seul au monde à le produire par grandes masses. Du moins, pour être plus exact, car l'Arabie centrale et méridionale sont aussi des pays très producteurs, — est-il le seul qui puisse expédier en Europe la datte, quand il utilisera une ligne ferrée, dans des conditions de fraîcheur et à un prix tel que la consommation en puisse devenir indéfinie. Actuellement au Touat la datte ne sert pas seulement à la nourriture de l'homme. On en nourrit également les chevaux, les mulets, les chameaux et jusqu'aux chats[1]. Le prix de vente aux nomades étrangers qui viennent s'approvisionner et aux caravanes de commerce est extrêmement bas, — le lecteur en a eu la preuve dans un document officiel, — et cependant dans les années de grande production les fruits accumulés par tas énormes dans chaque maison finissent par se pourrir et développent des miasmes et des maladies graves. Aussi, malgré cette pléthore de dattes, l'existence humaine est-elle au Touat très pénible; car l'usage d'un aliment unique est assurément une des plus dures sujétions auxquelles l'être humain puisse être soumis, quelque salubre que cet aliment soit en lui-même. Durant ce temps dans notre vieille Europe, les matières alimentaires renchérissent au point qu'un litre de marrons se vend à Paris cinquante centimes, alors qu'une égale quantité en poids de dattes excellentes se vendrait sensiblement moins cher et fournirait à l'organisme une matière nutritive plus considérable en même temps qu'un élément sucré.

Sans doute le prix des dattes renchérira au Touat par suite d'une demande plus considérable, mais au point de vue du transit par voie ferrée ce phénomène ne pourra avoir que des conséquences avantageuses car, pour que ce renchérissement se produise, il faudra d'abord que toutes les dattes disponibles soient expédiées, tandis que la conséquence immédiate du renchérissement de leur produit sera de permettre aux Touatiens des achats plus considérables de denrées européennes.

Améliorer considérablement les conditions d'existence des cinq cent mille Touatiens est déjà un but très digne d'être poursuivi. Mettre à portée de nos plus pauvres un aliment substantiel et excellent au goût nous paraît un devoir étroit et bien propre à attirer l'attention de tous ceux qui s'intéressent au sort de nos classes laborieuses.

---

1. Je connaissais l'utilisation des dattes de rebut pour la nourriture des mulets et des chameaux, M. Deporter nous apprend qu'on l'utilise également pour les chats, peu nombreux d'ailleurs.

§ 3. — *Section de Figuig et Tafilalet.*

Compte des dattiers : Filalé, Takaout ; Trafic probable ; Importations.

Assurément plus riche que la deuxième, et comptant deux cent mille âmes en plus, la première section fournira cependant, à coup sûr, un tonnage moins considérable. La cause en réside dans la nature des marchandises susceptibles d'être transportées.

En effet, les dattiers de Figuig, du Kenatsa, du haut oued Ziz, et des petites oasis de l'oued Guir supérieur, ensemble au nombre d'un million environ, seront complètement improductifs de tonnage. Leurs fruits seront, en effet, transportés directement au Maroc et n'emprunteront pas la voie, sauf les meilleures de Figuig, qui très tardives, seront expédiées en Europe en fin de saison.

Nous n'avons dans le rayonnement de la voie, que les dattiers des Beni Goumi, au nombre de six cent mille environ, et les quatre ou cinq millions de dattiers du Tafilalet, depuis la Daya Daoura jusqu'au Mdaghra inclusivement. Je dis quatre à cinq millions, car rien que pour le Mdaghra, Rolhfs déclare que la forêt de dattiers a quatre heures de marche en longueur sur une de large. La carte de Pétermann, écrite sur les indications de Rolhfs et sur son contrôle, semble nous indiquer qu'il s'agit de marche à cheval. Ce serait donc, au bas mot, 24 kilomètres de long sur 6 de large. A raison de 200 dattiers à l'hectare, il n'y aurait pas moins de 2,880,000 dattiers. Veut-on réduire ce chiffre d'un tiers, voire à 1,500,000, ce qui réduirait les heures de marche à des heures de piéton, on n'en arriverait pas moins au total plus haut indiqué ; car il n'est pas douteux que le Tafilalet, aux 360 ksour, d'après les indigènes, que le Rhorfa, le Tissimi, etc., valent ensemble au moins deux fois le seul Mdaghra.

Mais je me hâte de dire que le dénombrement des dattiers du Tafilalet n'offre pas le même intérêt que le dénombrement de ceux du Touat, car, au point de vue économique, ils seront beaucoup moins que ceux du Touat, tributaires de notre ligne. Grevées du transport par caravanes, depuis le Tafilalet jusqu'aux Beni Goumi, leurs dattes inférieures ne soutiendront pas la concurrence de celles du Touat. Seules les excellentes Medjehoul, celles-là mêmes dont Rolhfs, bon connaisseur, nous dit qu'elles sont les meilleures du désert, seront de vente facile et arriveront en Europe. Les autres seront réservées à la clientèle marocaine, et seront expédiées par l'Atlas.

En tant que place de commerce, Figuig est depuis longtemps connu. Il est évident que le jour où le chemin de fer débordera sensiblement Figuig au sud, et atteindra par exemple Igueli, l'oasis marocaine perdra les deux tiers, au moins, de son importance commerciale. Elle est, en effet, aujourd'hui, le centre des relations qui peuvent exister du Tafilalet haut et bas et de l'oued Drâa avec l'Algérie ; de même entre le Touat et le Nord marocain ; entre l'Algérie elle-même et le Touat, la plus grande partie des affaires commerciales se traitent par son intermédiaire. Or, il est clair qu'une gare créée à Igueli, priverait Figuig d'une façon absolue de tout le commerce du Touat et du Gourara, du commerce de l'oued Drâa et du bas Tafilalet. Il ne resterait à Figuig d'autre clientèle commerciale que celle de l'oued Guir supérieur, Beni Guil, ouled Djerir, et ksour divers et celle du haut oued Ziz jusque vers Er Retib. C'est donc cette dernière clientèle là, seulement, que nous allons supputer : elle est d'ailleurs assez pauvre, car la riche région des dattiers du Tafilalet ne commence que peu au-dessus d'Er Retif à Ifri. Toutefois comme les Douï Ménia possèdent de riches pâturages et font assez souvent des récoltes appréciables d'orge et de blé, ils sont en mesure de se pourvoir d'un confort relatif. J'estime à une centaine de mille, le chiffre de clients qui pourraient rester à Figuig, et le tonnage qu'exigerait chacune de ces cent mille personnes, à titre d'importation, à dix kilos l'une, et je décompose ainsi : cotonnade et étoffes diverses, 2 kilos, sucre, café et thé, 2 kilos, ouvrages en fer, fer blanc, fer en barre, zinc et cuivre, 2 kilos, savon, parfumerie, couleurs pour teintures, produits chimiques et médicamenteux, 2 kilos, marchandises diverses, telles que : cordes et cordages, faïences, bougies, pétrole, papier, allumettes, etc., 2 kilos ; soit un million de kilos à l'importation.

L'exportation consisterait en dattes de maturité tardive. En effet la récolte des dattes a lieu à Figuig en octobre, tandis qu'elle se fait en août au Touat et s'achève en septembre au Tafilalet et aux Beni Goumi. Figuig fournirait donc les fruits d'arrière-saison. Viendraient ensuite un certain nombre de toisons de laine, quelques peaux préparées, des haïks et un peu de henné.

Le Tafilalet dont René Caillé et Rolbfs s'accordent à nous vanter la fertilité et l'abondance, a des produits très divers d'un tonnage assez faible, mais d'une valeur commerciale considérable. En outre des dattes exquises dont j'ai déjà parlé, le Tafilalet produit et exporte :

1° Les filali. — Ces cuirs préparés, qu'on connaît en France sous le nom de marocains et qui constituent le produit le plus original en même temps que le plus précieux du Sahara, s'expédiaient, il y a vingt ans encore, quelque peu à Tlemcen où les caravanes en apportaient 800 quintaux par an. On sait que la ruine des relations du Sud Marocain et de l'Algérie, a été due à l'établissement des douanes sur la frontière et à l'insurrection des Ouled Sidi Cheik, qui pendant douze ans, mit tout le Sud Oranais en état d'insécurité permanente.

2° Les peaux de mouton non tannées. Il en arrivait à Tlemcen 2 ou 3,000 quintaux par an.

3° Le Takaout fruit d'un arbre qui serait d'après les uns un tala, et d'après les autres un chêne. Ce produit, inconnu en France, arrivait avant 1870, et surtout avant 1863, à Tlemcen en quantité notable ; il était utilisé par les tanneurs tant européens qu'indigènes et, malgré son prix élevé majoré surtout par les frais de transport, était préféré par tous à nos tans de provenance européenne. Pour faire juger de la majoration que tous ces produits subissaient par suite du transport, il me suffira de faire remarquer que, du Tafilalet à Tlemcen, le transport d'une charge de chameau, 180 kilogrammes en moyenne, était de 85 à 90 francs, dont les trois quarts à peu près imputables à la traversée de Figuig et du Sud Algérien. Une voie ferrée qui serait atteinte par les produits du Tafilalet vers les Beni Gouni, n'exposerait donc plus ces produits qu'à un quart de la somme de 85 à 90 francs, soit de 25 francs au plus, auxquels il conviendrait d'ajouter le transport par voie ferrée ; l'économie réalisée dès lors pour le transport serait de 55 francs par 180 kilos. Diminué d'une pareille surtaxe le takaout deviendrait très abordable au commerce et, comme d'après les renseignements, la production en serait indéfinie, il y aurait là très vraisemblablement les éléments d'un très sérieux tonnage.

4° Des petits ânes très appréciés en Algérie et qui arrivaient chaque année au nombre de 3 à 4,000 ; on les vendait en général à Tlemcen de 10 à 25 francs pièce.

5° Du henné, de la garance, des piments.

6° Enfin, comme produit minéral, du koheul ou sulfure d'antimoine. Les quantités de koheul que les caravanes du Tafilalet apportaient jadis à Tlemcen, n'ont jamais été considérables, environ de 2 à 3 quintaux par caravane ; mais la chose s'explique par ce fait que la consommation en demandait extrêmement peu. En Algérie, en effet, le koheul ne sert qu'à la toilette des femmes qui en noircissent leurs sourcils. Les médecins indigènes l'utilisent également dans certains cas. La voie ferrée réduisant considérablement les frais de transport permettrait-elle à l'industrie française d'utiliser cette matière qui entre, on le sait, dans la composition des caractères d'imprimerie et qui, d'après les renseignements qui m'ont été fournis, vaudrait dans le commerce 30 fr. le quintal ? C'est une question à laquelle il est impossible de répondre, car on ignore même où sont, dans la région de l'oued Ziz, les gisements de sulfure d'antimoine.

7° Enfin des voyageurs. — Rolhfs, en 1864, observait déjà que la population du Tafilalet était surabondante et prête à déborder. A cette même époque, mille à douze cents Tafilaliens venaient chaque année, en même temps que pareil nombre de Touatiens, dans la province d'Oran, se louer aux colons pour les travaux de récoltes et de moissons. A la condition que le prix du transport soit très bas, il n'est pas douteux que ce mouvement d'émigration annuelle reprendrait au double profit de la colonisation oranaise et de la voie ferrée.

En raison de cette variété des produits d'exportation et de la richesse moyenne du pays, j'estime à quinze kilogrammes [1] par personne le tonnage d'importation de la ligne pour les 508,000 d'habitants dénombrés en sus des 100,000 clients de Figuig, que nous avons supposé ne provoquer qu'un trafic d'importation de dix kilog. Par suite, nous aurions 7,820,000 kilog. d'importation, ou 8,000 tonnes en nombres ronds.

L'exportation serait certainement supérieure en raison des dattes. Les 600,000 dattiers des Bongabia, placés sur le tracé de la ligne, constitueraient à eux seuls une occasion de trafic important. En admettant la moyenne établie pour la première section d'une récolte de 40 kilog. de dattes par pied et de l'exportation de moitié des produits, nous arriverions à 12,000 tonnes. Je crois donc me tenir dans une évaluation extrêmement modérée en supposant que le chiffre total de l'exportation atteindra 20,000 tonnes.

Ainsi, au total pour cette section, arrivons-nous, exportation et importation réunies, au chiffre de 28,000 tonnes, depuis la gare de Zaouïa Bongabia, ksar le plus méridional des Beni Goumi, et de 3,000 tonnes depuis Figuig seulement, c'est-à-dire Kheneg Zoubia.

Arrondissons les chiffres et fixons le tonnage général de la section à 30,000 tonnes.

3° Section de l'Aivet et du Hoggor.

Cette section, qui se développe en pays Touareg, dessert 160,000 habitants, mais 130,000 sont à des distances de huit à dix-huit jours de marche. Le trafic sera donc très affaibli. Quant

---

[1] M. Rolland n'estime pas à moins de 50 kilog. par personne pour les gens du Touat l'importation qui pourrait s'en faire par la gare de Biodh, placée à 500 kilomètres. Ce n'est pas lui qui tiendra notre chiffre de 15 kilog. pour exagéré.

aux Hoggar qui, au nombre de 30,000, sont directement desservis, ils sont très pauvres, n'ont rien à vendre et, par suite, ne pourront rien acheter. Je préfère tenir toute cette section pour négligeable au point de vue du rapport certain qu'ici, du moins, le lecteur le plus ombrageux ne pourra me suspecter d'exagération. D'ailleurs, cette section ne sera à construire qu'après que le Touat desservi on aura, en pleine connaissance de cause, décidé de pousser la voie jusqu'au Soudan. Que si nous arrêtons au contraire la ligne à Timadanin, les nomades de la troisième section constitueront une clientèle d'appoint sur la valeur de laquelle il n'y a pas grand fonds à faire.

En résumé, nos conclusions très fermes et très réfléchies sont que l'établissement d'une voie ferrée, desservant par l'oued Messaoura l'intégralité des populations, tant nomades que sédentaires, des vallées de l'oued Ziz, de l'oued Guir et de l'oued Messaoura, s'impose au point de vue politique et militaire; que le trafic serait, — marchandises dénombrées en gare de Kheneg Zoubia, quel que soit leur point de départ, — de 230,000 tonnes; que la ligne d'une construction extrêmement aisée et peu coûteuse, serait assurée de bénéfices considérables; que notre commerce d'exportation y trouverait un marché sérieux dans les régions desservies et que la consommation française s'enrichirait d'un produit nouveau très important et très propre à améliorer l'alimentation des classes pauvres, la datte.

Donc, sous réserve des difficultés diplomatiques, extrêmement faciles à lever, nous nous déclarons très résolument partisan d'un chemin de fer au Touat, du moins jusqu'à Foum el Kheneg.

Le lecteur verra que nous serons moins affirmatif quand il s'agira de pousser la ligne jusqu'au Soudan. Qu'il veuille donc bien ne pas oublier que la question du Touat est indépendante de celle du Soudan; que l'occupation du Touat et la création d'une ligne ferrée jusqu'à Foum el Kheneg se justifie par elle-même, quelle que soit la suite à donner au projet de chemin de fer transsaharien. Tel était d'ailleurs, dès 1880, l'avis d'un ingénieur dont j'ai pu bien souvent constater l'esprit positif et pratique et la grande valeur scientifique : M. Pouyanne.

§ 4. — *Section de l'Adrar au Niger.*

Adrar et pays voisins; La question des gommes; État actuel du marché et son avenir; Peaux brutes et tannées; Cornes et poils; Chevaux; Grands fauves et pelleteries; Ivoire; Autruches; Viandes conservées; Importations probables.

C'est à partir du parallèle de Timissao que le trafic cesse d'être absolument nul. Timissao est en effet un point de jonction des routes qui, de Ghadamès, Moursouk, Rhat et Idelès, aboutissent au Niger. Tout cela constitue un bien mince appoint commercial et sensiblement négligeable. Mais, à partir de Timiaouïn, sur les premières pentes de l'Adrar, nous rencontrons, en même temps qu'une population un peu moins rare, les grandes forêts de gommiers. Un nouvel article de commerce, la gomme, se présente en abondance extrême et mérite d'être signalé au lecteur.

Il y a une quinzaine d'années les gommes du Sénégal, provenant soit du Ferlo et du Cayor, soit du pays des Douaïch, des Ouled Embareck et de l'Adrar de l'ouest, constituaient à peu près les seules gommes arabiques naturelles qu'on pût se procurer. Soit que la consommation en fût notablement plus restreinte que de nos jours, soit que le Sénégal en fournît des quantités plus considérables, le prix de la gomme arabique restait peu élevé; rendu à Paris, le quintal revenait aux négociants de gros, de 90 à 100 francs. Mais peu après, les prix augmentèrent rapidement : vers 1880 ou 1881, le quintal de gomme arabique rendu à Paris atteignit, d'après les renseignements qui m'ont été fournis par un gros importateur de la place parisienne, le prix invraisemblable de 240 francs le quintal. Aujourd'hui, encore, les gommes du Sénégal se vendent 160 francs le quintal.

Ce surenchérissement de la denrée devait tout naturellement inciter les explorateurs à découvrir de nouveaux pays de production et les industriels à chercher des succédanés à la gomme arabique. Les gommes européennes naturelles, telles que celles du cerisier, furent mieux recueillies et plus recherchées qu'autrefois. Tous les mélanges possibles furent, d'autre part, utilisés en place de gomme, sous les noms de leiogomme, gommeline, simili-gomme ; enfin, chose plus grave encore pour la production sénégalaise, le Kordofan importa, en Europe, en quantités considérables, par Kartoum, ses gommes naturelles jadis inutilisées ; l'industrie constata même leur qualité moyennement supérieure à celle du Sénégal et leur prix au quintal, fut. de 20 francs, supérieur, à celui de ces dernières.

On sent combien cette situation a causé de préjudice à l'industrie en général, et, en particulier, au commerce français. Il importe assurément de substituer aux gommes de pays anglais, ou près de le devenir, comme le Kordofan et le Darfour, les gommes de colonies françaises. Quant aux gommes artificielles, mauvaise marchandise que l'industrie n'emploie qu'à regret et dont beaucoup nous viennent d'Allemagne, il y aurait plus d'avantage encore à les remplacer par des gommes véritables donnant aux apprêts un lustre durable. Pour obtenir ce résultat, il suffirait que la gomme arabique, de qualité marchande, pût être livrée, aux négociants en gros de Paris, à l'ancien prix de 90 à 100 francs le quintal. A ce prix seraient tarie la source de Kartoum et délaissées les gommes artificielles.

L'industrie des apprêts emploie, on le sait, d'énormes quantités de gommes naturelles ou artificielles ; la teinturerie et la confiserie en utilisent également, mais en quantité beaucoup moindre ; l'usage qu'en fait la pharmacie est à peu près insignifiant. Mais, à ne considérer que l'industrie des apprêts, une importateur de gommes arabiques à Paris, me déclarait qu'on pouvait tenir pour indéfinie la consommation possible de gommes naturelles si, d'ailleurs, le prix de revient ne dépassait pas celui que nous indiquons plus haut. Or, nous savons par un ensemble de renseignements concordants, c'est-à-dire par Barth, par Lenz et par Flatters, que la zône du gommier est atteinte dès avant le massif de l'Adrar. Dans cette dernière région, d'après les Taïtok, et dans l'Azaouad, d'après Lenz, ces arbres se présentent en forêts immenses, en sorte qu'on peut en considérer la production comme également illimitée. Pour faire donc de ce produit un élément de tonnage relativement considérable, il suffirait de l'obtenir, à un prix de revient qui permit de l'expédier à Paris, c'est-à-dire à un prix inférieur à 100 francs le quintal. Or, M. Alioun Sal voyageant au nord du Kaharta, dans un pays de récolte de gomme, constate qu'un esclave paresseux peut en recueillir 30 kilos par jour, et que tel esclave laborieux en ramasse le double. Nous nous en tiendrons à la première évaluation et supposerons que la récolte d'un quintal de gomme représente un peu plus que la journée de trois esclaves. En supposant, prix, sans nul doute, excessif, que la journée d'un esclave équivaille à 2 francs, nous aurions 6 fr. 70 comme prix de revient de la récolte ; mais réservant un bénéfice pour le patron des esclaves, nous porterons le prix du quintal à 9 francs. Restera à calculer le transport de la gomme jusqu'à la gare de chemin de fer la plus voisine, puis le transport en chemin de fer et en bateau, du point de production, jusqu'à Paris. Supposons que le transport, de la forêt à la gare, nécessite trois journées de transport à dos de chameau, la journée de chameau étant évaluée, chiffre assurément haut, à 3 francs et la charge de chameau valant 200 kilogrammes, nous avons à accroître le prix du quintal de 1 fr. 50 par jour, soit pour 3 jours, 3 fr. 50. L'ensachement et l'emmagasinage, en gare, pourraient ensemble être évalués à 1 fr. 50, ce qui donne au total, par quintal de gomme, au moment de la mise en wagon, une valeur de 15 francs. On voit que, même en supposant des tarifs de chemin de fer assez élevés, la marchandise pourrait arriver à Paris au prix de 40 francs le quintal, et non à celui de 90, auquel l'obligeant négociant, à qui je dois les éléments de cette étude, se chargeait d'écouler les quantités de gommes quelconques que le transsaharien jetterait en Europe.

Actuellement le Sénégal fournit seulement 3 millions de kilogramme de gommes par an, mais si l'on compare ses forêts dévastées à ce que Lenz et les Taïlok nous disent des forêts vierges de l'Azaouad et de l'Adrar, nous croyons ne pas être utopiste en supposant une production de 10,000 tonnes pour la région située entre le parallèle d'In Ouzel et le Niger.

La gomme n'est pas d'ailleurs le seul article que la région des Aouelimmiden puisse exporter; nous avons, au chapitre de la géographie économique, entretenu le lecteur de l'énorme richesse en troupeaux des Aouelimmiden et des tribus qui leur sont alliées. Ceci fait prévoir un tonnage notable en peaux brutes ou sommairement préparées ainsi qu'en cornes et poils. Plusieurs de ces tribus élèvent en outre une race de chevaux très renommée, il y aurait peut-être avantage à nous approvisionner chez eux. Enfin, les viandes séchées pourraient, de cette région, être exportées au Touat et au Gourara, pays où, en ce moment les denrées alimentaires ne viennent que du nord et à un prix de revient très élevé.

Région de chasse pour les grands fauves, et en particulier pour les rhinocéros et les lions, l'Adrar des Aouelimmiden offrirait également à la pelleterie des matières premières nombreuses et variées. Sans y être aussi commun qu'à quelques degrés plus au sud, l'ivoire n'y est pas rare : nous avons déjà signalé le rhinocéros, nous devons ajouter que l'éléphant se montre parfois au pied de l'Adrar. Quant aux steppes qui s'étendent de l'Adrar des Aouelimmiden jusqu'à celui de l'est, elles sont parcourues par d'innombrables bandes d'autruches, de mouflons, d'antilopes et de gazelles. Alioun Sal rapporte même que les Ehel bou Radda des environs de Oualata font de temps en temps de grandes chasses aux antilopes moba, à la suite desquelles ils ramènent plusieurs centaines de chameaux chargés de viande séchée. Il suffirait qu'un industriel français allât s'établir dans le pays, d'ailleurs parfaitement salubre, des Aouelimmiden, aux approches de la voie ferrée, pour que se créât un commerce important de conserves de viande.

Si, avec tous ces éléments, on peut prévoir un commerce d'exportation sérieux avec l'Adrar des Aouelimmiden, on n'en est pas moins très embarrassé dès qu'il s'agit de transformer en chiffres l'élévation du tonnage ; toutefois, j'estime que l'exportation de cette région atteindrait rapidement, gommes comprises, un tonnage de 20,000 tonnes. Quant aux marchandises que nous pourrions importer d'Europe, nous pouvons plus difficilement encore les évaluer. J'ai été amené à supposer que les populations de l'Adrar et pays politiquement rattachés qui habitent ces contrées, s'élèvent à 600,000 âmes au minimum. Eu égard à la quantité considérable d'échanges qu'elles pourraient fournir aux négociants européens, et au bien-être relatif dans lequel vivent les Aouelimmiden, je supposerai, comme pour le Tafilalet, une moyenne de 15 kilos d'importation, ce qui donnerait un chiffre d'importation de 9,000 tonnes, en ce non compris le sel, article dont nous étudierons l'importation possible quand nous traiterons du Soudan. Arrêtons donc à 29,000 tonnes le chiffre total, tant à l'importation qu'à l'exportation, sel non compris, qui nous paraît assuré pour cette zone au chemin de fer transsaharien.

§ 5. — *Section du Soudan.*

Exagérations et scepticisme ; Le trafic soudanais peut être prévu par une étude sérieuse du trafic sénégalais ; Zone actuelle du commerce sénégalais et dénombrement des populations desservies ; Évaluation du tonnage sénégalais ; Évaluation par comparaison du commerce probable avec le Soudan ; Question du sel, évaluation du commerce probable ; Question de la houille, évaluation de sa consommation probable ; Question de l'alcool ; Grave problème économique et social, article à interdire. — Exportations : dépendront de la colonisation du Soudan par l'élément français ; Injustice de certains publicistes contre la colonisation par la France ; Algérie et Maroc ; Véritable mission de la France ; En particulier son devoir au Soudan : n'y pas aller ou y faire un peuple.

Il est d'usage, quand il s'agit du trafic possible avec le Soudan, d'affirmer des chiffres énormes ou de tout nier. M'est avis cependant qu'on peut arriver à une approximation suffisante qui ne s'écartera vraisemblablement pas de plus d'un quart de la réalité.

Les populations du Sénégal vivent à peu près dans le même

état de civilisation que les populations soudanaises. Pourquoi ne pas juger des unes par les autres? C'est ce que nous allons essayer de faire. A cet effet, nous allons d'abord rechercher quel est le chiffre de la population cliente de notre commerce du Sénégal, ensuite quel est en poids l'importance de ce commerce et la répartition de ce chiffre par tête d'habitant. La population à desservir par le transsaharien étant déjà évaluée, il nous sera facile ensuite de prévoir le trafic avec le Soudan.

Sont desservies par le commerce sénégalais actuel :

1° Toute la partie du bassin du Sénégal qui est placée sous l'autorité du gouverneur de Saint-Louis et dont la population est de......	782,000 âmes
2° Le Soudan français, population.........	360,000 —
3° L'empire d'Ahmadou (en ce moment occupé par nos troupes).....................	260,000 —
Total........	1,402,000 âmes

Nous croyons que, toutes compensations faites, nous pouvons fixer à un million quatre cent mille le nombre des clients réels de nos ports sénégalais.

Or le commerce d'importation de marchandises tant étrangères que françaises, était suivant la statistique de 1886, de 24,616,141 francs. Le total en tonnes n'est point indiqué.

On peut diviser en trois catégories les marchandises importées au Sénégal :

1° Celles qui sont exclusivement consacrées aux populations indigènes,

2° Celles qui sont plus particulièrement destinées à ces mêmes populations.

3° Celles qui sont plus particulièrement destinées à nos troupes de garnison, qui comptent environ trois mille hommes, ou aux Européens ou natifs d'Européens qui sont au nombre de deux mille environ.

Dans la première catégorie nous relevons :

Le fer en barres............................	278,365 kilos
Les fils de coton...........................	111,279 id.
Les guinées................................	1,200,000 id.
Tissus de coton............................	600,000 id.
Poudre de traite...........................	62,900 id.
Tabac en feuilles..........................	683,936 id.
Safran....................................	2,405 id.
Pierres à feu (677,700 pièces).............	60,000 id.
Verroteries (valeur : 81,749 francs).......	40,000 id.
Total........	3,038,885 kilos

Dans la seconde catégorie, sont compris :

	Total		Part des indigènes ÉVALUATION
Les sucres raffinés et bruts, ensemble	1,118,740	(dont 30,000 pour	1,088,739
Café....................	21,593	les Européens)	18,000
Thé.....................	1,465		1,200
Ocres de toutes sortes...	677,600		670,000
Couleurs diverses........	60,000		50,000
Savons..................	438,905		400,000
Bougies.................	36,780		20,000
Faïences................	»		60,000
Miroirs.................	»		2,000
Cordages de chanvre.....	42,320		30,000
Ouvrages en fer blanc et battu............	»		300,000
			2,639,939

Nous n'énumérerons pas les marchandises de la troisième catégorie. Nous sommes d'ailleurs dans l'impossibilité d'évaluer la part qui revient aux indigènes sur leur total. Toutefois, cette part existe et, comme cette troisième catégorie comprend un nombre beaucoup plus considérable de marchandises, le lecteur admettra volontiers avec nous que, si à 5,678,824 kilos déjà obtenus, nous ajoutons cette part inconnue, nous obtiendrons au moins le chiffre de 10,000,000 de kilos, soit dix mille tonnes.

Or les populations soudanaises, comprises dans le rayonnement de la voie ferrée, ont été évaluées à 5,150,000 habitants, auxquels il convient de joindre les 170,000 habitants de la région de Oualata et de Berabich, encore non recensés, et les Dinnika signalés seulement pour mémoire dans les évaluations précédentes, leur nombre étant inconnu. C'est sensiblement quatre fois plus que le commerce sénégalais n'a actuellement de clients. Nous pouvons en conclure que le commerce d'importation au Soudan sera sensiblement de quarante milles tonnes, en ce non compris trois articles qui méritent une étude spéciale, et qu'à dessein, nous n'avions pas compris dans les calculs précédents, le sel, la houille et l'alcool.

Sel. — Dans l'ensemble des populations comprises, à notre avis, dans le rayonnement du transsaharien futur, le sel parvient de quatre points différents : 1° de Taodenni, sur le Niger, chez les Aouelimmiden, dans le Massina, le Djilgodi, les états de Tiéba, le pays des Bambaras voisins du Kaarta, et la partie septentrionale du pays de Kong ; 2° du Bas-Niger et de Sierra-Leone, dans la partie méridionale et centrale du Mossi et du pays de Kong, dans le Gourma ; 3° de Bilma par les Kel Gheress, dans l'Adar et le Gober ; 4° de Gandiola, sur la côte sénégalaise, dans le cercle de Bammako. En outre dans quelques points, notamment dans le Galaïdjo, sont signalés quelques petites sources salées qui fournissent à une consommation locale de rayon très restreint.

J'ai essayé de supputer sur les renseignements que l'on possède, les quantités de sel fournies du moins par Taodenni et Bilma. J'ai dû y renoncer, les éléments d'appréciation font défaut. Le seul procédé qui reste pour évaluer le trafic probable de cette denrée, c'est de supputer par tête d'habitant une consommation donnée. M. Rolland estime à cinq kilos par tête ; à mon avis ce nombre est exagéré. Il faut considérer, en effet, que les Soudanais sont habitués à n'en consommer que le strict nécessaire et que, par un phénomène d'atavisme, leur organisme est satisfait d'un régime qui nous rendrait malade. Il ne faut donc pas les juger d'après nous. Je suis convaincu qu'au début le chiffre de 2 kilos par tête, et par an, doit seul être prévu, et qu'il faudra attendre que l'industrie de conserves alimentaires destinées à l'Europe se crée, pour que ce chiffre s'accroisse sensiblement.

Il faut d'autre part supprimer des populations à desservir celles du Oualata qui, trop près de Taodenni, continueront à s'y approvisionner et qui, d'ailleurs, ont dans leur propre pays des sources salées. Par contre, tant qu'un chemin de fer anglais ne reliera pas Sokoto au Niger inférieur, nous pourrons approvisionner à meilleur compte que les Anglais cette place populeuse. Je garde donc mon chiffre de 6 millions de clients, Aouélimmiden compris, et j'estime à douze millions de kilos, soit douze mille tonnes, le chiffre probable de l'importation du sel.

Houille. — L'emploi facile de ce combustible est une condition inéluctable pour la colonisation possible du Soudan par voie d'émigration française. Avec la houille trois mille kilomètres de voies navigables répartis entre le Niger et ses branches et affluents de la rive droite permettent de pénétrer facilement sur tous les points de notre domaine et d'y apporter, à des conditions inconnues de bon marché, tous nos produits. Sans la houille, la navigation sur le Niger devient impossible en raison du jeu constant des crues et des décrues, sauf pendant deux ou trois mois, à la rame, pour les bateaux de quelque tonnage. Les conditions de la batellerie deviennent si misérables qu'elle cesse d'être un sérieux auxiliaire et, que tous les pays de la boucle du Niger nous restent fermés. C'est pourquoi, pour la houille, il faudra un tarif exceptionnellement bas et qui ne devra pas excéder 0 fr. 02 par tonne et par kilomètre. Mais nous ne réclamons de pareilles réductions de tarif que pour ce seul article. Les articles à ranger dans la catégorie la moins tarifée pourront supporter, à notre avis, sans craindre de concurrence, un transport de 0 fr. 035 à 0 fr. 04.

Quelles prévisions peut-on risquer quant à la consommation de la houille ?

Supposons qu'un seul bateau, marchant à raison de cent kilomètres par jour, fasse seul le service des trois mille kilomètres, il ne visitera le même point que chaque soixantième jour. Encore faudra-t-il supposer cent jours d'intervalle à cause des heures employées à l'embarquement et au débarquement des marchandises. Pour assurer un service quelque peu sérieux, il sera nécessaire sans doute que chaque point soit en moyenne desservi, non chaque cent, mais chaque dix jours, en supposant pour chacun de ces dix jours quatre jours de manœuvre à quai et six jours de marche. Pour obtenir ce résultat, il faudrait donc dix bateaux marchant soixante jours sur cent, soit deux cent vingt jours par an. La consommation moyenne d'un bateau semblable à ceux qui naviguent sur la Seine est, d'après des renseignements que j'ai tout lieu de croire très exacts, de trois tonnes de houille par cent kilomètres. Chaque bateau en userait donc $(220 \times 3) = 660$ tonnes par an, et les dix bateaux 6,600 tonnes. Portons ce chiffre à 8,000, en prévision de l'emploi de la houille à quelques usages industriels.

Alcool. — Il est un livre un peu naïf, mais dont quelques pages m'ont fait grande impression. C'est celui du commandant Matteï. Je veux parler de ses révélations sur la nature du commerce au Bas-Niger :

Je croyais, jusqu'à présent, et beaucoup croient encore que la monnaie courante dans ces régions était le cauri. Il n'en est rien. La monnaie courante, c'est la bouteille de gin. Tant de bouteilles de gin vaut la mesure de chabota (beurre végétal), tant la mesure d'huile de palme, tant une peau de bœuf. Canards, poules, lait, tout se vend contre du gin, et ce sont les femmes, les traitantes, qui viennent vendre les marchandises de traite et repartent, emportant dans leurs villages le poison anglais.

Eh bien, si c'est pour faire ce commerce-là que nous devons aller au Soudan, mieux vaut n'y point mettre les pieds.

L'alcool, on le sait, n'est pas un produit français. Même celui qu'on introduit en France est, le plus souvent, d'origine allemande, et un alambic français n'a certainement pas distillé un litre sur mille de ceux qui se vendent sur la côte occidentale d'Afrique. Mais, dût ce produit être français, qu'un gouvernement prudent devrait, sinon le proscrire, du moins en gêner considérablement la circulation par des droits vraiment prohibitifs. Et j'ajoute de suite, pour n'avoir point à y revenir, que le cordon sanitaire que nous établirions pour préserver les populations mineures dont la tutelle nous est déjà diplomatiquement confiée contre la propagation de ce fléau serait un excellent prétexte et une heureuse occasion d'établir une ligne de douanes ou des prescriptions de police propres à arrêter, du même coup, l'envahissement des produits anglais dans le Mossi et le Tombo.

Ceux qui savent en quel mépris les musulmans nous tiennent quand ils songent que c'est nous qui acclimatons l'ivrognerie en Algérie, ceux qui ont vu des chefs de tribus, anciens tirailleurs, donner à leurs subordonnés le spectacle quotidien de la plus sale ivresse, me comprendront. Certes, je sais combien est pernicieuse l'influence de l'Islam, mais en vérité il se justifie dans une large mesure chez les nègres de l'Afrique, si prompts à l'ivrognerie, par sa rigoureuse prohibition de l'alcool. Comme poison de cet ordre, croit-on que le dolo n'est pas déjà suffisamment énergique?

Non, ce n'est pas en abrutissant les nègres que nous servirons nos intérêts. Devrions-nous taire toute considération de dignité et de devoir que nous n'en devrions pas moins élever et moraliser les nègres au lieu de les laisser se déprimer à notre contact. Que vaut l'ivrogne comme producteur? Que vaut-il comme consommateur? Et quels progrès économiques pourrait réaliser une immense colonie d'ivrognes abêtis?

Et voilà pourquoi j'espère que le tonnage en alcools sera insignifiant et négligeable dans les bénéfices d'une voie ferrée.

En définitive, et comme importation actuelle probable, nous estimons qu'elle s'élèvera à soixante mille tonnes, savoir quarante mille tonnes de produits divers, douze mille de sel et huit mille de houille.

Exportation. — Elle sera, ou *très considérable*, ou *presque nulle*. Nous croyons pouvoir être affirmatif à cet égard.

En effet, le mouvement commercial d'un pays dépend infiniment moins de sa fécondité ou de la densité de sa population que de l'esprit d'initiative et de l'activité de ses habitants. Or, si le Soudan peut être classé parmi les pays les plus naturellement fertiles du globe, ses habitants peuvent être considérés comme des plus inactifs et des moins entreprenants. Nous bornerons-nous dans ce pays à installer quelques postes militaires, et autour de ces postes quelques comptoirs commerciaux? Si oui, soyons certains que l'immense majorité des richesses naturelles du Soudan restera inexploitée. Au contraire, installerons-nous dans ce pays des colons français, livrerons-nous à l'agriculture française les espaces immenses que l'inertie soudanaise laisse incultes, et dans moins de cinquante ans le Soudan approvisionnera l'Europe d'innombrables denrées. Ainsi, toute la question soudanaise se résume-t-elle, à mon avis, dans ce dilemme : ou notre Soudan sera colonisable et colonisé ; en ce cas l'opération sera en elle-même des plus fructueuses et l'entreprise des plus honorables pour notre pays ; ou, au contraire, si l'insalubrité du Soudan est assez générale pour que la colonisation française y soit impossible, gardons-nous d'y aller! La France n'en est pas réduite à sacrifier ainsi ses enfants pour accroître quelque peu le tonnage de son commerce extérieur et, d'autre part, quelle espérance y aura-t-il d'améliorer l'état moral des indigènes, si nous n'envoyons, pour les initier à la civilisation, que quelques rares commis de factorerie et quelques soldats.

Il est de règle, je le sais, dans beaucoup de milieux, français pourtant, de dénigrer la colonisation française. Pour des raisons diverses qui se doublent fréquemment de rancunes personnelles contre les administrations coloniales, publicistes et hommes politiques tombent à cet égard dans cette étrange injustice qu'ils rabaissent eux-mêmes l'œuvre de la France dans les pays qu'elle a conquis. Par une aberration vraiment inexplicable aux yeux de nombre de Français, les colons algériens, par exemple, venus il y a quelques années des départements viticoles de la Mère Patrie, pour aller semer sur une autre terre, également française, la plante précieuse que dans le Gard, l'Hérault, la Gironde, dévastait le phyloxéra, sont devenus suspects et passent volontiers aux yeux de beaucoup de métropolitains pour un ramassis d'ivrognes et de fainéants. On a vu récemment dans un document public attribuer aux Italiens et aux Espagnols que de leur pays la misère chasse en Algérie, la majeure partie des entreprises fondées dans ce pays depuis la conquête. Ces iniques théories ne sont pas seulement de nature à décourager singulièrement les colons actuels et les colonies déjà créées, elles sont encore très propres à fausser notre action future dans les pays que les armes ou les traités livreraient à la France.

Tant que la France n'a poursuivi qu'une politique de conquête ou d'exploitation commerciale en Algérie, notre colonie a été extrêmement coûteuse et n'a réussi à enrichir que quelques concessionnaires et quelques particuliers, tandis que les indigènes restaient exposés aux famines implacables, et allaient s'éliminant. — Depuis, au contraire, que l'on s'est appliqué à coloniser le pays et à le pénétrer d'agriculteurs français, la métropole a vu s'accroître avec sa colonie ses échanges commerciaux dans une proportion énorme, tandis qu'un grand nombre de ses enfants, et non plus seulement quelques-uns, trouvaient sur son sol les ressources nécessaires à mener une existence honorable et à l'éducation de leur famille. Du même coup la famine était chassée de l'Algérie, les fléaux naturels, inondations, sauterelles, utilement combattus, l'esprit d'insurrection apaisé et découragé, la misère humaine adoucie pour nos sujets.

Même à notre contact leur natalité s'accroît d'une manière surprenante pour ceux qui ne connaissent pas à fond les conditions de la société indigène. J'ai ailleurs (*France Commerciale* des 5 et 20 juin 1888), à propos du dénombrement de 1886, mis en relief et expliqué ce phénomène démographique. Je n'insisterai pas et me bornerai à répéter avec toute l'énergie dont je suis capable et que m'inspire une profonde conviction : Si nous pouvons faire au Soudan de la colonisation véritable, si nous pouvons y envoyer des agriculteurs et des petits industriels, allons-y ; si nous ne devons y envoyer au contraire que des soldats et des traitants, gardons-nous d'une entreprise qui ferait peut-être bien la fortune de quelques négociants isolés, mais qui ne procurerait à la patrie que l'occasion d'incessants sacrifices en hommes et en argent.

A notre contact seul les indigènes apprendront le travail, perfectionneront leurs instruments et leurs méthodes, s'habitueront à la paix et, sollicités désormais par la confiance dans l'avenir et l'espérance d'un bien-être plus grand, s'accoutumeront à l'effort et au labeur.

Que l'on compare un instant l'Algérie au Maroc ; ce second pays est certes de par la nature bien supérieur au premier, d'un tiers plus vaste, presque tout en Tell, magnifiquement arrosé, il est d'autre part habité par une population au moins trois fois supérieure à celle de l'Algérie, et tandis que notre commerce algérien est, importation et exportation réunies, d'un demi-milliard, le commerce total du Maroc est presque insignifiant malgré l'abondance de ses hâvres et l'étendue de ses côtes sur la Méditerranée et l'Atlantique.

CONCLUSION

Le Soudan ne sera jamais une colonie d'exploitation. Pour solliciter l'inertie nègre il faudra autre chose que l'offre intermittente de cotonades et de petits couteaux. Sera-t-il au contraire une colonie de peuplement; pourrons-nous, avec certitude d'acclimatement possible, y envoyer nos cultivateurs en même temps que nos soldats et beaucoup plus nombreux que ceux-ci ? Ce que nous savons du Hombori, du Mossi, du Tombo nous permet de le croire, de le tenir pour très probable, mais non de l'affirmer, et voilà pourquoi quand il s'agit d'un transsaharien, par une ligne quelconque fut-ce par celle d'Igli, je n'oserai, en ce qui me concerne, formuler une opinion ferme.

Que le lecteur veuille me permettre de me rappeler un instant que j'ai fait partie du Parlement et de lui déclarer que dans l'état actuel de nos connaissances sur le Soudan, si j'étais encore député et qu'on vint me demander la garantie de l'État, pour un transsaharien, je la refuserais. Le dossier n'est pas complet : non seulement nous ne sommes pas exactement fixés sur les conditions de navigabilité du Niger de Bamba jusqu'à Say, sur l'étendue et la productivité du pays des Iguelad, sur la nature du terrain et les conditions d'établissement d'une voie ferrée depuis la vallée de l'Irarrar Ouan Tidjeresrest, jusqu'à Tossaye, mais encore, et c'est le point principal, nous ne savons pas de science certaine quelle étendue de pays, dans la boucle du Niger, serait colonisable. A notre avis la fortune de l'entreprise dépend de cette dernière question. Envoyons nos explorateurs dans le Mossi ; poussons nos enquêtes sur le pays des Aouelimmiden, des Tademekket, des Iguelad avec cette énergie que doit nous inspirer la grandeur d'une œuvre qui s'annonce dès maintenant sous les plus favorables auspices, mais pour conclure définitivement et pour prendre une décision ferme, attendons que l'instruction soit achevée et le dossier complet.

D'ailleurs, il n'y aura pas de temps perdu ; dès ce moment l'occupation économique et politique du Touat, du Gourara et du Tidikelt, s'offre à nous comme une œuvre économiquement fructueuse, politiquement nécessaire ; sans craindre de déception financière, nous pouvons pousser les rails au moins jusqu'à Foum El Kheneg. Allons-y de suite, et pendant que nous poursuivrons cette route, nous aurons tout le temps d'arracher au Soudan et au désert leurs derniers secrets. Alors, seulement, nous déciderons en pleine connaissance de cause si nous devons pousser la ligne jusqu'au Soudan.

Au point de prospérité matérielle et de fortune morale où en est arrivé notre chère France, un seul but est digne de solliciter son activité hors de ses frontières, celui d'assurer la perpétuité et l'universalité de son génie en peuplant le monde d'enfants nés de ses flancs. Que l'Angleterre se préoccupe, au profit de son aristocratie de marchands, d'exploiter économiquement tous les peuples du globe, laissons-la faire ! Au surplus, pour l'observateur attentif et réfléchi, les fruits qu'elle en recueille ne sont pas tels que nous soyons véhémentement sollicités à l'imiter. A cette politique elle n'apauvrit pas seulement les peuples qu'elle soumet, mais encore son propre peuple. Chaque colonie, à la vérité, accroît la fortune de ses banques et de son aristocratie de marchands, mais le paupérisme ronge l'immense masse du peuple, plus misérable, plus angoissé à mesure que s'élève la fortune colossale de quelques-uns. La formule française en pays de colonie est différente et je m'en félicite. Quatre vingt mille familles de colons français ont déjà trouvé en Algérie sinon dès ce moment le bien être, du moins l'espérance d'un sort meilleur, tandis qu'à leur contact nos sujets algériens se multiplient et progressent. Voilà une politique coloniale vraiment digne d'un peuple démocratique ; voilà celle que nous devrons, à peine de forfaire à notre génie et à nos traditions nationales, inaugurer au Soudan, s'il est salubre et colonisable et, c'est pourquoi je répète en terminant le mot de Schrader, véritable formule du devoir national : « Il faut y faire un peuple ».

ANNEXES

PREMIÈRE ANNEXE

De la valeur, de la recherche et de l'emploi des informations géographiques d'origine indigène.

Il y a 30 ans, les seules notions que nous possédions sur le Sahara Central étaient d'origine indigène. Le général Daumas, le lieutenant-colonel de Colomb en avaient recueilli un grand nombre sur le Touat et grâce à eux une carte put être alors dressée de ces régions. Très peu après l'explorateur allemand Gérard Rohlfs visitait le Touat et sa relation, à quelques détails près, confirmaient les renseignements indigènes.

Dès 1859, M. Duveyrier commençait la série de ses belles explorations vers El-Oued, Ghadamès, Tripoli, Mourzouk, etc. Sur renseignements indigènes, fournis surtout par le marabout cheik Othman, il dressait une carte du pays pourtant si complexe des Touareg. Or, les deux explorations Flatters sont venues depuis témoigner de la grande valeur et de la véracité de la carte Duveyrier.

Sur renseignements indigènes puisés à Tinboktou, l'explorateur Barth avait fixé la région d'Araouan, Taodenni. Le docteur Lenz, en 1880 traverse ce pays et sa carte reproduit toutes les indications de Barth.

Ce n'est pas seulement en Sahara Central que les renseignements indigènes ont pu être ainsi heureusement utilisés. Le général anglais Montgoméry avait ainsi établi la carte des Indes bien longtemps avant que des explorations régulières aient pu être entreprises, et l'on fut plus tard étonné de la précision qu'avait obtenus Montgoméry.

Moi-même j'ai eu la preuve personnelle de ce que valent les renseignements indigènes lorsqu'ils sont assez nombreux pour se contrôler l'un par l'autre : En 1871, n'ayant que 20 ans et ne sachant de géographie que le peu qu'on exigeait alors dans les examens officiels, je vins m'asseoir, mes études juridiques terminées, au barreau de Tlemcen, ma ville natale. Intrigué par le grand nombre d'indigènes étrangers qui arrivaient en caravane de pays sur lesquels se taisait d'ailleurs Malte-Brun, seul ouvrage de géographie que j'eusse sous la main, j'eus l'idée d'interroger les indigènes eux-mêmes et je ne tardai pas à me persuader de l'utilité d'une pareille étude pour le commerce de la région où j'étais né. Je m'engageai donc dans une minutieuse enquête lorsqu'on me signala l'ouvrage de M. de Colomb « *Les oasis du Sahara et les routes qui y conduisent.* » Je poursuivis avec un nouveau courage et, trois ans après, je publiais dans le « *Mobacher* » d'Alger, un itinéraire du Figuig au Touat. Ce ne fut que plusieurs mois après la publication de ce travail, que j'appris l'existence d'une relation européenne sur les pays que j'avais décrits par renseignements et lorsque, grâce à un ami j'obtins la traduction du voyage de Rohlfs de Igueli à Sali, je restais stupéfait moi-même de mon exactitude.

Ce fut vers cette époque que l'idée d'un transsaharien mise en avant, très à l'aventure il faut l'avouer, par M. Duponchel, provoqua une poussée vers les études sahariennes. Sans parler des explorations tentées, des renseignements sur le Sahara furent recueillis par divers algériens : M. Pouyanne, M. le capitaine Graulle, M. le capitaine Coyne, M. Largeau et moi. Ils apportèrent successivement la confirmation des renseignements recueillis par Barth à Timboktou, mais en les complétant de telle sorte qu'on put dès lors dresser du pays une carte suffisamment précise pour qu'on se rendît compte des conditions dans lesquelles une voie ferrée pourrait le traverser. Depuis ont été publiées les relations Flatters et Lenz, depuis encore et plus récemment a paru l'ouvrage du capitaine Bissuel contenant, avec une carte dressée d'après un relief tracé sur le sable par sept Taïtoq prisonniers, une série d'itinéraires fournis par ces indigènes. Contrôlés par les renseignements antérieurs sur cinq lignes différentes, ces nouvelles données ont concordé avec ce que l'on tenait déjà pour acquis. Je me hâte d'ajouter qu'ils ont ruiné une hypothèse que j'avais mise en avant, celle d'une relation au moins intermittente entre l'oued Guir et le

Niger. Mais la mauvaise humeur que j'en ai pu ressentir ne pouvait m'empêcher de rendre hommage à la véracité des informants du capitaine Bissuel.

Sur plusieurs régions encore, en outre du Sahara central, nous n'avons guère que des renseignements indigènes, ou du moins ceux-ci interviennent-ils pour combler de vastes lacunes. Longtemps on n'a eu du Tafilalet et de l'oued Guir, que la carte sur renseignements du général Dastugue et l'exploration de Rohlfs, ainsi que l'expédition de l'oued Guir, n'ont pu encore la faire vieillir. Les renseignements indigènes recueillis par M. de Castries sur l'oued Drâa constituent encore aujourd'hui sur cette région ce que nous avons de plus complet et de plus précis.

Et cependant, malgré l'autorité qu'attachent à ces divers travaux les critiques géographiques les plus compétents, tels que Pétermann, Schrader et autres, le gros public les rejette comme suspects, uniquement parceque'une exploration européenne ne les a pas contrôlés.

Pour faire comprendre aux sceptiques leur tort, qu'il me suffise de leur soumettre le cas le plus habituel en matière d'enquête géographique. Barth a recueilli des bords du Niger, un certain nombre de renseignements sur toutes les régions qu'il n'avait pu visiter. Quelques-uns de ces renseignements portent sur le Sahara central et signalent notamment sous le nom de « route occidentale des caravanes » une ligne dont il indique les étapes principales avec les distances respectives en journées de marche. Les étapes indiquées sont celles de Dahar el hamar, El Immeraghen, Ouallen, Imrannann, In Asserer, Tin Hekikan, et Mabrouk. (Voir doc. n° II.)

Trente ans après, un indigène du Touat, Mohamed ben Mohamed, qui n'avait pas assurément lu Barth, me racontant son voyage à Tinboktou, m'indique ces étapes. Ce sont celles de Barth. Comment expliquer cette coïncidence sur les noms, sur les distances, si ce n'est en admettant que l'informant de Barth et le mien avaient tous les deux fait réellement le voyage et que la relation qu'ils en faisaient était sincère. (Voir doc. n° IX.)

Après Mohammed, Si Abdelkader ben Zin Eddin, ancien khodja du bureau arabe de Saïda, rapporte à M. le capitaine Graulle, en 1880, un itinéraire recueilli par lui tandis qu'il était lui-même dans le bas Touat. Mon information quoique antérieurement recueillie, n'était pas encore publiée. Si Abdelkader l'ignorait donc aussi bien d'ailleurs que celle de Barth. Sauf une variante en cours de route, celle-ci est la même. (Voir doc. n° XIII.)

Puis c'est El Hadj Moussa, (doc. n° XVI), c'est Hammad ben Sid el Kebir, (doc. n° XVII), c'est enfin Aômar ben Ahmed, sellier arabe de Tiaret, qui ayant fait sept voyages sur cette route, me la décrit avec une précision et une abondance de détails qui manquent parfois aux explorations européennes. (Voir doc. n° XIV.)

Voilà, ce nous semble, une route sur laquelle après tant de confirmations successives, on doit se tenir pour fixé, si ce n'est pourtant sur l'orientation et les changements de direction en cours de route. Toutefois on connaît de façon certaine le point de départ, le Touat, qu'a visité Rohlfs, le point d'arrivée Tinboktou, touché par Caillié, par Barth, par Lenz, enfin plus récemment fixé astronomiquement par le capitaine Caron. Par des considérations ailleurs exposées, la position de Mabrouk a pu être déterminée assez exactement ; reste donc à fixer la partie comprise entre le Touat et Mabrouk. Le pourrons-nous faire grâce aux renseignements indigènes ? Le lecteur va en juger :

Une localité, Iuzize, de laquelle fut reçue la dernière lettre écrite par le malheureux major Laing, a été par lui déterminée astronomiquement en latitude. Cette précieuse circonstance nous permet, grâce à de nombreux et très concordants renseignements indigènes qui donnent sa distance d'Akabli, point très bien déterminé, de fixer Iuzize sur la carte avec une très suffisante précision. Or, ce point placé, voici que les Taïtoq du capitaine Bissuel nous procurent une ligne transversale qui va d'Iuzize à Ouallen. Par ce seul fait Ouallen, sur lequel nous étions déjà bien fixés quant à sa distance d'Akabli vers le nord, se trouvant également déterminé quant à sa distance d'Iuzize qui est au sud-sud-est, vient se poser rigidement sur la carte à un point mathématique et j'ajoute de suite que l'emplacement ainsi obtenu s'obtient sans effort et en se conciliant avec l'ensemble des renseignements obtenus pour les trois directions : Ouallen-Akabli, Ouallen-Iuzize, Ouallen Mabrouk.

Pour tout géographe de bonne foi la démonstration n'est-elle pas faite ?

Mais aurons-nous la direction précise d'Ouallen à Mabrouk ?

Voici d'abord une information recueillie par M. Duveyrier, assurément auprès d'un guide de profession ou d'un observateur remarquablement intelligent : « Les étoiles de la constellation du Navire sont désignées :

« δ sous le nom de Tenafelit, l'opulence.

« ο sous celui de Tozert, la misère.

« Quand on traverse le désert du Tanezrouft, d'Ouallen à Imrannan, ces deux étoiles servent à indiquer la direction en prenant le point central entre celui de leur lever et celui de leur coucher, c'est-à-dire droit au sud ».

Ce renseignement n'a-t-il pas toute la précision d'un lever à la boussole ?

Mais est-il exact? Oui, car en plaçant Imrannan sur la carte d'après l'indication Duveyrier à partir d'Ouallen précédemment fixé, on la place précisément au point où nous l'indiquent les informateurs du capitaine Bissuel par rapport à Iuzize.

Je ne pousserai pas plus loin cette démonstration de l'intérêt qu'offrent les renseignements indigènes et de la possibilité qu'on a parfois de les contrôler les uns par les autres. Ce que j'ai dit de la ligne de l'ouest par Ouallen, j'aurais pu le dire de la route de l'est par Iuzize.

Jusqu'à In Ouzzel la route la plus orientale, récemment décrite par les Taitoq, celle d'Aneffojjen-Timissao, me paraît également fixée avec précision. Mais il n'en est pas ainsi sur d'autres lignes et notamment sur celles de Tagnout, qui reste très discutable, et surtout sur la route donnée par Barth d'Hillet à Agadès. Mais je l'ai jointe aux documents, car il suffirait qu'on obtienne ultérieurement deux ou trois itinéraires qui aient avec elle quelques points communs pour qu'elle devienne déterminée et par suite acquierre toute la valeur d'un renseignement de premier ordre.

Il y a d'ailleurs un triage à faire entre diverses informations indigènes, suivant le degré d'intelligence, la fréquence des observations et la sincérité de l'informant. Ceci nous amène à formuler quelques considérations dont la lecture pourra être utile à quelques-uns, sur la recherche et la mise en œuvre des informations indigènes.

Qu'il me soit permis de formuler tout d'abord un regret, c'est qu'un aussi petit nombre d'enquêteurs de bonne volonté aient mis à contribution les indigènes si nombreux en Algérie et sur le Haut-Niger qui ont traversé le Sahara. Il est d'immenses régions que nous aurions aujourd'hui le plus grand intérêt à connaître, telles que celle de l'Adrar des Aouélimmiden, celle située entre cet Adrar et l'Aïr, ou encore celle qui avoisine le lac Chalebleb, et qui nous sont presque complètement inconnues. Combien d'adjoints de bureau arabe, de médecins militaires, d'officiers, surtout dans les garnisons du sud, eussent pu utilement et agréablement occuper leurs loisirs s'ils y avaient été encouragés et si les ouvrages de géographie saharienne et les meilleures cartes eussent été mis à leur disposition. C'est surtout à leur intention que j'écris ce chapitre. Ils trouveront réunis un peu plus loin tous les documents que l'on possède sur le Sahara et je ne doute pas qu'à leur lecture ils ne soient incités à poursuivre l'enquête géographique commencée. L'excellent recueil de la Société de Géographie d'Oran sera certainement ouvert à toutes les communications.

Voici maintenant quelques réflexions pratiques qu'une longue expérience m'a suggérées, sur la manière de recueillir, puis de mettre en œuvre les renseignements indigènes.

Tout d'abord pour découvrir les indigènes susceptibles de fournir des renseignements, il est indispensable d'avoir le concours des fonctionnaires administratifs soit militaires, soit civils. Mais ce concours je suis certain qu'on l'obtiendra chaque fois qu'on le demandera. Dans plusieurs villes existe un Caïd des « Berranis » ou indigènes étrangers. L'administration pourra aisément savoir par son intermédiaire et communiquer au géographe enquêteur le le pays d'origine de ces indigènes et les localités où ils ont particulièrement séjourné. L'enquêteur pourra dès lors faire son choix. Dans d'autres villes, Alger par exemple, les nègres se sont eux-mêmes groupés en plusieurs « dar » ou maisons, quelque chose comme un rudiment de cercle ou d'association, suivant leurs affinités d'origine. Ces groupements, que la police politique connaît, facilitent singulièrement la recherche des informants. Les caravanes du Touat et du Gourara, et celles du Tafilalet, qui viennent encore parfois, quoique très rarement, à Tlemcen où elles abondaient il y a vingt ans, pourraient aider à compléter sur le nombre des dattiers des ksours et le chiffre de leurs habitants les renseignements déjà obtenus. On rencontre également assez fréquemment à Oran, à Tlemcen, à Alger, des juifs du Tafilalet, du Drâa, presque toujours remarquablement intelligents et observateurs. Les notables commerçants de ces villes, et en particulier ceux qui font commerce de denrées sahariennes, peuvent renseigner l'intéressé sur le passage de ces excellents informants. C'est à un des huit ou dix juifs qui habitent Igueli que j'ai dû les renseignements les plus précis sur l'oued Messaoura. Enfin par les caïd, chefs de douars et autres agents indigènes, à qui l'administration peut donner des ordres en conséquence, on peut être tenu au courant des étrangers qui arrivent isolément et notamment des bateleurs indigènes, grands voyageurs de profession, des esclaves marrons échappés du Touat ou de chez les Touareg, etc.

Voici que l'informant est découvert et est amené à l'enquêteur : La première condition pour que l'enquête réussisse, c'est que l'informant soit immédiatement rassuré sur ce que l'on lui veut. Les indigènes éprouvent toujours quelque crainte vague quand ils sont mandés par l'autorité. Accueillez-les donc avec un visage engageant et faites incontinent apporter à leur intention une tasse de café maure. J'insiste sur ce détail; car non seulement le café met l'informant en état d'esprit favorable et provoque sa bonne volonté, mais encore il lui procure une excitation physiologique qui secoue son inertie intellectuelle et éveille sa mémoire. Ceci est particulièrement important pour les nègres dont les facultés intellectuelles sont généralement somnolentes et paresseuses. Il faut ensuite s'informer auprès de lui s'il n'a pas quelque affaire urgente et s'il est maître de son temps. Ceci est particulièrement grave quand l'informant est israélite. On peut en ce cas être certain que son voyage est un voyage d'affaires, et il est évident que s'il est pressé d'arriver à un rendez-vous, il sera dans ses réponses de la plus fâcheuse brièveté.

Ces préliminaires réglés, on lui demandera son nom, le lieu de sa naissance, sa race, (Arabe, Touareg, Foulbe, Haoussa, Bambara, Songhai, Touatien ou Juif), sa condition, libre ou ancien esclave, et dans ce cas esclave de case ou captif ordinaire, le nom et la race de ses anciens maîtres, les localités où il a successivement séjourné et pendant combien de temps, et les divers dialectes qu'il parle ou qu'il comprend. Cet interrogatoire précisera les pays sur lesquels il y aura particulièrement intérêt à l'interroger, c'est-à-dire ceux qu'il a chance de mieux connaître. L'indication de sa race sera un élément pour apprécier son esprit d'observation probable : Juif ou Foulbe il sera vraisemblablement intelligent et pénétrant; Touareg il aura une notion nette de l'orientation et des distances; il sera essentiel ensuite de connaître quelle était sa profession ou ses occupations ordinaires dans le pays sur lequel on souhaite l'interroger : Berger de chameaux, il connaît exactement les puits dans le rayon de ses pérégrinations ordinaires, leur profondeur, la pureté de l'eau, mais ayant l'habitude d'arriver au hasard il sera suspect quand il s'agira d'orienter un itinéraire. Captif associé aux courses piratiques des Touareg, il aura pris l'habitude de se diriger sur les étoiles, d'apprécier les longues distances et de préciser les directions. Agriculteur dans un ksar, il aimera le dattier, connaîtra le nombre de palmiers de son ksar, l'époque de maturité des diverses espèces de dattes et le rendement par pied. Marchand il renseignera particulièrement sur le prix des denrées et les conditions du commerce ainsi que sur l'état politique du pays, la répartition des influences locales, etc.

Ce questionnaire préalable n'a pas eu pour seul effet de vous faire connaître votre homme, il a eu aussi celui de reporter la pensée de celui-ci à l'époque où il a acquis les connaissances dont il vous fera part. Il revit dans ses souvenirs et l'image des pays où il vivait se représente à lui. Maintenant interrogez, il répondra.

Mais plutôt interrogez d'abord aussi peu que possible et laissez-le aller. Il importe surtout que sa déposition soit spontanée. La pratique m'a appris en effet que le nombre des indigènes qui donnent sciemment des renseignements faux est extrêmement restreint; mais par contre on rencontre fréquemment l'informant qui se préoccupe dans la manière dont il nous répond, de répondre à votre pensée secrète. Voulez-vous qu'un oued aille au nord, il l'y fera aller, allât-il au sud. Voulez-vous des dattiers dans un ksar, il doublera le nombre réel; pensez-vous au contraire précédemment qu'il n'y en avait pas, il réduira le nombre de moitié. Qu'est-ce que cela peut bien lui faire? Il n'est pas homme à vous contrarier pour si peu. D'ailleurs il craindrait d'y perdre un café.

Voilà donc le premier danger. Il faudra que l'enquêteur taise ce qu'il pourra penser de ce qui lui est déclaré et donne à l'informant la certitude qu'il n'a pas d'opinion préconçue et tient à la stricte vérité.

Il faudra en outre faire provision de patience et de sereine humeur; ramener, sans le brusquer, le bavard à la question. Rien n'est plus facile à détraquer qu'une cervelle de nègre; au moindre mouvement d'impatience le bonhomme n'aura plus qu'un désir: s'échapper; et voilà l'enquête close.

On rencontre parfois quelques dédaigneux qui, sans mentir positivement, répondent avec une indifférence affectée. Quand on démêle ce sentiment, on en vient généralement à bout par le procédé suivant : on interroge sur quelque itinéraire déjà sérieusement connu et quand l'informant a répondu, par acquit de conscience, suivant l'expression populaire, on lui administre une leçon en répondant à sa place et en lui faisant honte qu'un chrétien qui n'y est jamais allé connaisse mieux son pays que lui-même.

Enfin si quelque plaisantin, alléché par la perspective de boire du café et de gagner quelque argent dans un travail facile, s'offre à vous prétendant connaître tel pays et vous apportant un itinéraire absolument inconnu et par suite suspect, employez le procédé qui m'a réussi dans les deux cas où j'ai eu à faire à gens de cette sorte. Après l'avoir laissé dicter pendant quelque temps ses étapes de fantaisie, arrêtez-le brusquement et invitez-le à faire retour à son point de départ en donnant les étapes en sens inverse. Citant au hasard les noms improvisés il ne saura plus les retrouver, perdra contenance et s'enfuira poursuivi par les quolibets de ses camarades.

Mais ce sont là recommandations générales qui seraient venues d'elles-mêmes à l'esprit de ceux qui connaissent les indigènes. En voici maintenant d'un ordre plus spécial et en quelque sorte plus technique :

Divisons pour plus de clarté en deux sortes les renseignements demandés aux indigènes. Les uns ont trait au localités, aux distances, aux positions respectives d'un point vis-à-vis de l'autre ; ils sont purement géographiques. Les autres sont d'ordre économique et portent par exemple sur la population, le nombre des dattiers, le nombre des fusils, le nombre des maisons.

Localités : Il faut se défier des localités où n'existe ni un puits spécial, ni un bordj ni un bouquet d'arbres bien connus. Et il faut faire préciser si le nom indiqué s'applique à un point unique ou à une région abordable par divers côtés. C'est ainsi que pour Iuzize il est resté quelques doutes, même en ce qui concerne la latitude relevée par Laing, car les derniers renseignements représentent Iuzize comme une région de faible étendue et non comme un point, ainsi qu'on l'avait cru d'abord.

Distances : Ici surgit une grosse difficulté. Les indigènes formulent les distances par journées de marche. Ainsi présenté ce renseignement est absolument vague. Voici les divers procédés à employer pour obtenir plus de précision :

Deux cas : Ou bien l'indigène est depuis longtemps en Algérie et s'est familiarisé avec une route algérienne kilométrée, ou au contraire il ne connaît bien que son pays et point le nôtre.

Dans le premier cas on procèdera par comparaison : après avoir fait choix d'une route algérienne dont on s'assure par quelques questions préalables que l'indigène a une connaissance sérieuse, on l'invite à formuler ces distances sous cette forme : « Il y a d'Akabli à Oglad Rhaba comme de Tlemcen à Renachi. » Le tableau des distances judiciaires que vous aurez emprunté au juge de paix voisin ou seulement un Piesse d'édition récente vous permettront de traduire immédiatement en kilomètres.

Dans le second cas la difficulté est plus complexe. Vous tâchez d'abord de démêler dans l'esprit de l'indigène s'il évoque pour fixer ses évaluations, le souvenir d'un voyage déterminé ou s'il se détermine suivant un ensemble de souvenirs. Dans le premier cas vous lui demanderez s'il y avait des esclaves dans la caravane, si les esclaves allaient à chameau ou marchaient à pied ; en ce cas s'ils étaient enchaînés ou s'il y avait des femmes ou de jeunes enfants. Une caravane suivie d'esclaves marchant à pied ne fait pas plus de 25 kilomètres par jour si parmi ces esclaves il y a des femmes ou des enfants, ou des hommes enchaînés, de 32 kilomètres quand il n'y a que des hommes ayant la liberté des mouvements. Si tous les gens sont montés la journée moyenne est de 38 à 40 kilomètres pour une caravane de commerce. S'agit-il d'un parti de Touareg ou d'Aït Atta allant en rhazzou, c'est-à-dire d'une course pratique, alors les distances deviennent extrêmement variables. Au départ, dans l'espérance que le rhazzou s'accroîtra de quelques recrues, on va à petites journées, puis on entraîne les mehari par des courses de 50 à 60 kilomètres, enfin, quand la proie est proche, on porte la marche au maximum afin de fondre à l'improviste et le coup fait on s'enfuit avec la même vitesse jusqu'à ce qu'on soit hors d'atteinte. Dans ces dernières journées les distances atteignent parfois 100 kilomètres. On comprend que pour avoir une idée quelque peu nette des distances parcourues, il faut se faire raconter tous les incidents du voyage.

Au contraire, l'informant ne nous conte pas un voyage déterminé, mais le voyage de la caravane annuelle, de la grande caravane, de la caravane officielle, en quelque sorte qui, chaque année va du Tafilalet ou du Touat à Tinboktou, d'In Salah à Agadès. En ce cas, faites préciser, pour chaque étape, à quelle fraction de la journée on arrive, en divisant bien entendu celle-ci suivant la mode arabe : au milieu du jour, midi ; avant l'acer, 2 heures ; à l'acer, 3 1/2 à 4 heures ; après l'acer, 5 à 6 heures ; avant la nuit, 7 heures ; à la nuit, 8 heures ; après la nuit, 9 à 10 heures. Vous pourrez supposer à la caravane une marche moyenne de 3 kil. 500 en pays facile, de 3 kil. en pays rocailleux et difficile. En pays de dunes, la marche ne sera plus que de 2 kilomètres si les dunes sont petites, et seulement de 1,500 mètres au plus, si on est obligé de décharger les chameaux et de couvrir la dune de tellis aux montées. Je signalerai, à ce point de vue, comme un modèle du genre, la route d'Agadès à In Salah indiquée à Barth et dont on trouvera aux annexes la partie comprise entre Nesoua et In Salah. (Voir doc. n° II.)

Souvent l'informant s'impatiente de la forme que vous voulez donner à ses réponses. Il tient, par habitude, à une manière de s'exprimer. On ne gagnerait rien à le contrarier ; mieux vaut essayer de bien comprendre ce qu'il entend par les termes qu'il emploie. C'est ainsi que mon excellent informant Ahmed ben Aomar, (doc. n° XIV,) se maintint dans la formule, journée complète et journée très complète. Pour les distances moindres que la journée complète, il les précisait par comparaison avec des localités situées aux environs de Tiaret. Mais les journées complètes me furent facilement connues, car il me donna comme type celle de Zaouïnel Aïnoun et Akabli que je pus, grâce à certains détails, fixer à 42 kilomètres.

Enfin il faut tenir compte de certaines habitudes des caravanes que l'informant suppose connues parce qu'elles sont de notoriété publique au Sahara. C'est ainsi qu'une caravane nombreuse ne fait dans la première journée qu'une très courte étape (18 à 25 kilomètres) et campe de bonne heure. On agit ainsi pour permettre aux retardataires de rejoindre. De même quand il s'agit d'entrer dans le ksar d'arrivée met-on quelque coquetterie à se présenter en rangs pressés, après avoir fait une toilette sommaire. Aussi s'arrête-t-on à une petite journée de la ville, tandis qu'en forçant l'étape on l'aurait vraisemblablement atteinte dans la journée.

Il faut aussi tenir compte des efforts qu'une caravane peut être obligée de faire pour atteindre un puits après de longues étapes sans eau. Dans les contrées riches en pâturages on modère généralement la marche afin de permettre aux chameaux de se refaire. Je recommande à tous ceux qui s'essayeront à ces sortes d'enquêtes la lecture de la traversée du désert par René Caillié.

Directions. — Les itinéraires de Barth, de Rohlfs, de Caillié, de Caron, de Flatters et de Lenz ont enfermé le Sahara central dans un cadre d'observations européennes sur lequel on peut le plus souvent appuyer les itinéraires indigènes tant au départ qu'à l'arrivée. En ce cas on n'a plus à se préoccuper que des directions intermédiaires. En tout cas les recommandations suivantes pourront toujours être utiles. Il faut toujours demander si l'itinéraire est en direction constamment droite, ce qui arrive souvent, et dans le cas contraire, après la relation, demander à l'informant quels sont les points divers où la route se coude. On ne peut assurément compter sur la bonne fortune de M. Duveyrier qui recueille au passage une observation astronomique. Mais on obtiendra presque toujours une réponse satisfaisante si on pose à l'indigène la question d'orientation sous cette forme : « En partant le matin, au moment où le soleil se lève, sur quel côté de la tête vient te frapper le soleil levant ? Est-ce sur le nez ou sur la nuque, sur l'oreille droite ou sur l'oreille gauche, ou entre deux de ces quatre points. Sans doute la réponse fût-elle très nette, manquera de précision ; car, suivant les saisons, le point où le soleil se lève varie, mais on admettra l'est absolu et on comptera sur les indications graphiques qui résultent de la construction même de la carte projetée.

Passons maintenant au deuxième ordre de renseignements, les renseignements économiques. Les deux principaux en Sahara sont relatifs à la population et au nombre des dattiers.

Population. — Si votre informant est un saharien d'origine libre, il pourra vous renseigner, s'il le veut, sur le chiffre des fusils soit de sa tribu, soit de son ksar. C'est qu'en effet, la vie est monotone en Sahara : cultiver les dattiers et vendre les dattes, recevoir ou former des caravanes, organiser des razzias ou se défendre contre elles. Comment ignorerait-on dans ces conditions le nombre de fusils dont dispose le ksar ? Mais les enfants eux-mêmes le savent. Seulement fréquemment les hommes le taisent.

Toutefois ils n'ont plus la même réserve quand ils ont quitté le ksar et se sont fixés en Algérie.

A la vérité s'ils peuvent vous renseigner avec précision sur la force militaire de leur ksar, ils ne le peuvent plus quand il s'agit du ksar voisin. Pour celui-ci ils procéderont par comparaison avec leur propre ksar qui deviendra ainsi l'unité de mesure.

A la condition d'avoir des informants nombreux on peut ainsi aboutir à une évaluation extrêmement voisine de la vérité. Mais il y a une cause d'erreur qu'il faut éviter, lorsque le nombre de fusils obtenu, on se demande à quel chiffre de population le chiffre des fusils correspond.

Ceci dépend en effet de la nature des populations.

Chez les Touareg, tout homme valide est soldat. Les femmes, les enfants, les vieillards représentent les 5/6 de la population, de sorte qu'un fusil correspond à six habitants. Toutefois, dans les centres de culture, la proportion cesse d'être exacte, car il y a là des esclaves de case attachés aux travaux agricoles et qui ne comptent pas comme guerriers. Pour savoir à quel taux de population correspond dans ces centres le chiffre des fusils il faut au préalable rechercher auprès de l'informant quelle est dans l'ensemble de la population la proportion des captifs.

Dans les ksours du Toùat, la règle de proportion entre le nombre des fusils et le nombre des habitants ne saurait être uniforme. Dans certains ksours, en effet, le nombre des esclaves est considérable, dans d'autres il n'en existe à peu près pas. Les Chorfas sont également, sauf exception, gens pacifiques et ne comptent pas dans le nombre des fusils. Aussi, dans certains ksours, particulièrement au Kerzas, où les Chorfas et leurs haratins, serviteurs agricoles, constituent l'unique élément de population, il n'y a plus de fusils et l'on ne suppute plus que le nombre des maisons. Pour l'oued Messaoura j'ai été amené à admettre que dans tel ksar comme Igli, où règne un esprit militaire entretenu par la présence des Douï Meniia, un fusil correspond à 5 où 6 habitants, tandis que dans les ksours non religieux du Blad Rhaba et du Blad Kerzaz, il n'y avait plus qu'un fusil par 6 à 7 habitants. Quant aux maisons de Chorfas où les domestiques esclaves sont nombreux, j'admets comme un minimum la proportion admise par Barth à Agadès, de 10 habitants par maison.

Recensements des dattiers. — Ce point est particulièrement important et aussi particulièrement délicat.

Ce que nous disions du nombre des fusils que chaque ksourien libre et citoyen dans son ksar connaît exactement, nous pouvons le dire des dattiers. En effet, la seule contribution régulière dans les ksours est établie sur les dattiers et a l'arrosage des dattiers pour but. Qui a vu une oasis à dattiers a admiré le soin avec lequel sont construits et entretenus des canaux étroits, bien cimentés et destinés à distribuer l'eau de l'oued entre les divers propriétaires de dattiers, suivant une règle de proportion convenue par la Djemaa. Chaque dattier a droit à tant d'eau et par tant de dattiers le service public de l'eau sera payé par tant de régimes. Toute une administration préside à cette répartition de l'eau et le Moulay elma ou Maalem elma, le maître de l'eau, le président du syndicat, est parfois le premier, du moins le second personnage du ksar. Fréquemment se font des recensements nouveaux qui déterminent le nombre des dattiers morts et celui de ces arbres qui arrivent à la période de production. Quel plus fréquent but de conversations par les ksouriens quand ils s'assemblent, sous les voûtes de leurs ruelles, aux chaudes heures de la journée !

Mais ce que je disais des fusils, je dois le dire des dattiers. Chaque ksourien ne connaît bien que le nombre des dattiers de son ksar et il n'apprécie la richesse en arbres des oasis voisines que par comparaison avec son oasis. Pour obtenir dès lors un recensement direct des dattiers, il faudrait avoir un nombre considérable d'informants et être assuré de leur sincérité, ce qui est difficile en la matière car, s'il vient à l'esprit du ksourien interrogé la pensée qu'un jour la France pourrait être souveraine au Touat, il prendra peur à l'idée d'un impôt possible sur les dattiers. On sait en effet qu'en Algérie les dattiers paient la lezma.

J'ai pu toutefois, pendant un intervalle de trois ans à Tlemcen, interroger un nombre assez considérable de ksouriens de l'oued Massaoura pour faire le recensement direct des dattiers jusqu'à El Kessabi. Ce qui m'a donné confiance dans mes chiffres c'est que j'ai pu obtenir un double contrôle, d'abord celui d'un Juif d'Igli très intelligent et fort désintéressé dans la question, puis celui de mon regretté ami Si Abdelkader ben Miloud de Thyout. Toutefois, si j'ai pu recueillir des chiffres exacts, j'ai eu le tort, sous l'empire d'un sentiment sur lequel je vais m'expliquer, de les rapporter inexactement.

Rien n'égale l'impression que fait sur l'âme, après de pénibles journées de marche dans le monotone désert, l'aspect subit d'une oasis à dattiers.

Mais il se mêle à cette vive satisfaction un sentiment étrange. Le refuge de l'oasis vous semble précaire, tant celle-ci paraît petite dans l'immensité du désert. Que si vous avez alors la curiosité de demander à quelque ksourien le nombre des dattiers, — vous parle-t-il de plusieurs dizaines de mille, — vous ne voulez pas croire et vous vous récriez. On s'effraie d'un énorme chiffre comme d'une invraisemblance, et cela est si vrai que tous les explorateurs en Sahara en ont été dupes.

C'est l'histoire d'Ouargla à qui on n'attribua pendant longtemps que cent mille dattiers et qui en compte près de 500,000.

C'est sous l'impression de cet effroi, devant les gros chiffres que moi-même, tandis que je recevais les déclarations des ksouriens de l'oued Messaoura, je réduisais systématiquement de moitié le chiffre de dattiers qu'ils accusaient; en sorte que mon évaluation est certainement très inférieure à la vérité. J'ai eu tort et je tiens d'autant plus à l'avouer que je préserverai ainsi contre une erreur les enquêteurs de l'avenir.

Depuis que j'ai examiné avec soin des oasis à dattiers, j'ai compris les gros chiffres des indigènes. Dans les palmeraies de plantation française, telles que l'oued Rhir, les dattiers sont aussi largement espacés qu'il paraît nécessaire. M. Rolland donne par exemple 200 dattiers par hectare, ce qui revient à 20,000 par kilomètre carré. Or, les oasis couvrant d'une forêt de dattiers une superficie de un kilomètre carré sont de très médiocre étendue. Un kilomètre carré, 100 hectares, c'est en effet fort peu. Il faut en outre considérer que le chiffre de 200 dattiers par hectare est un minimum très rare dans les cultures indigènes. Ce chiffre suppose en effet entre chaque pied un écartement de 10 mètres dans un sens et de 5 dans l'autre. Presque partout les dattiers sont notablement plus serrés. Fréquemment quand on a à faire non aux espèces basses et étalées, mais aux espèces hautes et à courtes palmes, il y a par hectare 300 et non 200 dattiers. Ainsi j'estime en moyenne à 250 par hectare, c'est-à-dire à 25,000 par kilomètre carré le chiffre des dattiers dans les oasis du Touat, du Gourara et de l'oued Messaoura. Mais ce chiffre est trop élevé pour les oasis de l'oued Ziz en raison des cultures diverses qui se font au pied des dattiers, celle de l'orge en particulier. Pour assurer aux plantes le soleil nécessaire, les habitants du Tafilalet espacent leurs dattiers. Nous admettons ici le chiffre de M. Rolland, soit 200 par hectare.

Ce qui précède nous permet de concevoir une triple méthode pour supputer le nombre des dattiers. La première c'est l'évaluation directe, évaluation précise quand elle émane d'un ksourien sincère et bien renseigné, mais qui expose à trop d'erreurs et se prête à la fantaisie.

La deuxième consiste à prendre pour point de comparaison un ksar algérien dont la richesse en dattiers est parfaitement connue de l'enquêteur et de l'informant.

La troisième qui est la plus précise quand on s'adresse à un informant intelligent, consiste à se faire renseigner d'abord sur la forme de la palmeraie ; puis, par une série de lignes sur la longueur desquelles on se fait renseigner par comparaison à des distances connues, à évaluer la superficie en kilomètres carrés ou en hectares. Suivant que les dattiers du ksar seront très serrés, moyennement serrés, ou peu serrés, on multipliera le nombre des dattiers obtenus par 300, 250 ou 200 dattiers.

On a pu lire dans le chapitre V une étude établie suivant tous les documents actuellement existants sur la richesse en dattiers de l'ensemble des oasis.

Avant de clore ce chapitre qu'il me soit permis de faire une dernière recommandation. C'est de joindre à l'appui de l'opinion que l'on formule comme conclusion à l'enquête, le texte même de tous les interrogatoires et de toutes les informations, sauf à supprimer les longueurs et les inutilités. Il faut que le lecteur puisse juger de la valeur de la conclusion par l'examen des éléments d'appréciation. L'enquêteur ne doit en aucune circonstance faire œuvre personnelle. Il ne doit être qu'un notaire et enregistrer fidèlement les déclarations qui lui sont faites. L'autorité de son étude sera à ce prix.

SECONDE ANNEXE

DOCUMENTS DÉJA RASSEMBLÉS PAR M. POUYANNE

I — JAMES RICHARDSON. — ROUTES DU SAHARA

(Traduction de M. Albert Montemont, Bulletin de la Société de Géographie, cahiers de février-mars et août 1850). — L'orthographe anglaise a été conservée dans cette traduction.

Route de Touat (d'Aghobli, partie méridionale de l'oasis) se dirigeant presque droit au sud vers Tombouctou.

1re Station. — *Teen-Tenat*. — Deux jours de route depuis le district d'Aghobli; une source et un bois de broussailles au milieu d'un pays plat.

2e Station. — *Wallen*. — Une source et des montagnes à quelque distance des deux côtés. À peu de jours de marche de cet endroit, la ghafalah ou caravane entre dans la célèbre plaine de Tanazrooft, vaste étendue de terrain plat, où on ne trouve ni eau, ni herbe, ni colline, ni vallée, rien pour l'homme et la bête durant huit jours, un désert sans bornes, un sol qui n'est pas pierre, mais qui est aussi dur et aussi impénétrable que la pierre, tant la boue ou la terre dont il est formé est desséchée par l'intensité de la chaleur..... (suivent des détails sur le mirage).

Après huit mortels jours de marche dans cette plaine de Tanazrooft, la ghafalah arrive à la troisième station.

3e Station. — *Enghanan*. — Une source près d'une petite chaîne de montagnes et un bois de broussailles mêlé d'herbages.

4e Station. — *Mabrook*. — Six journées d'Enghanan; deux stations entre lesquelles se trouve une ligne ou suite de sources, avec de l'eau en abondance, ainsi que des herbages pour les chameaux. Mabrook est une petite oasis renfermant une population d'environ 100 individus. Mabrook, est d'ailleurs, le lieu de destination accoutumé de la caravane, qui se partage ici : une partie des marchands se rendant à Arwan, vers l'ouest, et les autres continuant leur route vers Tombouctou. Je parlerai plus loin de la route d'Arwan, qui est une cité intéressante.

5e Station. — *Mamoun.* — Trois jours ; c'est une petite contrée ou oasis comme Mabrook.

6e Station. — *Boujbehah.* — Trois jours, petite oasis, moindre encore que la précédente, avec une source unique ; la contrée environnante est généralement plate.

7e Station. — *Arwan.* — Trois jours, c'est une ville arabe contenant une population d'environ 1,500 âmes. Les maisons ont un et deux étages ; elles sont bâties en pierre et en terre sèche. C'est un marché très commerçant et le principal rendez-vous des marchands arabes et maures de Maroc et de l'ouest de la Barbarie, comme de ceux de Tunis et de Tripoli. Certains marchands de Ghadamès ne vont pas plus loin, parce que Tombouctou y apporte ses produits, qu'ils échangent là contre ceux de Barbarie et d'Europe.

8e Station. — *Warezeain.* — Trois jours, une source ; au bout de deux jours, la ghafalah arrive à Tombouctou. Total 31 jours.

II. — DOCUMENTS TIRÉS DE BARTH

(Voyages et découvertes de Barth. — Traduction de l'allemand par M. Paul Ithier, tome IV, page 143).

. . . .

Le Cheikh résolut, en conséquence, d'aller visiter ses chameaux qui paissaient dans la contrée voisine de Timlissi, au fourrage abondant, afin de nous ramener des bêtes fraîches.

(*Note au bas de la page*). — Je ferai remarquer ici que tous les environs du Billet E'Scheikh (au N. de Timbouctou) doivent, selon toute vraisemblance, être pris tout un degré plus vers l'est que sur ma carte. . . . .

Tous les autres documents tirés de Barth et donnés ci-après, ont été relevés sur l'édition anglaise. En les traduisant on a cru pouvoir se permettre de substituer à la forme anglaise des noms indigènes une orthographe plus habituelle pour des Français.

(Tome 1, page 560 et suivantes).

N. B. — Bien que la première partie de cet itinéraire, jusqu'à Nesoua, coïncide en beaucoup de points avec ma propre route, je ne l'omettrai cependant point, puisque la coïncidence en question prouve l'exactitude et l'intelligence de l'informant.

. . . .

15° journée. — *Nesoua.* — Puits non loin à l'ouest du puits d'Asiou. On y arrive après l'acer, après avoir traversé une vallée du nom de *Tafassasset*.

16° — *T'sraf*, endroit de la hammada où on campe à l'acer.

17° — *Tin Tarabin*, vallée avec caverne fameuse du nom de *Auguidet en Nib*. On arrive à l'acer en marchant toujours sur la hammada.

18° — Campement au coucher du soleil entre des collines de sable appelées par les Arabes *El Areg*.

19° — *Taguercra*, vallée où on arrive à une heure de l'après-midi, après être entré dans un district montagneux du nom d'*Aghil*.

20° — *El Aghsoul*, vallée avec eau où on arrive un peu après midi, après avoir passé sur un terrain raboteux du nom d'*Esfamellesa*.

21° — *Tekderen*, vallée où on arrive après l'acer.

22° — *Egharaghen*, vallée où on arrive à l'acer, après avoir traversé une plaine unie couverte de cailloux.

23° — *Zerzer*, vallée avec eau: arrivée à l'acer, sol de même caractère.

24° — *Ifek*, vallée ; arrivée à l'acer ; même contrée.

25° — *El Imkam*, vallée où on arrive à une heure de l'après-midi, pays caillouteux.

26° — *Agnar*, plaine entourée de hauteurs ; arrivée à l'acer, après avoir voyagé le long de la vallée qui est appelée El Imkam par les Arabes, et qui mène à une autre vallée du nom de *Temaghuset* en sortant de laquelle on entre sur la plaine.

27° — *Touraghen*, vallée où l'on campe vers l'acer, après avoir traversé une autre vallée du nom d'*Outoul*, dans laquelle on descend de la plaine couverte de gravier.

28° — *Tilak*, vallée où on arrive après l'acer, après avoir traversé une autre vallée du nom d'*Eheri*.

29° — *Temassaneggueti*, vallée où on arrive à l'acer après avoir traversé une autre vallée du nom de *Tinaghakeli*.

30° — *In Amedjel*, vallée riche en arbres où on campe au coucher du soleil. Dans la journée on a trouvé deux autres vallées appelées *Fresnoughen* et *Tin Taheli*; toutes ces vallées sont séparées les unes des autres par une hammada à surface unie, sans pierres.

31e — *Teharraket*, vallée commandée par le mont Toureret, où on arrive vers l'acer; cailloux et pierres.

N. B. — Teharraket est un point important de cette route; car on a tourné la haute région du désert de Hogar ou Hagara, que l'on laisse à sa droite; on change de direction et on tourne au nord.

32e — *Hagara*, vallée avec un puits appelé *Tahelat Ohat*, où on arrive après l'acer.

33e — *Souf Mellel*, localité de même nom que celle qui est mentionnée plus haut. On y arrive vers l'acer après avoir passé deux vallées dont la première s'appelle *Akahan* et l'autre *Emmoujaj*.

34e — *Cheikh Salah*, surnommé Melah el Akhsen, le meilleur des hommes; il y a de l'eau près de sa koubba, située dans le district montagneux de *Tasnao*; on arrive un peu avant le coucher du soleil, après avoir voyagé sur une plaine caillouteuse.

35e — *Teghazert*, la petite vallée, ou le glen; un peu avant le coucher du soleil, hammada.

36e — *Amshera*, vallée où on arrive après l'acer. — Le matin on voyage le long de la vallée de *Meniyet*, où il y a un puits et au-delà de laquelle on traverse une autre vallée du nom d'*Afsfes*; la dernière partie du jour, la route traverse une hammada de gravier.

37e — *Et Goulgoulet*, où on arrive à l'acer. Le matin on voyage un moment le long de la vallée d'*Amsherha*, jusqu'à ce que l'on atteigne une autre vallée appelée *Arak*; en poursuivant on rencontre deux points d'eau que les Arabes appellent l'un *Sakkaya* et l'autre *El Adjar*.

38e — *Tadjemout*, vallée où on campe avant l'acer.

39e — *Kaokuo*, groupe de petits vallons où on campe à une heure de l'après-midi.

40e — *Gourdi*, vallée où l'on arrive un peu avant le coucher du soleil, après avoir traversé une autre vallée du nom de *Teruttimin*, avec eau.

41e — Le puits dans la longue vallée *Agmemmar*.

42e — Campement vers la même heure, encore dans la même vallée Agmemmar.

43e — *En Semmed*, où on arrive après l'acer. Le matin on voyage encore le long de la large vallée d'Agmemmar jusqu'à ce que l'on s'élève sur une montagne d'où on descend dans une autre vallée appelée *El Botta* par les Arabes, probablement en raison de sa forme creuse; il y a là un puits du nom de *Tin-Sliman*. En suivant la vallée on atteint l'endroit du campement pour la nuit.

44e — *El Rhaba* (la forêt), de grande étendue et pleine de broussailles. On arrive à l'acer après avoir traversé une dépression ou creux du nom de *Ech Chaab*; de là on entre sur un sol qui va en s'élevant, et on arrive à la forêt.

45e — *In Salah*, le grand marché du district le plus sud du Touat, on y arrive vers l'acer, en marchant d'abord dans la forêt et ensuite en montant un peu.

Nota. — Barth signale de plus à la fin de l'itinéraire ci-dessus un gîte de sel du nom d'En Mellel, situé à un jour sud du puits de Tin-Slimann.

(Tome I, pages 568 et suivantes).
Route d'Agadès à Hillet Ech Cheikh Sidi El Mokhtar en Azaouad, d'après le Kel Ferouan Baina.

N. B. — Cette route est le chemin pris actuellement chaque année par les Kel Ferouan, quand ils sortent pour aller piller les caravanes sur la route du Touat à Timbouktou. Ce n'est pas tout à fait une route directe, ainsi que je l'ai appris postérieurement. Mais malheureusement aucun des gens d'Azouad (lesquels quand ils ne prennent point la voie de Timbouktou pour aller à la Mecque, prennent généralement celle d'Agadez) n'a été capable de me donner des détails exacts sur le chemin direct. Cette route passe à travers les campements des Aouelimmiden.

1re journée. — *En Ouaggued*, vallée où on arrive à l'acer après être parti d'Agadez dans la matinée.

2e — *Imi-n-Tedent*, où on arrive vers la même heure, après avoir traversé plusieurs dépressions ou creux, dans un terrain rocheux.

3e — *Sakeret*, vallée; arrivée au coucher du soleil.

4e — *Etmet Taderret*, vallée; arrivée deux heures après le coucher du soleil.

5e — *Agredem*, vers l'acer. On voyage tout le jour sur une hammada à sol rouge (ce qui rappelle à l'esprit l'identité de tous ces plateaux élevés dans l'Afrique centrale. La couleur rouge est produite par l'oxyde de fer.)

6° — *Etsa-n-Eliman*, à l'acer; hammada.

7° — *Timmia*, à l'acer; hammada.

8° — *Ebelaghlaghen*, vers la même heure; hammada.

9° — *Isakeriyen*, vers la même heure. La hammada est ici couverte d'un peu d'herbe. La route jusque-là semble être N-N-O. plus loin elle tourne au N O.

10° — *Etsa-n-Hebbi*, vers l'acer.

11° — *Iguedian*, vers une heure de l'après-midi.

12° — *Akar*, vers l'acer.

13° — *Kelijit*, un peu après midi.

14° — *Akalou*, vallée considérable avec eau; on y arrive à une heure de l'après-midi.

15° — *Akerir*, vallée habitée où l'on arrive vers l'acer, après avoir voyagé le matin jusqu'à midi le long de la vallée d'Akalou.

16° — *Kidal*, après l'acer. Ce nom, comme je l'ai appris depuis, ne s'applique pas à une seule localité, mais embrasse un district à vallées fertiles, habité par les Debakal qui élèvent une excellente race de chevaux.

17° — *Tim-Aklali*, vers l'acer.

18° — *Asalugh*, au coucher du soleil, après avoir traversé divers creux dans le sol rocheux. Là on trouve des habitants partie arabes, de la tribu de Kounta, partie touareg, de la tribu largement dispersée des Ifogas.

19° — *Aghacher* (*Eghazar*), belle vallée avec dattiers, grains et tabac. A quelque distance est une autre vallée fertile appelée *Tesillit*, pareillement abondante en dattes.

20° — *Tikaughaouen*, vers l'acer.

21° — *Hillet Ech Cheikh Sidi el Mokhtar*, localité célèbre et vénérée, où on arrive vers une heure de l'après-midi.

Cette localité doit être très intéressante pour tous ceux qui prennent souci des circonstances où se sont produits tant de sacrifices de vies accomplis au milieu des pénibles efforts qui ont tenté d'ouvrir le continent Africain à la science et au commerce de l'Europe. — C'est là, en effet, le véritable endroit où, sous la protection de Si Mohammed, père de mon noble ami le Cheikh El Bakay, le malheureux major Laing se guérit de ses terribles blessures qu'il avait reçues pendant une attaque nocturne des Touareg dans le Ouadi Ahennet. Dans le peu de lettres qu'il envoya chez lui, si pleines de résignation et d'héroïque courage, il appelle cette localité Blad Sidi Mohammed.

(Tome IV, page 454, note).

Route de Tombouctou à Hillet Ech Cheikh.

1 jour 1/2. — *Teneg El Hay El Hadj*, puits où toutes les routes se réunissent. Beaucoup de localités célèbres le long de cette partie de la route.

1 jour. — *Tin Tahont*, vers la chaleur du jour. — Localité tirant son nom d'une éminence, Tahont.

1 jour. — *Ouorozil*, puits à riche provision d'eau ; vers le même moment du jour.

1 jour. — *En Elahi*, journée entière. — De là à Bou Djebeha, en passant par le puits *Et Touil*, deux jours.

2 jours. — *Erouk*, à trois jours d'Araouan, 1 jour 1/4 de Bou Djebeha. Tout près d'Erouk se trouve *Mérizik*.

1 jour. — *Boul Mehan*, puits célèbre et abondant. Une longue journée en voyageant le long d'une vallée comprise entre les collines de sable d'Eguif du côté de l'ouest, et les noires montagnes de l'Adrar du côté de l'est.

1 jour. — *Hillet ech Cheikh.*

— Le texte, dont cet itinéraire est une note, explique que Hillet ech Cheik est à demi-journée de marche de Boul Mehan.

Les documents suivants sont tous extraits du tome V.

(Pages 181 et 182)

. . . .

Mais il est très certain que ces Kel es Souk ont été appelés ainsi d'une ville de Souk, ou du moins désignée généralement sous ce nom, située à la distance de cinq jours de ce point ci (Borroum) et à six jours de Gogo, ville qui semble avoir été autrefois très considérable, mais qui fut détruite dans la dernière moitié du quinzième siècle par Sonni Ali, le grand prédécesseur du conquérant encore plus grand Hadj Mohammed Askia. Je n'ai pas réussi à obtenir le premier nom de cette ville, mais il n'est pas douteux que c'est bien celle qu'El Bekri et les autres géographes arabes ont appelée Tademekka, du nom de la tribu qui jusqu'au milieu du dix-septième siècle a dominé dans cette région.

(*Note au bas de la page* 182). — El Bekri, qui est la seule autorité digne de confiance, édition de Slane, pages 181 et suivantes. — La distance à Gogo de neuf jours, suivant El Bekri, doit être regardée comme la proportion qui, pour des caravanes pesamment chargées, correspond bien à six jours de chameaux légers ou méharis. Voir l'itinéraire du Touat à cette ville dans l'Appendice.

(Pages 457 et suivantes).

Route orientale du Touat à Mabrouk et de là à Timbouctou.

N. B. La route part d'Aoulef dans le Tidikelt. Aoulef est à une petite journée d'Akabli, et à trois journées d'In Salah, la distance entre ce dernier endroit et Akabli étant à peu près la même.

2ᵉ jour. — *Terichoumim*, puits.

4ᵉ — *Derim*.

7ᵉ — *Iuzize*, puits; jusqu'à ce point la route suit une direction un peu à l'est du sud (évidemment dans la direction de Gogo), mais à partir de ce point elle court au S.-O.

14ᵉ — *Indenan*, puits, après avoir traversé le désert appelé Tanezrouft.

17ᵉ — *Intaborak*; la dernière étape n'est que d'une demi-journée.

19ᵉ — *Motla*.

22ᵉ — *Taounant* la dernière étape est une demi-journée.

24ᵉ — *Mabrouk*.

La route généralement suivie de Mabrouk à Timbouctou passe par Arouan.

2 jours. — *Mamoum*.

2 jours. — *Bou-Djebeka*. } Je parlerai de ces localités dans la relation générale sur l'Azouad.

2 jours. — *Araouan*.

4 jours. — *Teneg el Hay ou Teneg el Hadj*.

1 jour 1/2. — *Timbouktou*.

Entre Teneg et Hadj et la ville se trouvent les localités suivantes : El Ariye, E. Rhaba, El Merera, Athelet el Meguil, Ellib el Aghebe, Tiyare el Djefal, Tiyaret el Ouaza.

La route d'Hillet Ech Cheikh El Moktar, « généralement appelé

El Hilleh », à Tossaye, se poursuit en longues journées de marche dans une direction que mon informant suppose être exactement sud.

1ʳᵉ journée. — *Nour*, montagne sans eau.

2ᵉ journée. — Halte en un point de la région nommée *Derguel*.

3ᵉ journée. — *Kazouft*, grand marais dans la saison pluvieuse.

5ᵉ journée. — *Tossaye* ou *Tossé*, le grand étranglement de la rivière.

D'El Hillet à Gogo on compte une distance de huit jours.

Route d'Iuzize à Gogo.

4ᵉ journée. — *Timmissaou*. (Hassi Moussa? Je pense que ce ne peut être le puits de ce nom sur la route directe du Touat à Mabrouk, ce qui donnerait à cette route-ci une direction beaucoup plus ouest.) Près du puits est une éminence rocheuse ressemblant à un château, et fameuse par une légende sur une empreinte attribuée au cheval de Moïse, légende attachée à l'autre puits que j'ai mentionné. Il semble, d'après cette route, que l'aride désert du Tanezrouft est plus étroit et plus resserré vers l'est.

7ᵉ journée. — *In Azal*; la dernière marche n'est que d'un demi-jour.

9ᵉ journée. — *Souk* ou *Es Souk*, ancienne résidence des Kel es Souk, maintenant privée d'habitants sédentaires, située entre deux « coudiat » ou collines, l'une à l'est, l'autre à l'ouest, justement comme est décrite l'ancienne ville de Tademekka, avec laquelle Souk est évidemment identique. (Voir le journal.) La ville fut détruite par Sonni Ali, le conquérant Songhay, dans la dernière moitié du quinzième siècle. On dit la vallée riche en arbres.

11ᵉ journée. — *Gounham*; autre emplacement d'ancienne ville, autrefois résidence des Kel Gounham; il y a une éminence montagneuse.

13ᵉ journée. — *Takerennat*; autre emplacement.

14ᵉ — *Tel Akkeouin* ou *Tin Akkeouin*; puits.

16ᵉ — *Tin Oker*; la dernière étape est une demi-journée.

18ᵉ. — *Gogo* ou *Gagho*; la dernière journée est aussi une courte.

Route occidentale d'Aoulef à Mabrouk.

1re journée. — *Dahar El Hamar*; chaîne de collines appelée le dos d'âne.

3e — *El Immeraguen*.

5e — *Ouallen*; puits.

12e — *Am Rannam*; puits, deux jours à l'ouest d'Indenan, après avoir traversé l'aride désert du Tanezrouft. En été on y voyage de nuit. En hiver, en marchant nuit et jour et ne faisant que de courtes haltes, on peut faire la route en quatre jours.

17e journée. — *In Asserer*; peut-être « le puits de la région pierreuse », ou bien hammada « ser'ir », ce qui est le mot propre pour une telle région.

20e journée. — *Tin Hekikan*; puits, anciennement le campement commun de la tribu qui en a gardé le nom de Kel Hekikan. Il est à l'ouest ou au sud-ouest du puits nommé Taounant.

22e journée. — *Mabrouk*; la dernière journée est courte.

Quelques détails sur la région nommée Azaouad et les districts voisins.

Le nom d'Azaouad est une corruption arabe du nom berbère d'Azaouagh (prononcez Azaouar), commun à plusieurs régions du désert. Quant au district particulièrement connu des Européens sous le nom d'Azaouad, il comprend une région fort étendue située au nord de Tombouktou, et qui s'étend vers le nord-ouest jusqu'au Djouf, ce grand égoût ou ventre du désert, rempli de sel gemme, et vers le N.-N.-E. un peu au nord de Mabrouk. La partie sud de ce district, s'étendant depuis une journée de Tombouktou jusqu'à celle de trois journées plus au nord, est plus proprement appelée Taganet.

Il y a en Azaouad quatre petites villes ou villages dont le plus considérable est Araouan, ville de faible étendue, comme la décrit Caillié, et dont le nombre d'habitants dépasse à peine 1,500, mais place importante pour cette partie du monde, où se traitent une grande quantité d'affaires commerciales principalement au sujet de l'or.

. . . .

(*Note au bas de la page*). — Voyage de Caillié à Tombouctou, vol. II, pages 99 et suivantes. Suivant mes informations, Araouan paraît être placé à environ 15° à l'O. du nord de Tombouctou.

— Les trois autres petites villes ou centres permanents de l'Azaouad, c'est-à-dire Bou-Djebeha, Mamoun et Mabrouk, sont placées sur une ligne N.-N.-E. d'Araouan, à distances à peu près égales entre elles, de deux journées de voyage facile avec des chameaux. Elles sont plus petites et moins considérables qu'Araouan.

— Il y avait auparavant dans l'Azaouad un autre centre de population appelé El Hillet Ech Cheikh El Mokhtar, que j'ai mentionné ailleurs, (vol. I, page 560, et vol. IV, page 454) situé à deux jours est de Mamoun, et à la même distance à peu près de Mabrouk, mais ce centre fut déserté il y a peu d'années, par suite de l'effondrement d'un puits de quarante brasses de profondeur, qui s'appelait Bou Lanouar.

El Hilleh est situé dans le baten, ou vallée, au pied nord d'une chaîne de collines de roches noires, appelée Ellib El Hadjar. Au nord il y a une autre chaîne, ou Ellib, à l'est de El Hilleh; mais de ce côté, encore dans le baten, se trouve une localité nommée El Madher, avec de bons pâturages pour les chevaux. Il y a aux environs d'autres localités bien connues, Chirch El Kebira et Chirch Es Ser'ira.

— Voici les plus connus parmi les puits de l'Azaouad. Premièrement dans la partie sud du district, du côté du Taganet : Mamoun, différent du village de même nom; Ennefis, puits abondant, à deux heures S.-O. de Mamoun, situé dans un district montagneux, couvert d'épais fourrés, et contenant des carrières de beau calcaire noir, avec lequel les Touareg fabriquent leurs lourds bracelets; Mereta, Makhmoud, Chiker, Guir, Kartal, puits très abondant; En Filfil et d'autres. Plus loin, au N. et N.-O. sont les puits de Haloul, El Hod, Chebi, Temandorit, Tekarat, Anichay, Achorat, puits où le Cheik Ahmed El Bakay a longtemps résidé dans la première partie de sa vie; Annazaou, au N. de Mabrouk; Ali Bada (Ali Baba?) Bou El Mehan ou Bel Mehan, puits mentionné dans l'itinéraire (vol. IV, page 464) comme distant de dix milles d'El Hilleh; Belbot au S. de Bel Mehan, Irakchiouen; Merzah au sud de ce dernier; Megaguelat, à deux jours sud d'El Hilleh, et d'autres.

— Les puits les plus connus du district appelé Taganet, sont : Ouen Alchin, placé à la distance de quatre jours de Timbouktou et de trois d'El Hilleh, où Mohammed es Ser'ir, frère aîné d'El Bakay, a l'habitude de camper une partie de l'année ; Tin Tatis à une demi-journée S.-O. du précédent; En Ochif, Immilach, Enguib, En Sik, En Odek, puits où Baba, frère cadet d'El Bakay, a son campement, à trois jours sud de Mamoun et quatre jours N.-E. de Timbouktou; Amenchor, Arrazaf, Arouk, El Makhmoud, différent du puits de même nom mentionné plus haut ; Igarre, Merizik, Toutil, Oua-rouzil.

— Vers le nord le district d'Azaouad est séparé du triste et aride désert généralement connu sous le nom berbère de Tanezrouft par deux petits districts nommés l'un *Afelele* (c'est-à-dire petit désert) et l'autre *Aherer*, au nord du premier. Afelele est une région grandement favorisée pour l'élevage des chameaux, et contenant quelques vallées fameuses, où Ouadian, telles que Tekhatimit, Afoud Enakan ou Afoud-n-Akan, Tadoulilit, Abatol, Chanisin, Agar et autres. Aherer pareillement est considéré par les Arabes comme une belle contrée dont l'aspect est varié par des collines et des vallons, et qui abonde en puits et en torrents temporaires. Ce fut dans une des vallées de ce district, l'Ouadi Aherer, que le major Laing fut attaqué et presque tué par les Touareg.

— Vers l'est les districts d'Azaouad et de Taganet sont limités par plusieurs petits districts où la population arabe est grandement mêlée à l'élément Berbère ou Touareg, et spécialement aux Ifoghas.

En même temps ces districts séparent l'Azaouad de l'Adrar, la belle contrée montagneuse des Aouelimmiden, si propre non seulement à l'élevage du chameau, mais encore à celui du bétail.

Ces districts intermédiaires sont: *Im Eggelala*, district de deux jours de marche en tous sens, à terre noire, et bien pourvu de puits peu profonds ; à l'est et à l'E.-N.-E. du Taganet, *Tilimsi*, district riche en fourrages pour les chameaux ; *Timitren*, autre district à l'E.-N.-E. d'El Hillet, avec beaucoup de puits et quelques villages ; et à l'E.-N.-E. de ce dernier, un district nommé *Tirechi* ou *Tighecht*, qui côtoie l'Adrar.

— (Pages 546 et 547).

Au sud-est d'Iguidi se trouve le district d'*Erguechach*, qui en est séparé par les districts plus petits nommés *Aftot* et *El Kart*, le premier, étroite zone d'une demi-journée de large seulement, à sol blanc et noir, tandis qu'El Kart qui joint à Aftot vers l'ouest, est large d'environ une journée de marche, et présente une plaine unie couverte de cailloux et de beaucoup d'herbages. Erguechach est une longue et étroite zone de dunes de sable, qui s'étend dans la direction du Touat à Ouaran en passant à peu de distance à l'ouest de Taodenni, et qui touche Maghter ou plutôt Ouaran à l'extrémité sud-ouest. Ce district ressemble à Iguidi, et n'est point dépourvu d'eau entre ses hautes dunes, bien que la nature ne l'ait point orné du palmier aussi gracieux qu'utile. Sa largeur est seulement de vingt à trente milles; il est borné vers le nord par un district plus petit appelé *El Hank*, à terre végétale noire, riche en arbres et coupé de collines rocailleuses.

Sur le côté S.-E. d'Erguechach est le district appelé *El Djouf*, auquel appartient Taodenni, riche en sel mais dépourvu d'herbages, sauf un endroit plus favorisé du nom d'El Harocha, situé à une demi-journée de distance à l'E.-N.-E. de Taodenni, et où on trouve des arbres. La misérable localité qui s'appelle Taodenni, ne consiste qu'en quelques maisons (où personne, sauf le Cheikh Zen, ne veut résider à cause de la mauvaise qualité de l'eau), et doit son existence à l'abandon du Teghaza vers l'an 950 de l'Hégire.

Taodenni est à dix jours de Ouaran en allant le long d'Erguechach; à neuf jours de Bou Djebeha; à la même distance environ de Mamoun, et à son O.-N.-O. il est de dix à onze jours au N.-O. de Mabrouk, savoir en partant de Mabrouk: deux jours et demi jusqu'au puits d'Anichay, cinq jours de là au vieux puits appelé El Gatara, et trois jours de plus pour arriver à Taodenni. Le Djouf est borné au nord par le district appelé *Safte*, sorte de hammada avec des lambeaux d'herbages.

(Page 553).

Je donne ici une liste des lieux de campement les plus communs dans l'Adrar : Amasin, Araba, Tin Daran, Younhan ou Gounhan, Et Souk (ces deux derniers étaient autrefois l'emplacement de villes florissantes), Idjenchichen, Azeladhar, Kidal, regardé souvent comme un district séparé, Endechedalt, Taghelib, Marret, Talasba Tadakket, Azouay, Anemelen, Ansattaffen, Acherobbak, Tin Zaoukiten, Tadjemart, Eteoui, Dohendal, Tinadjola, Enrar, Edjaras, Achou, Alkit, Takellout, Dafalliana, Enafara.

(Pages 562 et 563)..... Les Iguelad, tribu très nombreuse, réduite à présent à la condition d'Anislimen, s'étendant sur un grand espace, mais spécialement établis dans le district de Taganet, entre l'Azaouad et Timbouktou. Ce sont eux qui ont creusé les puits profonds qui distinguent ce district, et les clans en lesquels ils se divisent sont le plus souvent désignés d'après ces puits. Voici la liste de leurs nombreuses subdivisions.

Kel Antsar, Kel-n-Ouiouaten, Kel-n-Nokounder, Kel-n-Cherea, Kel-n-Agozen, Kel-n-Bagsay, Kel-n-Touchaouen, Kel-n-Ouarrozen, Kel-n Abellehan, Kel-n-Mamour, Kel-n-Erazar, Kel-n-Guiba, Kel-Tintalion, Kel-Teneg El Hay ou Deborio, Kel-n-Nettik, Kel-n-Tinsmaren, Kel-n-Tintazalt, Kel-n-Ochef, Kel-Inneb, Kel-n-Migaguelit, sur le puits le plus éloigné du Taganet, Kel-n-Marzafef, Kel-Tin-Oudekan, Kel-Tinekaouat, Kel-n-Tecbak, Kel-Hor, Kel-Emaihor, Kel-Tele, Kel n-Taba, ramit, très riche en bétail, Kel-Takankelt, Kel-Tadrak, Inetaben-Kel-Tehoroguen, Ibidoukelen, Kel-Taghachit, Kel-Elhorma, Kel-Kabay, Kel-Sakkomaren, Kel-Tadar, Kel-n-Kezem, Kel-Terchaouen, Kel-Tendetas, Kel-Tinhellaten, Kel-Insaid, Kel-Echinkay, Kel-n-Alchinen, Kel-n-Djaren, Kel-n-Ayeren, Iheouan-nor-Eddi, Terbaz, Kel-Tegallit.

III. — M. DUVEYRIER. — TOUAREG DU NORD

(Pages 26 et 27).

D'après le Cheikh Othman, l'Ouadi Tirhehert, que les Touareg du Ahaggar appellent Tirhejirt, et les Aouelimmiden nomment Teghazert, prendrait sa source au point culminant du Mouydir dans la grande montagne d'Ifettesen qui donne naissance à l'Ouadi Akaraba Rharis; puis dès sa sortie de la montagne il se dirigerait droit à l'ouest, et à l'ouadi, pour aller passer entre In-Ziza et Ouallen en coupant le Baten Ahennet. Il entrerait dans le Tanezrouft en un endroit appelé Sedjenjanet, et de là tournerait au nord pour aller se perdre dans les dunes d'Iguidi en se dirigeant vers le bassin de l'oued Draa, où les sables l'empêchent d'arriver.

Au delà de Sedjenjanet le cours de cet ouadi est peu connu, car il traverse alors des terrains inhabités et parcourus seulement par les voleurs de grands chemins.

(Pages 425 et 426).

Les étoiles de la constellation du Navire sont désignées : ô sous le nom de Tenafelit, la richesse, l'opulence ; o sous celui de Tozzert, la misère, le besoin, la pauvreté.

Quand on traverse le désert de Tanezrouft de Ouallen à Am Rhannin, ces deux étoiles servent à indiquer la direction en prenant le point central entre celui de leur lever et celui de leur coucher, c'est-à-dire droit au sud. Ces étoiles étant près de l'horizon, il est toujours facile de se guider sur leur passage au méridien. Entre leur coucher et leur lever, les guides disent qu'il y a la longueur de l'emplacement de la ville d'Araouan.

IV. — ITINÉRAIRE

D'UN ARABE NOMMÉ EL OUARANI, COMMUNIQUÉ EN JANVIER 1885 A M. MAC CARTHY PAR M. LE COLONEL DE NEVEUX

(Partie du voyage depuis Akabli jusqu'à Timbouktou).

Akabli.
1. Kerkaroua.
2. Oued En Sebath.
3. Oued El Maleh.
4. Oued Adrem.
5. Oued Inelan.
6. Oued El Tazi.
7. Tagdabetin.
8. Ouiderart.
9. Tir'hert.
10. Carn el Raoua.
11. Enzira.
12. El Benna Tanezrouft.
13. Tedergaouin El Abiod.
14. Tedergaouin El Akhal.
15. Hafret El Had.
16. Ouandenan El Fokani.
17. Ouandenan Es Softani.
18. El Rague Akber Tanezrouft.
19. Tizirelatin.

20. Tibourarin.
21. El Rague.
22. Tancattine.
23. Touennast.
24. Fok El Mabrouk.
25. Ksar El Mabrouk.
26. Goummar El Mabrouk.
27. S'bala.
28. Ksar El Mamoun.
29. Gart El Basri.
30. En Cheker.
31. Bou Sbela.
32. Asbisseb.
33. Atillat.
34. Timbouktou.

Cet itinéraire signale, en outre, l'existence à l'est de Mabrouk de vastes forêts avec éléphants et rhinocéros.

En comparant la partie de cet itinéraire non reproduite ici, (d'Alger à Akabli), avec les distances des points qui y sont indiqués, on reconnaît sans peine que les étapes d'El Ouarani sont de longueur très variable, les unes très courtes, les autres ordinaires, d'autres encore très longues.

V. — ITINÉRAIRE

D'AIN ÇALAH A TIMBOUKTOU

Publié par M. Largeau (le Sahara, 1er voyage d'exploration, pages 304 et suivantes).

Les caravanes peu chargées peuvent aller d'Ain Çalah à Timbouktou en 45 jours, en passant par les points suivants :

1er jour : *El Rhaba* ; pas d'eau.

2e jour : *Oued* (vallée) *El Had*, du nom d'une plante ; pas d'eau, plaine de pierres.

3e jour : *Tokchoumin* ; source salée, sans arbres.

4e jour : *Oued* (vallée) *Sbat* ; plaine de pierres dans laquelle pousse de l'alfa, pas d'eau.

5e jour : *Oued* (vallée) *Talah* ; pas d'eau.

6ᵉ jour : *Inrhelel* ; oued mort, tamarix sur les bords, eau presque à la surface.

7ᵉ jour : *Tekdhedbatin* ; source de mauvaise eau ; pierres noires.

8ᵉ jour : *El Modhieg* ; pas d'eau ; plaine de pierres.

9ᵉ jour : *El Gouérat El Had*, ou les petits gour du Had ; pas d'eau.

10ᵉ jour : *Areg el Ouassar* ; dunes, pas d'eau.

11ᵉ jour : *Glebet Raoua* ; plaine de grès, pas d'eau.

12ᵉ jour : *Ez-Ziza* ou la *Mamelle* ; haute colline, 110 grands lacs d'eau douce, quelques p'antes.

13ᵉ jour : *Tanezereft* ; plaine de grès, pas d'eau.

14ᵉ jour : *Foumtarhit* ; plaine graveleuse, pas d'eau.

15ᵉ jour : *Oued* (vallée) *Tleha* ; plaine, pas d'eau.

16ᵉ jour : *Tedjemalet* ; plaine de pierres, pas d'eau.

17ᵉ jour : *El Morra* ; plaine de pierres, pas d'eau.

18ᵉ jour : *Temissaou* ; pas d'eau.

19ᵉ jour : *Anafis* ; lac, bonne eau, touffes d'alfa.

20ᵉ jour : *Louetd* ; plaine de pierres, pas d'eau.

21ᵉ jour : *Oued* (vallée) *El Hachich* ; beaucoup d'herbe, pas d'eau.

22ᵉ jour : *Delemiya* ; plaine de pierres, pas d'eau.

23ᵉ jour : *Infennal* ; oued à sec, bonne eau en creusant avec les mains.

24ᵉ jour : *Boughassa* ; rivière à sec, eau en creusant avec les mains.

25ᵉ jour : *Houzzan* ; oued à sec, bonne eau par le même procédé que la veille.

26ᵉ jour : *Nebket El Metz* ; plaine de pierres et hautes collines, pas d'eau.

27ᵉ jour : *Embetet ed Debda*, c'est-à-dire le lit de la hyène ; plaine de pierres, petites plantes, pas d'eau.

28ᵉ jour : *Takankat* ; grande rivière à sec, beaucoup de plantes, eau en creusant à un mètre.

29ᵉ jour : *Tadjidatt* ; sources qui descendent de hautes montagnes, grands arbres, contrée hantée par les lions.

30ᵉ jour : *Tagmart* ; oued mort dans une plaine, montagnes au oin, pas d'eau.

31ᵉ jour : *Telemsi* ; plaine de pierres, pas d'eau.

32ᵉ jour : *Tirkecht* ; plaine de pierres tranchantes, pas d'eau.

33ᵉ jour : *Asld* ; un puits d'eau amère.

34ᵉ jour : *Oued Inourht* ; mort, eau en creusant avec les mains.
35ᵉ jour : *Agarak* ; plaine, pas d'eau.
36ᵉ jour : *Ouelirhda* ; plaine, pas d'eau.
37ᵉ jour : *Abdoquel* ; puits de 25 coudées, bonne eau.
38ᵉ jour : *El Thouil* ; puits de 60 coudées, bonne eau.
39ᵉ jour : *Embaksa* ; puits de 20 coudées, bonne eau.
40ᵉ jour : *Cherikd* ; puits de 25 à 30 coudées, bonne eau.
41ᵉ jour : *Tintehoun* ; puits de 40 coudées, bonne eau.
42ᵉ jour : *Tinguelhat* ; puits de 40 coudées, bonne eau.
43ᵉ jour : *Atilet el Meguil*, plaine de graviers, pas d'eau.
44ᵉ jour : *Egmaria*, sur le Bahar eq Nil (Niger), pas de maisons, mais beaucoup de grands arbres appelés Talah.
45ᵉ jour : *Timbouktou*.

El Kahia Brahim, des Mneroma, est roi de Timbouctou ; le pays est à peu près tranquille.

Les caravanes très chargées mettent jusqu'à 60 jours pour faire le même trajet.

Le Chérif Si Snoussi ben El Hadj Hamed Mqora, de qui je tiens ces renseignements ainsi que l'orthographe des noms arabes, a fait plusieurs fois ce trajet ; il a habité Timbouktou pendant onze années et il a connu dans cette ville le rabbin Mardochée, dont le frère est mort en 1873.

RENSEIGNEMENTS RÉCENTS

(Recueillis de divers indigènes dénommés chacun en tête de son information.)

VI. — MOHAMMED SORGOU, d'environ 30 ans, né à Sokoto, ayant été une année esclave chez les Isakkamaren. (Mémoire de M. Sabatier.)

La partie du pays des Isakkamaren que j'ai connue est en plaine : le massif montagneux est à l'est. J'ai ouï dire que cette plaine se continue jusqu'au Soudan.

Il y a dans ce pays beaucoup de petites rivières, mais il n'y en a qu'une seule de grande. C'est l'*oued Teghazert*, qu'on appelle aussi *oued Tirejert*. Cette rivière garde sous le sable un courant constant, mais il n'existe d'eau apparente que pendant les pluies.

Cet oued vient des montagnes de l'est. Il rejoint au-dessus d'Inzize, l'*oued Malah*. Je crois que cette rivière vient du Aoulef, car il me semble me souvenir que les gens d'Aoulef appellent oued Malah une rivière de leur pays. L'oued Teghazert et l'oued Malah réunis prennent ensuite la direction du sud. Le fleuve atteint bientôt Inzize, où se trouve un puits à eau jaillissante qu'on utilise pour l'arrosage de quelques petites cultures de riz, d'arachides et de bechna. Toutefois, le puits et les cultures d'Inzize ne sont pas sur l'oued Teghazert, mais un peu plus haut sur un de ses affluents l'*oued Kouka*. Les petites cultures d'Inzize sont les seules que je connaisse au pays des Isakkamaren ; pourtant les pluies qui y sont assez fréquentes et y entretiennent de beaux pâturages, peuvent à mon avis, y permettre quelques cultures.

L'oued Teghazert se développe dans un pays plat, laissant les montagnes éloignées à l'est et de vastes hammada à l'ouest.

VII. — Matalah ben Miloud, né chez les Taïtoq (Ahaggar), où il a passé sa jeunesse (mémoire de M. Sabatier).

Il y a beaucoup de ruisseaux dans mon pays, qui tous se déversent dans une même rivière appelée *Tirejert* ou *Teghazert*. Le plus important des affluents de l'oued Teghazert est l'oued Aherer ou Eh'rert. L'oued Teghazert a de l'eau en toute saison, mais seulement dans les redirs pendant la saison sèche. Son cours est plus important que celui de l'oued Mzi (près Laghouat). Il vient du Mouydir, qui n'a jamais de neige ; mais non loin du Mouydir est le pic Eliman, qui, tous les ans, a de la neige, et la conserve même durant deux ou trois mois. Cette neige alimente l'oued Teghazert. La vallée de cet oued n'est pas cultivée, mais offre de beaux pâturages, surtout durant la saison des pluies.

VIII. — Embarek ben Mohammed, né au Tombo, emmené tout enfant à Timbouctou où il fut plus tard acheté par des Aouelimmiden, avec lesquels il demeura cinq ans (mémoire de M. Sabatier).

Nous campions généralement sur les bords de l'Eghirrhou (Niger) aux environs d'Igomaren ; berger de chameaux, je suivais mes maîtres partout où les menait le désir d'assurer à leurs troupeaux une nourriture abondante. C'est ainsi que nous allâmes camper durant six mois sur les bords de l'oued *Teghazert*. Cette rivière est aussi large que l'oued Mzi. A l'époque où je l'ai vue, hiver et printemps, elle n'avait pas d'eau courante ; mais de vastes et profondes dépressions successives, formant comme un chapelet de lacs, y conservent d'assez gros poissons.

. . . .

J'ai ouï dire que l'oued Teghazert ne débordait qu'à l'époque où l'Fghirrhol faisait de même ; mais quand celui-ci décroît, l'oued Teghazert lui rend l'eau qu'il avait reçue en un point situé à plusieurs jours de marche vers l'est.

C'est à Igomaren que je fus acheté par les Touatiens. De ce point je fus mené à Bou Djebeha. Après deux ou trois jours de marche nous rencontrâmes une vallée remplie de puits et nommée *oued Tiaret*. D'Igomaren à Bou Djebeha, situé à deux ou trois journées de l'oued Tiaret, le pays offre l'aspect d'une hammada sablonneuse.

IX. — MOHAMED BEN MOHAMED, homme né et demeuré libre, né à Zaouiat Chirh ben Abdelkerim (Touat) et y étant propriétaire (mémoire de M. Sabatier).

. . . .

Après sept jours de marche sans eau (à partir de Mabrouk) nous arrivâmes au puits *Im Rannan*. Cet oglat (ou réunion de puits) est le seuil du Tanezrouft dans lequel nous allions nous engager.

L'eau y est à fleur du sol. Elle est abondante, constante et d'excellent goût. Nous aurions pu en allongeant un peu notre route rencontrer deux autres puits. En allant de Mabrouk à Im Rannan ce sont ceux d'*In Asserer* et de *Tin Hekikan*. Mais nous avons toujours préféré, ayant ample provision d'eau, prendre la route la plus courte.

Nous mîmes sept jours à partir d'Im Rannan pour traverser le *Tanezrouft*, vaste hammada absolument stérile dont le niveau ne nous a pas paru dépasser le niveau du reste du Sahara. Le soir du septième jour nous atteignîmes les puits célèbres d'*Ouallen*. Ceux-ci sont creusés dans une large vallée très peu encaissée qui limite le Tanezrouft au nord. L'eau en est abondante en toute saison. Elle est au niveau du sol, et on la rencontre en tout endroit de la vallée pour peu qu'on creuse dans le sable. Auprès de oglat est un bordj habité seulement par d'innombrables volées de ramiers. Un usage veut que chaque caravane jette en passant une poignée de grain à ces oiseaux. Le bordj est dû à la bienfaisance de Mouley Halba, chérif d'Aoulez, qui le fit construire uniquement pour les caravanes, mais celles-ci l'ont laissé tomber en ruines.

Nous avions rencontré depuis les derniers jours quelques petites dunes isolées. Elles devinrent plus fréquentes aux abords de la vallée de Ouallen, mais sans constituer toutefois un obstacle au passage des chameaux. Leur hauteur moyenne était de un à deux mètres. Quelques unes atteignirent quatre mètres de hauteur. Au-delà de la vallée elles cessèrent complètement. La vallée était abondamment pourvue de drinn et de demmeran.

— A partir de Ouallen, nous voyageâmes de nouveau à travers des hammada sablonneuses assez bien pourvues de végétation. Trois jours de fortes marches nous conduisirent à *Hassi-Taïbin*, ainsi nommé à cause de l'excellent goût de son eau, bien que celle-ci soit un peu chaude. Hassi-Taïbin est un oglat très abondant, dont l'eau est à niveau du sol. Le drinn et le demmeran abondent dans la région.

Une seule journée de marche, mais de cinquante kilomètres environ, suffit à partir d'Hassi-Taïbin pour atteindre *Timadanin* et *Taourirt*, les premiers ksour du Touat. Durant cette dernière journée on se trouve entre les dunes qu'on aperçoit à l'horizon vers l'ouest, et les collines de *Dahar el Hamar* qui se trouvent à l'est entre Ouallen et Aoulef. Les dunes qu'on a sur main gauche en entrant à Timadanin franchissent même au-dessous de ce ksar, la rivière dite oued Messaoud qui arrose le Touat, et recouvrent son lit qui disparaît à partir de ce point. Bien différentes de celles que nous avons aperçues à Ouallen ces dunes-ci, qui se relient à celles d'Iguidi, ont une hauteur d'environ quinze ou vingt mètres.

X. — Mohamed ben Ahmed, né esclave au pays des Aouélimmiden, qu'il a quitté à l'âge de 12 ou 14 ans (mémoire de M. Sabatier).

Je ne me rappelle pas le nom de la tribu à laquelle appartenait mon premier maître. Je sais seulement que les Touareg de toutes les tribus de la région s'appelaient Oulmiden ou Aouélimmiden et qu'ils obéissaient à un chef nommé Legoul. J'ai ouï dire, en outre, que nos campements étaient à égale distance des *Kel Oui* et des *Ahaggar*. Timbouktou passait pour être très éloigné et le Touat encore davantage.

Je n'ai jamais entendu parler d'une rivière qui s'appellerait comme vous me le dites Egirrohol, ou Issa, ou Kouara, ou Dhioliba.

D'ailleurs, dans mon pays, en outre d'un grand nombre de petits ruisseaux, il n'existe qu'une rivière *l'oued Tidjerert* ou *Tijerert*, qui était souvent à sec, mais qui pendant la saison pluvieuse roulait autant d'eau que l'oued el Kebir près de Blida. Il y avait peu de sables, si ce n'est sur les berges de la rivière où il s'en trouvait beaucoup. Je n'ai point vu dans mon pays de dunes comme au Gourara.

Généralement mes camarades et moi amenions au bord de l'oued les troupeaux dont nous avions la garde. La vallée était très boisée et les pâturages étaient constants et abondants, les arbres y formaient de véritables forêts, mais ils n'atteignaient qu'à des hauteurs médiocres. Un jour étant sur la lisière d'une forêt avec quelques bergers de mon âge, nous aperçûmes un éléphant qui nous fit grand peur, car il passa très près de nous. Pour s'ouvrir un chemin, il cassa une très grosse branche d'arbre avec sa trompe. Je n'ai pas appris que les gens de mon pays chassent cet animal. Les animaux sauvages sont les gazelles, les mouflons, les antilopes et les autruches. Ils sont extrêmement nombreux.

— Je ne puis, comme vous me le demandez, vous indiquer la largeur moyenne de la vallée de l'oued Tijerert. Tantôt, en effet, cette vallée est limitée par des montagnes qui ne laissent entre elles que la distance qui sépare Blida de Mouzaïaville, tantôt, au contraire, ce n'est qu'à l'horizon que le terrain se redresse et que les montagnes paraissent naître.

Je n'ai point vu de lac dans mon pays. L'oued Tijerert, quand il coule à ciel ouvert, a un cours très lent.

XI. — EMBAREK BEN ALI BEN MOHAMMED, né libre à Tombouktou, pris par les Iboguelan, et amené par eux en esclavage (informations recueillies par M. Morellet, juge de paix à Laghouat, et données dans le mémoire de M. Sabatier).

A six jours de marche (de Mabrouk) je rencontrai un puits du nom de *Tagnout* qui a environ cinq mètres de profondeur. Aux environs de ce puits se trouvent des dunes de sable en grande quantité. Après cinq nouveaux jours de marche, j'arrivai à un autre puits nommé *Amezairif*, et à cinq jours de là à un point appelé *Oualel*. On y trouve une source qui jaillit du sable même. Il y a du drinn aux environs. A trois jours de marche de Oualel, on rencontre un puits appelé *El Kouibi*. Le pays est un peu montagneux. On y trouve quelques arbustes et notamment ceux appelés El Cès et El Fouilah, dont les chameaux mangent volontiers les feuilles. A quatre jours de marche d'El Kouibi se trouve le puits à fleur de sol appelé *Taïbin*. On y remarque la même végétation qu'au puits d'El Kouibi.

— Je repris le chemin de mon pays en passant successivement à Taïbin et Kouibi. Capturé auprès de ce puits, je fus, après cinq jours de marche, amené à un autre puits appelé *Ahenet*. A cinq jours de marche de ce puits, je suis arrivé à une grande montagne appelée *Inziza*. A partir de ce point, on entre dans le pays habité par les Touareg. Il y a, sur la montagne d'Inziza, de grands trous remplis d'eau et recouverts d'une couche de sable. Il arrive parfois que les voyageurs et les animaux s'y précipitent involontairement et y trouvent la mort. Il n'y a point de dattiers, les dunes de sable deviennent fréquentes. En quittant cette montagne on rencontre, au bout de cinq jours de marche, un puits appelé *Timissao*. Il n'y a plus aucune végétation, on marche continuellement dans le sable.

XII. — AHMED OULD ABDALLAH, des Ouled et Hadj (Touat); renseignements recueillis à Saïda en mars 1880 par M. Pouyanne, avec l'aide de M. le capitaine Graulle.

Cet indigène est originaire du ksar de *Bou Faddi* près le Timmi. Il a fait un voyage sur la route de Taodenni dont voici l'itinéraire :

Parti du ksar de Haboni, voisin de Bou Faddi, avec une petite caravane, il est allé le premier jour coucher à l'oued Messaoud, un peu en amont d'*El Hamer*. La rivière n'a pas d'eau en ce point et son lit a 60 mètres de large.

Le deuxième jour, laissant la rivière à gauche, ils sont allés à Mouilah, espèce de sebkha où il suffit de creuser un peu pour avoir de mauvaise eau. Cette journée de marche a été très longue.

A Mouilah on est entré dans les areg que la caravane n'a pas quitté pendant 22 jours.

En partant de Mouilah le matin de la 3ᵉ journée, on a mis 6 jours à arriver au premier puits du nom de *Bir El Hadj Hadj*.

Pendant ces 6 journées, on est constamment dans les areg aussi difficiles que ceux du Gourara; ces journées de marche ont été aussi pleines que possible. A Bir Hadj Hadj il y a un puits unique très profond, donnant d'excellente eau.

A partir de Bir Hadj Hadj, on a marché toute une très longue journée sur une hammada très étroite bornée de hautes dunes de part et d'autre, dont la longueur est de 5 à 600 mètres en moyenne, qui s'appelle *Tuier el Archa* et dont le sol est solide quoique sablonneux. Du bout de cette hammada au puits le plus prochain, *Hassi Ould el Brini*, trois jours très pleins de marche dans les areg. On ne rencontre pas en route d'autre végétation qu'un arbrisseau appelé El Had. C'est une route très difficile, mais on est en pleine sécurité jusqu'à Taodenni.

De Hassi Ould el Brini, en une journée très pleine de marche dans les areg, on atteint *Bir ed Dahab*, puits unique d'environ vingt mètres de profondeur fournissant une eau un peu saumâtre.

En six jours de marche très pleins, toujours dans les areg, on arrive de Bir ed Dahab à *Teni Haya*. En ce point il y a beaucoup de puits peu profonds, mais l'eau en est boueuse et mauvaise.

Cinq journées de marche très pleines, toujours dans les areg, conduisent de Teni Haya à *Zabiar*. Au milieu de ce chemin, un membre important de la caravane était tombé très gravement malade, il a été décidé qu'on le ramènerait au Touat. Plusieurs personnes de la caravane se sont détachées pour cela, et l'informant était du nombre. C'est donc par ouï dire qu'il donne le reste des informations ci-après.

De Zabiar à *Taodenni* il y a un jour et une nuit de marche, la moitié du temps dans les areg et le reste en hammada ou dans la sebkha de Taodenni.

De Taodenni à *Ounan*, il y a un jour de marche et quelque chose.

D'Ounan à *Araouan*, 8 jours de marche.

Observation sur les informations précédentes. — On peut estimer les journées très pleines dans les areg à 14 heures à raison de 2 kilomètres à l'heure, soit 28 kilomètres; la journée très pleine en hammada à 50 kilomètres; pour le jour et la nuit de Zabiar à Taodenni 20 heures, 10 en areg, soit 20 kilomètres, 10 en sol solide, soit 30 kilomètres, en tout 50 kilomètres.

XIII. — SI ABDELKADER BEN ZIN ED DIN, ancien Khodja (recueilli à Saïda en juin 1880, par M. le capitaine Graulle).

Tout ce pays (Reggan) forme une vaste cuvette ; pour en sortir on est obligé de monter de quelque côté qu'on se dirige.

Le meilleur itinéraire de Reggan à Tinbouktou est celui qui est marqué par les points d'eau suivants. Il a été indiqué à Si Abd-el-Kader par des caravanistes fréquentant le Soudan.

Hassian Taiebin, à deux journées de marche de Reggan.

Oglat Redjel Amirat, à trois journées du précédent.

Puits d'*Ouellen*, à sept journées du précédent. C'est également à ce point que viennent aboutir les caravanistes venant du Tidikelt. Le trajet devient ensuite commun.

Hassi Tanezrouft, à une journée de marche d'Ouellen.

Puits d'*Amrenan*, à sept journées du précédent.

Puits de *Tirhdidine*, à cinq journées du précédent.

Puits de *Tinrerhan*, à deux journées du précédent.

Hassi el Mabrouk, deux journées du précédent.

Hassi el Mamoun, trois journées du précédent.

Hassi el Aroueg, deux journées du précédent.

Timbouctou, sept journées du précédent.

Observation par M. Pouyanne. — Il faut évidemment lire pour oglat Redjel Amirat et Ouallen, 3 journées et 7 journées de Reggan. Sans cela, en effet, Ouallen viendrait infiniment trop au sud. Ce genre d'erreur existe aussi dans la partie de l'itinéraire de Si Abd-el-Kader relative à l'oued Messaoud et non reproduite ici.

XIV. — AOMAR BEN AHMED, né à Aoulef, âgé d'environ 50 ans, domicilié à Tiaret, sellier, homme blanc et de race arabe et libre. Il a fait huit fois la route entre Aoulef et Timbouktou, tant en allant qu'en revenant, dont sept voyages sur la route de l'ouest, et un seulement sur celle de l'est.

(Renseignements recueillis à Tiaret par M. Sabatier en septembre 1880).

Route de l'Ouest (Départ de Zaouiet Atnoun en Aoulef.)

1re journée. — *Akabli.* — En partant à 6 heures du matin on arrive à 7 heures du soir avec repos d'une heure en route. A 12 kilomètres de Zaouiet on trouve le puits de Hassi Douera, puits d'eau potable quoique saumâtre, à eau constante ; 12 kilomètres plus loin se trouve oglat Ilikhen (oglat et non pas source); bouquets de palmiers, eau très bonne. A 8 kilomètres de là se trouve la source d'Ata Chirh; une douzaine de dattiers, eau abondante et très bonne. Très peu après cette source, du haut d'une petite montée on aperçoit les dattiers d'Akabli. Ilikhen est à peu plus près d'Akabli que de Zaouiet Aïnoun. Sur tout le trajet il n'y a ni montagnes, ni dunes, ni ravins. Plaine d'apparence généralement sablonneuse; drinn, demmeran.

2ᵉ journée. — *Oglat el R'aba.* — Cet oglat est abondant et à fleur de sol : les puits, qui n'ont qu'une brasse de profondeur, sont souvent recouverts, et en ce cas la caravane les recreuse. Il y a des dattiers aussi nombreux qu'à El Abiod Sidi Cheikh; l'oglat prend son nom de la forêt de demmeran. La distance qui sépare l'oglat d'Akabli est comme celle de Tiaret à Temda (21 kilomètres). On est dans la forêt de demmeran depuis Akabli, et le trajet s'est effectué dans une plaine mamelonnée.

3ᵉ journée. — *Djaretz.* — Distance à peu près comme de Zaouiet Aïnoun à Akabli. — Vers 2 heures de l'après midi on a rencontré un puits d'eau douce de la profondeur de deux mètres. La route traverse quelques ravins peu profonds; la forêt a cessé; on ne rencontre plus que l'herbe El Had. Un tas de pierres indique l'endroit de halte; c'est ce tas de pierres qui porte le nom de Djaretz.

4ᵉ journée. — *Dahar el Humar.* — On arrive vers le milieu de la journée à partir de Djaretz. — Le Dahar n'est pas droit; venant de l'ouest pour le voyageur parti d'Akabli, il s'infléchit d'abord vers l'est, puis va du nord au sud dans la direction de Timbouktou. Sur la route c'est un long tertre de quelques mètres de hauteur seulement, et bordé par deux sebkhas, l'une à droite, l'autre à gauche. Ces sebkhas ne communiquent pas entre elles, et si un chameau abandonnait le tertre, il risquerait de s'enfoncer de manière à ne plus pouvoir être dégagé dans la boue salée et liquide, laquelle est recouverte d'une mince couche fléchissant sous le poids d'un chameau mais non sous celui d'un homme. Le sel de ces sebkhas a mauvais goût et ne peut être utilisé. La route suit ce tertre pendant deux heures environ. La sebkha est considérable d'étendue, mais l'informant ne peut rien préciser. Il la croit pourtant plus considérable que celle de Timmimoun. Il n'y a point d'eau sur le Dahar El Hamar.

5ᵉ journée. — *Meurath.* — Région un peu mamelonnée, assez

bien pourvue d'herbe pour les chameaux, et notamment d'El Had. — Forte journée de marche, pas d'eau. L'endroit où l'herbe est la plus abondante détermine le point de halte.

6e journée. — *Ain Tirkidine.* — Journée d'environ 25 kilomètres. La source est au pied d'une colline d'environ 50 mètres de hauteur. Ce n'est point là un kef isolé, mais une petite chaîne située à environ un kilomètre de la route. On fait ce léger crochet pour rejoindre la source. La chaîne n'est pas parallèle à la route, mais presque perpendiculaire. Le voyageur venant de Meurath l'a à sa droite. Elle est trop longue pour que de la route on en voie le bout occidental. Le trajet s'est effectué sur une hammada caillouteuse, où on ne trouve d'autre herbe que El Had. On aperçoit à gauche une plaine sableuse où du sel brille au soleil. L'informant dit l'avoir traversée pour aller dans le Hoggar, et ne l'avoir quittée qu'à l'oued Agmemmar; c'est l'oued Malah.

7e journée. — Partant de Tirkidine à 2 heures de l'après-midi, on arrive vers 7 heures du soir au point appelé *Gourdi*; la distance franchie est égale à celle qui sépare Meurah de Tirkidine, et on voyage sur la même hammada.

8e journée. — *El Immeraghen.* — C'est un ouadi dont le lit est aussi grand que celui de la Mina. Quand il pleut les reddirs qui s'y forment conservent l'eau durant deux ans; mais on ne peut compter sur eux en toute année, car on reste parfois plusieurs années sans pluie. Toutefois l'informant les a toujours vus pourvus d'eau. Ces reddirs sont creusés de main d'hommes et ressemblent à des puits. La journée de Gourdi à El Immeraghen a été forte, environ 45 kilomètres. Le chemin s'est poursuivi depuis Gourdi jusqu'au bord de l'ouadi à travers la hammada des étapes précédentes. On descend ensuite dans l'ouadi que l'on suit quelques instants, puis on remonte et on couche sur l'autre bord. L'informant n'a jamais vu l'eau courir dans l'ouadi; il lui semble cependant que la pente serait de l'est à l'ouest. Quand les reddirs sont à sec, il suffit de creuser dans le lit à une certaine profondeur pour trouver sûrement de l'eau. L'informant ignore où se déverse cet oued. Pendant cette journée, tout en marchant sur la hammada on aperçoit des montagnes de toute part, et celles que l'on a en face sont plus hautes que celles qu'on voit à droite et à gauche. Mais ce sont des pics isolés ou des chaînons épars de peu de longueur. Ces diverses montagnes sont pierreuses.

9ᵉ journée. — *Dayat Sellarmi.* — On y arrive à sept heures du soir en partant d'El Immeraghen vers deux heures de l'après-midi. Le trajet se fait sur une hammada pierreuse sillonnée de petits ravins d'un mètre de profondeur au plus. La Dayat est une dépression où se réunissent les eaux pluviales, mais elles n'y séjournent pas longtemps, et l'informant n'y en a vu dans aucun de ses voyages. Bouquets de tala, drinn, el bad, merkeba.

10ᵉ journée. — *Bou Khachbah.* — A une forte journée de la Dayat Sellarmi, Bou Khachbah est un petit oued ou ravin à lit sableux, bien pourvu de tala, de drinn et d'herbes diverses. Pas de puits.

11ᵉ journée. — *Ouallen*, à huit kilomètres du point précédent. C'est un vaste ouadi dont le lit est large d'environ un kilomètre et demi, mais ne fait dans la plaine qu'une dépression de quelques mètres. On rencontre dans ce lit des dunes de sable de un mètre de hauteur moyenne, isolées de ça de là et que la caravane contourne.

Sur le bord de la rivière, en venant de Bou Khachbah se trouve un borj inhabité construit par Mouley Haïba. Dans le lit se trouve une source d'eau excellente, très pure et très abondante. A un kilomètre de l'autre côté de la rivière se trouve une chaîne de collines hautes d'environ cent mètres. La rivière les coupe par un passage d'une centaine de mètres de largeur, par où passe la route ; depuis la source on a suivi l'oued sur un kilomètre avant de prendre par ce passage qui porte le nom de Foum Taritz. En sortant de ce passage on laisse la rivière à droite, et à partir de là on entre dans le Tanezrouft.

L'informant, en s'aidant d'un torchis de papier pour figurer la chaîne de montagne, a tracé sur une table les indications reproduites dans le dessin ci après, où une ligne pointillée indique la route de la caravane.

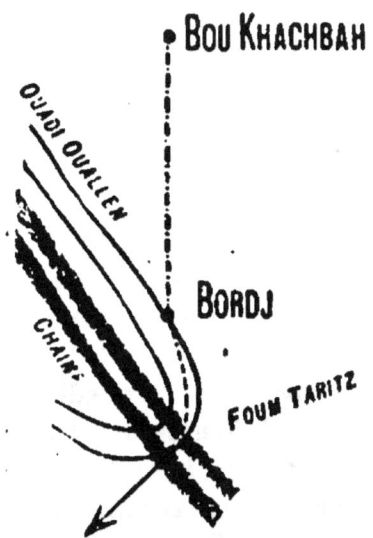

Avant d'entreprendre la traversée du Tanezrouft, les caravanes font dans l'ouadi une halte de trois ou quatre jours, pour faire l'approvisionnement d'eau et laisser les chameaux se rassasier de drinn et de sebath. Dans l'ouadi l'eau est à peine à un mètre de la surface du sable.

12ᵉ journée. — *Hadban el Asfer*, ce qui veut dire hammada jaune. Ce point se reconnaît à l'aspect jaune des pierres, tandis que l'aspect général du Tanezrouft est noirâtre; journée complète du lever au coucher du soleil. On fait toutefois une halte au milieu du jour en un point appelé *Oued Seguengantz*. Ce n'est pas qu'il y ait un oued à cette halte, mais sur la droite, à 15 ou 20 kilomètres, on aperçoit un chabat planté de tala et qui porte le nom de oued Seguengantz.

13ᵉ journée. — *Tiguiditz*, même journée que la précédente. Mais on ne fait halte au milieu du jour que pendant l'été; l'hiver on ne se repose que la nuit. La localité de Tiguiditz se reconnaît à quelques dunes de sable petites et isolées.

14ᵉ journée. — *Seguerdad*, même journée que la précédente; quelques dunes comme à Tiguiditz.

15ᵉ journée. — *El Morratz*, même journée que la précédente. Point indiqué aussi par quelques très petites dunes de sable isolées.

16ᵉ journée. — *Azennouzan* ; c'est une chaîne de dunes élevées et difficiles qu'on aborde au moment où le soleil se couche, et qu'on met environ une heure et demie à franchir. Les guides habiles savent faire franchir cette chaîne par des passages entre les dunes.

17ᵉ journée. — *El Outed* ; journée très complète comme les précédentes.

El Outed est une dune très haute et tout à fait isolée, car il n'y en a aucune entre elle et Azennouzan. Cette journée est très dangereuse, car on y perd facilement son chemin, et le danger ne cesse que quand on aperçoit la dune d'El Outed.

18ᵉ journée. — *Imrannan* ; c'est un ouadi moins grand que celui de Ouallen. Là se termine le Tanezrouft. La distance à partir d'El Outed n'est que d'environ 25 kilomètres. On a l'habitude de se reposer deux ou trois jours à Imrannan. Dans l'oued se trouve un bordj semblable à celui d'Ouallen, mais dont la partie gauche est écroulée. Oglat dans l'oued composé de très nombreux puits profonds d'environ 2 mètres ; drin et el had dans l'oued.

19ᵉ journée. — Lieu de halte dont l'informant a oublié le nom. Pas d'eau ; à partir d'Imrannan on est entré dans une plaine mamelonnée où on trouve les herbes el had et el nessy. Journée entière de marche, sans autre repos que pour un repas.

20ᵉ journée. — *Tin Dadsen* ; c'est un ouadi plus grand que l'Imrannan, et plus petit que l'Ouallen. On y trouve un oglat dont les puits abondants, mais un peu saumâtres, ont environ 3 mètres de profondeur. Même journée que la précédente.

21ᵉ journée. — *Tin Hekikan* ; ouadi. Journée moindre ; on part au lever du soleil et on arrive à 3 ou 4 heures de l'après-midi. L'oglat a la même profondeur que celui de Tin Dadsen.

22ᵉ journée. — *Tadoulilit* ; Oglat de même profondeur, ou peut-être un peu moindre, dans un petit ouadi ; eau saumâtre mais pourtant potable. Même journée que la précédente. La plaine continue à être faiblement accidentée ; pierre et sable, mais sans aucune dune.

23ᵉ journée. — *Takhatimitz* ; petit ouadi avec oglat aussi peu profond qu'à Tadoulilit. Dans cet oglat et les deux précédents, l'eau n'est pas constante et les puits tarissent en été.

24ᵉ journée. — *Achouratz* ; même journée que la précédente. Oglat à eau constante et douce ; les puits sont creusés de 2 mètres dans un petit ouadi. L'aspect de la plaine se continue comme précédemment.

25ᵉ journée. — La même durée que les précédentes. L'informant a oublié le nom du lieu de halte, où d'ailleurs il n'y a pas d'eau.

26ᵉ journée. — *Mabrouk*; c'est une demi-journée d'environ 26 kilomètres. Il y a à Mabrouk deux puits plus profonds que ceux du Mzab.

27ᵉ journée. — *Tamachoul*; on appelle ainsi une dune que l'on suit en la laissant sur la droite à environ deux kilomètres en moyenne. Pas d'eau au gîte. Journée complète du lever au coucher du soleil.

28ᵉ journée. — *Djenien* (petits jardins); ainsi nommé de massifs de tala que la route traverse; on couche dans la forêt. La route s'est continuée le long de la dune et pendant quelque temps sur sa crête qui n'a que quelques mètres d'élévation. Bien que composée de sable, cette dune est ferme sous les pieds des chameaux.

29ᵉ journée. — *Mamoun*; on arrive à l'acer par une plaine sablonneuse avec très petites dunes isolées. Sept puits à Mamoun aussi profonds qu'à Mabrouk. Eau bonne.

30ᵉ journée. — *Tetsmekkatsin*; petit groupe de dunes de sable, petites et isolées entre elles. Pas d'eau; plaine sablonneuse; journée à peu près complète.

31ᵉ journée. — *Bou Djebeha*; du lever du soleil à midi; douze puits.

32ᵉ journée. — *Oued Tala*; malgré le nom que porte cette étape, il n'y a point d'oued : c'est une forêt de tala. Le gîte est sans eau; journée complète du lever au coucher du soleil.

33ᵉ journée. — *Achamou el Abiod*; journée complète. Hautes dunes formant chaîne et ayant parfois 100 mètres de haut. Elles sont très fermes et les caravanes les montent et descendent pendant une demi-journée par des chemins en pente douce.

34ᵉ journée. — *Alb el Boul*: journée complète; pas d'eau. On voyage comme la précédente journée à travers des dunes fermes.

35ᵉ journée. — *Tin Tahon*; journée complète en région de dunes fermes comme précédemment. Au sud de Tin Tahon est une très haute montagne de pierres. Deux puits très profonds; eau très bonne et constante.

36ᵉ journée. — *Alb el Akbah*; journée complète; pas d'eau. —

Alb el Akbah est une longue dune très ferme et fort boisée. Toutes les dunes de cette région bien que véritablement composées de sable, sont aussi fermes et solides que les collines pierreuses.

37ᵉ journée. — *Athelet el Meguil*; région de même aspect, forêt de tala et autres arbres; journée complète.

38ᵉ journée. — *Aguemmar*; endroit situé sur la limite de la région envahie par les crues du Niger. — Forêts; journée complète.

39ᵉ journée. — *Timbouktou*; à une demi-journée d'Aguemmar. Plus de dunes.

Route de l'Est (à partir d'Akabli).

1ʳᵉ journée. — *Tirga*; source dans la forêt; distance à Akabli comme de Tiaret à Temda (21 kilomètres). Trajet dans une plaine, partie sableuse, partie caillouteuse. Eau bonne et abondante.

2ᵉ journée. — *Djaretz*; (petit tas de pierres). — N'est pas le même que celui de la route de l'ouest. — Journée complète; pas d'eau; même région.

3ᵉ journée. — *Terichoumin*; puits peu profond et constant, dans un ouadi, eau saumâtre, mais pourtant potable. Même aspect de la région. — Journée complète.

4ᵉ journée. — *Moui Guednou*; à 21 kilomètres du précédent, même aspect de la région. — Source très petite, mais constante, au pied d'un kef d'une dizaine de mètres de hauteur.

5ᵉ journée. — *In-relan*; même distance que de Terichoumin à Moui Guednou; eau bonne, abondante et constante. On est toujours en plaine; mais dans toute cette région on rencontre fréquemment de petits ravins.

6ᵉ journée. — *Ed Derem*; c'est un grand ouadi, aussi large que l'ouadi Ouallen, et aussi peu profond. Eau constante, abondante et bonne dans un oglat creusé dans l'oued. Journée très complète; abondants pâturages, ethel et tala.

7ᵉ journée. — *Foum ez Zekkak*. — Journée complète, halte sans eau. L'endroit prend son nom de ce que la route est bordée, tant à droite qu'à gauche, par une chaîne de petites collines de 10 à 12 mètres de hauteur.

8ᵉ journée. — *In Sakkan*. — Ouadi où on ne trouve pas d'eau en creusant; pâturages pour chameaux. — Journée complète.

9ᵉ journée. — *Chabet Bis*. — Sans eau, — journée complète.

— La route s'est poursuivie à travers la plaine en restant bordée de très petites collines.

10ᵉ journée. — *Taoudraret.* — Ouadi où il y a un oglat. Eau douce, mais non constante, elle disparaît pendant l'été. Ce point est à 16 kilomètres environ du précédent.

11ᵉ journée. — *In Daddar.* — Ouadi assez important. Journée complète, pas d'eau. — La plaine se continue et la route est aussi bordée de petites collines.

12ᵉ journée. — *In Ziza.* — On appelle ainsi une grande montagne où on trouve cent soixante réservoirs naturels qui sont autant de citernes et conservent continuellement de l'eau. Ces réservoirs sont très grands, profonds chacun de plusieurs mètres, et ayant moyennement dix à douze mètres de côté. L'informant est passé au pied occidental de la montagne, la hammada à droite et la montagne à gauche. Journée complète.

13ᵉ journée. — Halte dans un endroit dont l'informant n'a jamais su le nom, pas d'eau, — journée très complète à travers une hammada où il ne pousse que el had.

14ᵉ journée. — *Tedergaouin el Akhal.* — C'est un mamelon d'environ 20 mètres de haut, auquel on arrive après une journée très complète. Pas d'eau, excepté après les pluies où il s'en conserve quelques temps dans de petites dépressions.

15ᵉ journée. — *Indenan.* — On trouve d'abord un mamelon semblable au précédent, à environ 8 kilomètres de lui, et qui s'appelle *Tedergaouin el Abiod*; la hammada se poursuit. Après une très longue journée on arrive à Indenan, oglat profond de trois mètres, abondant, mais tarissant quelquefois. L'informant n'a point remarqué s'il y avait un ouadi.

16ᵉ et 17ᵉ journées. — Elles sont complètes et conduisent à *Tin Taborak*. C'est un reddir dans un ouadi de même aspect que l'ouadi Imrannan. Dans ces deux journées on traverse une plaine sillonnée de petits ravins sans eau.

18ᵉ et 19ᵉ journées. — *Taouennant.* — Oglat dans un ouadi, se tarissant quand il y a plusieurs années sans pluie, l'eau est bonne et peu profonde. Dans ces deux journées on marche aussi en plaine, et on trouve également quelques petits ravins.

20ᵉ et 21ᵉ journées. — *Mabrouk.* — La plaine se continue; pas de puits en route, les journées sont complètes.

L'informant fait observer qu'il n'a fait cette route qu'une fois, et que ses souvenirs ne sont pas aussi précis que pour l'autre.

— Le lendemain, prié de donner divers détails supplémentaires, il s'y est refusé absolument, alléguant que le travail auquel il s'est livré pour répondre, lui a donné un mal de tête intense et très douloureux, qu'il ne veut pas s'exposer à subir de nouveau.

XV. — Boussaada ben Ahmed ben Sliman, d'origine foulbe ; pris à la guerre, vendu sur le marché de Timbouktou, et conduit de là à Akabli, à l'âge de 16 à 17 ans. (Recueilli par M. Sabatier en septembre 1880.)

Mes maîtres, apprenant que la route du Touat était à l'époque infestée de pillards, décidèrent que nous passerions par Araouan. Nous rencontrâmes bientôt des campements de Touareg, notamment aux abords d'un puits qui me parut à peu près à mi-route ou peut-être un peu plus rapproché d'Araouan. Ce puits, le seul que nous rencontrâmes entre Timbouktou et Araouan, était extrêmement profond ; il y avait autour quelques bouquets de doupé, de djahé, arbre qui ressemble au caroubier, et de bou'ahé. Ces arbres appartiennent à la région soudanienne ; à partir de ce point je ne rencontrai plus les arbres de mon pays.

Nous mîmes cinq jours de marche pour aller de Timbouktou à Araouan. La route se poursuivit constamment par hammada sablonneuse et mamelonnée avec fourrage suffisant pour les chameaux.

Arrivés à Araouan, mes maîtres apprirent que la route était complètement fermée de ce côté. Ils résolurent d'attendre et la caravane séjourna durant un mois et demi à Araouan. Durant ce temps je restai enfermé dans un réduit, ayant les chaînes aux mains, en sorte que je ne pus visiter le ksar.

Voyant que la situation ne s'améliorait pas, mes maîtres résolurent alors de prendre une autre route et nous partîmes pour Bousbela. La nuit tombait quand nous nous mîmes en route ; au point du jour nous fîmes halte, puis nous reprîmes notre marche pour faire de nouveau une courte halte au milieu du jour. Vers l'açer nous arrivâmes à Bousbela. J'estime que le trajet que nous avons parcouru équivaut à la distance de Médéah à Alger (environ 70 kilomètres). Nous n'avions rencontré aucun puits sur la route qui offrit le même aspect que de Timbouktou à Araouan.

Nous repartîmes le lendemain de Bousbela et après trois ou quatre jours de marche nous atteignîmes un ancien ksar abandonné. Au milieu des ruines se trouvait un puits. Le ksar était situé entre deux collines et nous y vîmes quelques palmiers.

Nous poursuivîmes notre marche je ne sais dans quelle direction. Si mes souvenirs sont précis, nous rencontrâmes des puits d'abord au bout de deux jours, puis quatre jours après, encore un jour et demi après, enfin trois jours et demi après. Nous commençâmes alors la traversée du Tanezrouft qui dura six jours, sans que nous rencontrions un puits.

Nous atteignîmes enfin une sorte de large lit de vallée dans lequel, presqu'à fleur du sol, nous trouvâmes un puits. Mais nous constatâmes en même temps les traces toutes récentes d'un parti de pillards. Malgré la terreur que cette découverte nous inspira, nous ne pûmes nous empêcher de faire à ce puits une halte de quatre jours, tant était grande notre fatigue et celle de nos bêtes. Deux espions des Ahoggar nous y rejoignirent et repartirent bientôt. Quand ils furent hors de notre vue, nous levâmes précipitamment le camp et repartîmes dans une direction opposée à la leur et non par la route que nous aurions dû suivre. Dès lors notre marche fut une véritable fuite. Les visites d'espions se renouvelèrent ; à maintes reprises nous rencontrâmes des traces d'ennemis. Nous allions ainsi tantôt à droite, tantôt à gauche, tantôt revenant sur nos pas, suivant que les circonstances paraissaient nous le commander. Cette course dura un mois et demi après lesquels nous atteignîmes Akabli. Ainsi nous mîmes plus de deux mois pour faire un trajet que les caravanes mettent moins de quarante jours à effectuer en temps ordinaire. Grâce à la connaissance que nos guides avaient de la région, nous rencontrâmes des puits chaque deux ou trois jours. Ces puits paraissaient être le plus généralement situés dans de larges vallées et étaient creusés à très peu de profondeur.

Je ne puis vous donner le nom d'aucune des localités visitées, si ce n'est des deux ksour de Araouan et Bousbela. J'ai également ouï parler de deux autres ksour, Mamoun et Mabrouk, mais nous n'y sommes point passés, les ayant laissés sur main gauche en partant de Bousbela.

Observation. — Cette information est donnée ici à titre d'exemple curieux de la terreur que les Ahoggar peuvent inspirer aux caravanes. Elle montre aussi que les points d'eau sont fréquents dans la région comprise entre le Tanezrouft et le Tidikelt ou le Touat.

XVI. — EL HADJ MOUSSA, bambara, paraissant âgé de plus de 60 ans, déjà père de famille quand il fut fait esclave, a demeuré un an à Timbouktou. (Recueilli par M. Sabatier, à Relizane, en septembre 1880).

Nous mîmes huit jours de Timbouktou à Araouan. Nous rencontrâmes sur la route, plus près d'Araouan que de Timbouktou, un puits très profond dont on tire l'eau au moyen d'un chameau. Ce puits sert fréquemment de lieu de campement aux tribus Berabich, Kounta, Mouley Moulad ou Touareg de la région.

Deux jours et demi nous conduisirent d'Araouan à Bou Djebeha ; même distance de Bou Djebeha à Mamoun, et ensuite de Mamoun à Mabrouk.

A cinq jours de Mabrouk, puits dans un chabat peu profond et arge d'environ cent mètres. Nous commençâmes alors la traversée du Tanezrouft et nous mîmes sept jours à la faire. Nous trouvâmes au bout une montagne au pied de laquelle est un bordj en ruines connu sous le nom de Bordj Mouley Halba. Il y a un puits auprès, des arbres en massifs, de nombreuses broussailles et beaucoup de pâturages. A partir de ce bordj nous mîmes cinq jours pour atteindre Timadanin. Nous n'avons pas rencontré de puits en route, mais quelques collines de pierres, et fort peu de sablonneuses.

Observation. — L'informant est passé par Ouallen comme l'indique le Bordj de Mouley Halda. Il a oublié au moins deux jours entre Mabrouk et l'entrée du Tanezrouft.

XVII. — HAMMADI BEN SID EL KEBIR, 35 ans environ, bambara, pris par les Foulbes et vendu à Timbouktou où il a demeuré deux ou trois ans. (Recueilli à Relizane par M. Sabatier en septembre 1880.)

De Timbouktou nous nous dirigeâmes sur Mamoun en prenant par un puits qui appartient aux Berabich et dont j'ai oublié le nom. Nous mîmes pour le trajet dix journées courtes d'environ neuf heures de marche point pressée. Quatre jours de marche semblable nous menèrent à Mabrouk ; au milieu se trouve un oglat formé de puits nombreux presque à fleur du sol. L'eau en est bonne.

Au bout de deux nouveaux jours de marche dans une plaine

boisée nous rencontrâmes un endroit où, en deux heures, deux de nous creusèrent un puits, et où nous campâmes trois jours. En poursuivant la marche nous rencontrâmes quelques jours après un chabat où nous pensions trouver de l'eau ; mais il n'y en avait pas. Il fallut se remettre en route à deux heures du soir et ce ne fut que le lendemain à l'aube que nous arrivâmes à un autre chabat où il y a un oglat. L'eau sentait mauvais, et il fallut creuser un nouveau puits d'ailleurs peu profond. Trois jours et demi plus loin nous arrivâmes au Tanezrouft. En cet endroit dans un chabat très peu profond que borde une petite colline pierreuse nous rencontrâmes un puits à fleur du sol à eau douce et bonne couleur de lait. Nous y campâmes trois jours, puis nous entrâmes en Tanezrouft dont la traversée dura sept jours.

Au bout il y a une montagne au pied de laquelle se trouve un bordj bâti par Mouley Haïba. Une gorge profonde au niveau même de la route coupe cette montagne ; elle a toute l'apparence d'un lit de rivière et il y a un puits au milieu. Il y a des arbres sur la montagne et dans le lit de la rivière. Deux jours et demi après nous rencontrâmes un oglat dans un chabat. L'eau de cet oglat est bonne et à fleur du sol. Un jour et demi après nous trouvâmes un autre puits, à eau bonne et à fleur du sol où nous rencontrâmes une caravane venant d'Akabli. Deux jours après nous arrivâmes enfin à Akabli.

Observation. — L'informant est passé à Ouallen comme le précédent. D'Ouallen à Akabli il paraît avoir suivi la ligne directe. Le chabat rencontré à deux jours et demi de Ouallen ne peut être que celui d'Immeraguen.

XVIII. — Ben Aouman ben Hamou, du ksar du Bou Faddi (Touat), environ 30 ans, paraissant fort intelligent (Recueilli à Saïda en février 1881, par le capitaine Graulle.)

Il y a quatre ans je suis allé avec les Oulad Moulat faire une razzia sur les Touareg Taïtoq qui campaient du côté d'Inziza. Nous étions montés sur des chameaux, et nous faisions par jour en moyenne comme de Saïda à El May (environ 60 kilomètres).

Nous n'avons pas suivi le chemin le plus court, parce que nous a...ons tout intérêt à cacher notre marche. Partis de Reggan nous avons suivi l'itinéraire suivant :

1er jour. — Hassain Taïhin, direction sud.

2e et 3e jours. — Dans le Tanezrouft, sans eau, direction sud-est.

4e jour. — Source de *Tinkidine*. — Dans la vallée de l'*Oued Adrem*. La source est abondante et l'eau très bonne. L'oued Adrem est presque toujours à sec. La vallée large de 7 à 8 kilomètres, est couverte d'arbres. L'essence qui domine est le Krouka. Nous appelons ainsi un arbre qui ressemble beaucoup comme feuillage au figuier doux mais il ne donne pas de fruits.

5e et 6e jours. — Nous longeons la vallée, direction S.-E., pas d'eau pendant le trajet.

7e jour. — Nous quittons la vallée d'Adrem, nous obliquons un peu vers l'est, et nous allons camper dans une autre vallée nommée *Aheunt*, où se trouve un groupe de puits très important. Cette vallée n'a guère que deux kilomètres de largeur ; elle est couverte d'arbres, principalement de tala et de retem. Je ne puis vous dire d'où vient la vallée, ni où elle va ; je n'ai fait que la couper. Les puits donnaient une eau excellente, ils ont à peine trois mètres de profondeur.

8e Jour. — Nous obliquons un peu sur notre droite et nous allons camper dans une gada sans eau.

9e Jour. — Nous longeons une grande montagne aride, sur notre gauche : elle s'appelle *Dj El Abiod* ; nous couchons au pied de cette montagne sans eau.

10e Jour. — Nous abandonnons la montagne, et nous obliquons encore un peu à droite pour tomber sur *Inziza*.

Notre expédition eut un plein succès et nous revînmes en suivant le même itinéraire.

— A Inziza il y a une fort jolie source, presque une rivière, qui coule pendant une demi-journée entre deux montagnes escarpées. Le défilé a une centaine de mètres de largeur ; je n'ai pas fait attention à sa direction.

S'il venait beaucoup d'eau au Reggan, *j'ai la conviction que cette eau se rendrait dans l'oued Adrem. Cette vallée, pour moi, n'est que la continuation de la précédente.*

Le pays entre Reggan et l'oued Aheunt est en partie plat, et en partie un peu mouvementé. Il ne présente aucun accident de terrain sérieux. Aux environs de l'oued Abeunt, on trouve quelques petites dunes de sable ; elles sont sans importance.

Les gens du Touat, quand ils se rendent à Inziza, disent « nous descendons à Inziza ».

XIX. — BELAL BEN MOHAMMED, foulbe, né à Hamdallahi, paraissant âgé de trente-cinq à quarante ans, intelligent et observateur. — Pris à la guerre et vendu, il a quitté Timbouktou il y a onze ans ; il en a passé 2 1/2 à garder les troupeaux dans les environs [de] Timbouktou ; pris de nouveau dans un razzia, il a été esclave c[inq] ans dans l'Ahoggar.

Je l'ai interrogé une première fois en 1880 avec l'aide de MM. Sabatier et Ben Brihmat ; outre les renseignements qu'on trouvera plus bas, il donna diverses indications sur la flore et la faune de l'Ahoggar, indications où il n'y a d'ailleurs rien qui ne se trouve déjà dans M. Duveyrier.

Le sachant de nouveau à Alger, en fin août 1881, je l'ai interrogé une deuxième fois parce que sa déposition primitive ne contenant aucun nom de localité que je retrouvasse ailleurs, en dehors de Mamoun et Bou Djebeha, et donnant même une erreur visible de direction pour ce dernier point, je ne pouvais en tirer aucun parti sûr pour la carte. La nouvelle déposition, qui a fourni effectivement deux points d'attaches utilisables, à ce qu'il me semble, s'est accordée avec l'ancienne quant à tout le principal, mais des variations sur divers détails m'ont montré néanmoins que la mémoire de Belal n'était point absolument sûre. J'ai éliminé alors toutes les indications sur lesquelles il y avait des variations trop notables, et pour les cas de variations faibles je m'en suis rapporté aux nouveaux renseignements.

En effet, bi[en] que dans cette nouvelle déposition je ne fusse aidé que d'un médiocre interprète, je crois être certain d'avoir bien compris Belal, parce que, à ma demande, il a marqué ses indications sur le sol avec des pierres et une ficelle. Ces indications étaient purement des positions relatives, sans s'occuper en rien d'aucune proportionnalité de distances ; et ces dernières étaient évaluées par comparaison avec la distance d'Alger à divers points bien connus de l'informant. Je lui ai fait recommencer à deux jours différents cette espèce de plan rudimentaire, qui naturellement a varié passablement comme figure géométrique, mais s'accordait suffisamment comme relations. J'ai découvert de cette façon une circonstance bizarre que j'aurais pu déjà soupçonner d'après sa première déposition, à savoir que dans l'esprit de l'informant Mabrouk et Bou Djebeha sont complètement intervertis ; de sorte que dans ses informations il faut lire Mabrouk partout où il dit Bou Djebeha et réciproquement.

J'indique ces détails pour que le lecteur puisse se faire une idée personnelle de la confiance qui lui semble pouvoir être accordée aux informations de Belal, informations qui ne manquent pas d'importance, si on les accepte pleinement.

Renseignements de 1880.

En partant de Timbouktou, Belal est allé à *Tindamagat*, à deux journées de marche. C'est un puits très profond, dans une vallée dont la déclivité est vers le couchant. Il est resté un an dans les environs de ce point, conduisant les troupeaux de son maître.

Il est allé en trois jours de marche continue et directe, aussi dans la direction du N.-E, à peu près, à un puits appelé *Silis*, autour duquel il a séjourné quelque temps. De Silis il est allé à Mamoun avec ses troupeaux, et y a mis six jours (ce qui peut représenter de 90 à 100 kilomètres environ) ; dans cette route on a le soleil levant sur la nuque droite (on marche donc à peu près au N.-O). Belal l'a faite plusieurs fois.

De Mamoun, Belal est allé directement en quatre jours et demi au puits de *Nafissa*, qui est à trois journées de Silis et à une journée et demie de d'Iguelad. Ce puits est profond ; l'eau en est bonne et toujours abondante ; quelquefois les Djenoun la font arriver jusqu'au bord ; alors on y jette des amulettes, jusqu'à ce qu'elle finisse par revenir à son niveau normal qui est d'environ dix mètres au-dessous du sol.

Belal est aussi allé directement de Mamoun au pays d'*Iguelad* avec quatre jours et une nuit de marche ; dans cette route on garde le soleil levant un peu à gauche (direction à peu près S.-E.).

De Mamoun l'informant est allé aussi à Bou Djebeha en six jours de marche avec ses troupeaux ; et dans cette route il avait le soleil levant sur le nez (cette orientation est le contrepied exact de la vérité si l'on va au Bou Djebeha réel, mais s'explique à merveille, une fois reconnue l'intervertion de Mabrouk et de Bou Djebeha dans l'esprit de l'informant). Il est resté un mois aux environs, et est retourné de là à Silis avec ses troupeaux en cinq jours et demi (cela fait environ 80 à 90 kilomètres) par la saison pluvieuse sans avoir à s'inquiéter de l'eau, vu qu'il y en avait partout dans les mares et dayas.

C'est après un long séjour aux environs de Silis qu'il fut pris avec ses chameaux par un razzou d'Iboguelan, d'environ 5 ou 600 hommes ; le razzou s'en retourna à la vitesse de gens qui emportent le bien d'autrui (sic) en marchant jour et nuit et ne s'arrêtant que pour manger et renouveler l'eau.

On s'arrêta en un point de l'oued *Amdid* où il y avait de l'eau comme à l'Harrach, et où le razzou se dispersa après avoir partagé le butin. Ce point est d'après Belal la tête du pays des Iboguelan. Belal échut en partage à Gantoua, qu'il qualifie de chef des Iboguelan. Il ajoute qu'en amont du point du partage du butin la rivière coule entre deux montagnes pierreuses comme celle de la Kabylie, et qu'il y a des arbres et de la végétation.

Belal est resté cinq ans en Ahoggar, suivant son maître dans tous ses campements. C'est un pays montagneux comme la Kabylie, et il y a beaucoup d'oueds; mais il ne se rappelle que les noms suivants : *Inamedjel, Igharghar, Ahansa Taberkat, Tahouna, Arassou, Tamedderibal.* Il ajoute que l'Inamedjel se joint à l'oued Amdid et que tous deux s'en vont très loin dans la plaine de Bou Djebeha. Il ajoute encore qu'il pleut chez les Iboguelan comme à Mabrouk et à Mamoun.

— Pendant son séjour en Ahoggar, Belal a accompagné ses maîtres dans trois razzias faites par eux chez les *Iguedallen*, pays qui est à trois ou quatre journées de marche du Niger, et qu'il a vu une fois inondé. On allait d'abord du campement habituel de Gantoua à *Kel Souf* à peu près au S.-E. La distance directe serait, croit-il, de six grandes journées de mehari. Ce Kel Souf est un endroit où les Iboguelan emmagasinent dans des silos la partie de leur butin qu'ils veulent conserver. C'est un endroit peu éloigné d'un marais assez étendu où on récolte de l'alun. De Kel Souf aux Iguedallen un mehari pourrait faire la route en cinq grands jours, mais les expéditions dont Belal faisait partie en mettaient neuf.

Belal, qui nous prend pour des commerçants et ne comprend pas ce que nous voulons aller faire en Ahoggar, ajoute spontanément que les Iboguelan sont des traîtres, et qu'il n'y a aucune confiance à avoir en eux.

Observation. — Le Gantoua dont il est question ci-dessus me semble devoir être identique à Eg-Antouéen, indiqué par M. Duveyrier comme chef de la tribu des En-Nitra, et signalé par lui comme grand brigand.

Renseignements de fin Août 1881.

La distance de Timbouktou à *Tindumagal* est évaluée par Belal à la distance d'Alger à Milianah, soit environ 90 kilomètres. Toutes les distances dans ce qui suit étant ainsi évaluées par comparaison avec les distances d'Alger à divers points, je les désignerai, pour abréger, par le nom du 2º point placé entre parenthèses.

De Tin Damagal on prend une direction un peu plus est que celle de Timboktou à Tin Damagal, pour arriver à *Nafissa* (El Affroun). Dans le voisinage de ces deux points est le campement de Mohammed Es Ser'ir, à peu près sur la direction de Timbouktou à Tin Damagal. La distance de ce campement à Tin Damagal est (Bourkika), et à Nafissa (Blida). En continuant à peu près la direction de Tin Damagal à Nafissa, on arrive à *Aguellad*, où il y a un grand puits très profond, comme aux deux points précédents. La distance d'Aguellad à Nafissa est (Marengo).

D'Aguellad la direction oblique assez fortement vers le nord, et on trouve *Silis* à distance (Mouzaïaville). A Silis il y a de petites sources à eau bonne et abondante. En obliquant de nouveau, mais cette fois vers l'est, et à distance (Oued Djer), on trouve *Tin Taborak*, qui est un marais. Belal affirme que de ce dernier point à Tin Damagal, en passant par les points précédents, on suit un seul et même ouadi qui vient de très loin à l'est ou N.-E., et va se joindre au Niger ou à une de ses branches en amont de Timbouktou. Mais il ne le connaît personnellement qu'entre Tin Taborak et Tin Damagal. Il ajoute qu'entre Silis et Aguellad il y a aussi un marais et des cultures autour. D'après lui, les caravanes de pèlerins suivent ce chemin pour aller à Rhat.

— De Tin Taborak, en prenant une direction peu écartée du nord, et à distance (Cherchel), on arrive à *Inamedjel*, oglat dans un ouadi. Cet ouadi, qui vient de l'Ahoggar, va se perdre à une distance qui ne serait pas très grande dans un bas-fonds ou Daya du nom de Abeliniyen. Mais Belal n'est point descendu de ce côté et est au contraire remonté par l'ouadi ; en direction à peu près N.-E., à distance (Chiffa), on trouve *Tin Tabakat*, où il y a une source descendant d'une montagne.

Continuant à peu près la même direction, avec légère obliquité du côté nord, et marchant comme d'Alger à Relizane, on arrive à *Amdid*, au point où a eu lieu le partage du butin. De là on quitte le grand ouadi précédemment suivi et en prenant une direction à peu près est et à la distance (Blidah), on arrive à *Tin Tekadiyen*, endroit où se trouvait le campement habituel de Gantoua. A partir de ce point et dans une direction à peu près S.-E., à la distance (Milianah), on arrive à *Tinteouelouel*, lieu de campement habituel de Mastan, fils de Gantoua. Il y passe un oued qui va se joindre au grand ouadi précédent un peu en aval du point de partage du butin. De là à *Kel Souf*, à peu près même direction, Belal marque trois campements dont il ne se rappelle pas les noms, et qui donnent une distance totale qu'il évalue à celle d'Alger à Tlemcen, soit à peu près 500 kilomètres. De Kel Souf au district des *Iguedallen*, il indique une pareille distance et une direction à peu près perpendiculaire, c'est-à-dire à peu près sud-ouest.

Observation de M. Pouyanne. — Je n'ai point trouvé les Iguedallen dans la liste des tribus des Aouélimmiden donnée par Barth, mais je pense qu'on peut identifier ce nom avec celui du district de Kidal. Quant aux inondations, ce détail paraît bien extraordinaire à moins que ce district, qualifié de montagneux par Barth, ne comporte dans sa dépendance quelque plaine basse en se rapprochant du Niger, ou Bahar en Nil, comme l'appelle Belal. Les indications dans l'Ahoggar me semblent du reste trop vagues pour qu'il y ait rien à en tirer quant à présent.

— Le campement de Mohammed Es Ser'ir est indiqué par Barth ; c'est le puits d'Ouen Alchin. La position connue de ce point rend aisé et sûr le placement de Néfissa et de Tin Damagal, et dès lors la construction même conduit à identifier Iguelad ou Aguellad avec le puits de Megaguelad de Barth. Cette identification rend possible de placer approximativement le surplus de l'itinéraire jusqu'à Amdid.

— Le nom d'Inamedjel, donné par Belal à un oglat qui ne saurait être bien éloigné de Mabrock, ne peut évidemment pas se confondre avec l'Inamedjel du pied du massif de l'Ahoggar. Néanmoins, si on admet l'information de Belal, les deux points ne sont pas sans relation, puisqu'il y a thalweg continu de l'un à l'autre. Je présume d'après cela que l'oglat doit avoir un nom spécial que Belal n'a pas connu et que le nom d'Inamedjel qu'il a entendu doit être un des noms de l'oued, emprunté à l'un des composants supérieurs.

ITINÉRAIRES DU CAPITAINE BISSUEL

Nous donnons ci-après quelques itinéraires recueillis par le Capitaine Bissuel de la bouche des Taïtoq et insérés comme annexe à son livre *Les Touareg de l'Ouest*, éd. Jourdan, Alger.

Souhaitant que le lecteur garde le désir de lire cet ouvrage nous ne lui avons fait que les emprunts indispensables à la justification de notre carte.

En sus des itinéraires dont nous publions le texte, intégralement ou par fragments, l'ouvrage en contient plusieurs autres dont voici la sèche analyse.

1° *De la gorge de l'oued Tegoulgoulet (pied de l'Adrar Ahnet) à Taodenni, par l'adjelman d'Amessedel dans le canton d'Inzize.*

Du pied du Tegoulgoulet à Amessedel 80 kil. sans eau, route facile, petit banc de dunes. L'étape suivante à 60 kil. est celle du mamelon de Tidergaouin ou Tidrijaouin, sans eau. Viennent ensuite à 170 kil. Am-Rhannan, puits. — 150 kil. Dagouba, puits. — 200 kil. El Guettara, puits. — 36 kil. El Telig, puits très peu profonds, 32 kil. Taodenni. — Au total 728 kil. en rez dur semé de dunes.

2° *Du pied est de l'Adrar Ahnet à Ouahaien.* — Par l'oued Oussadert, affluent du Tirejert et abondant en eau. — 147 kil., route facile.

3° *De Silet à Ouahaien.* — Par Tin Fjelki sur l'oued In Amedjel, 192 kil., route facile.

4° *D'Akabli à Hassi Insokki par In Salah.* — 336 kil., route accidentée. Renseignements très intéressants sur Akabli, Titt, Iurhar, et In Salah.

ITINÉRAIRES DIVERS RECUEILLIS PAR M. LE CAPITAINE BISSUEL
Extraits des Touaregs de l'Ouest : (Jourdan Alger)

De Tit (Hoggar) à l'Aoulef. — 766 kilomètres environ.

DISTANCE APPROXIMATIVE du point de départ d'une étape à l'autre	GITES D'ÉTAPE	EAU	BOIS	FOURRAGE	NATURE DU TERRAIN	DESCRIPTION SOMMAIRE DE LA ROUTE	OBSERVATIONS
»	Tit (point de départ).	Eau courante abondante et bonne dans l'oued Iterras dont le lit est encombré de tali (formium tenax).	Abondant. — Azour.	Abondant. — Tessendjelt. Toulloult.	»	Tit est une zeriba appartenant aux Hoggar ; quatre ou cinq maisons s'élèvent au milieu des gourbis. Ce village est habité seulement par des Harratins qui cultivent pour les Hoggar de forts beaux jardins où le figuier, la vigne, le bechna, l'orge donnent d'excellents produits. L'importance de Tit est considérable, sa population serait plus nombreuse que celle de Ghardaïa qui est elle-même de plus de 10,000 habitants. Pas de palmiers.	A 3 kil. N.-E. de Tit il y a une autre petite zeriba, Tiour-Arin ; on y cultive beaucoup de blé. Il n'y a pas de palmiers. — Aucun de nos prisonniers n'y est allé.

DISTANCE APPROXI-MATIVE (du point de départ) (d'une étape à l'autre)	GÎTES D'ÉTAPE	EAU	BOIS	FOURRAGES	NATURE DU TERRAIN	DESCRIPTION SOMMAIRE DE LA ROUTE	OBSERVATIONS
40 40	Belessa.	Ibenkar — Eau excellente à 1 mètre de profondeur; nappe inépuisable s'étendant sous tous les terrains de culture et formés par le cours souterrain de l'oued Iterrass.	Abondant en dehors des terrains cultivés. — Eth-l. Tamat. Absaq. Azour.	Très abondant. — Tessendj-lt. Toulloult.	Terrain facile. — La route serpente dans les bas-fonds d'une petite chebka.	L'un des points de culture des gens de l'Ahnet. population d'Harratins cultivant pour le compte des Touareg dont ils sont les Khammès, le blé, l'orge, le bechna et même quelques plants de tabac. Pas de palmiers.	
78 38	Silet.	Ibenkar — Eau excellente à 1 mètre se de profondeur au plus, dans l'oued Feran es Souk, affluent de l'oued Iterass.	Abondant en dehors de l'oasis. — Tihoq. Tamat. Tebouraq. Tabakat.	Abondant. — Afezzou. Issin.	Route facile entre deux lignes de hauteurs.	Silet est la seule oasis de palmiers que possèdent les gens de l'Ahnet. Ces arbres seraient en plus grand nombre qu'à El Goléa où on en compte 6,485. Ils forment deux groupes compacts, auprès de l'un d'eux se trouvent les ruines d'un ksar aujourd'hui complètement abandonné.	

DISTANCE APPROXIMATIVE (du point de départ d'une étape à l'autre)		GITES D'ÉTAPE	EAU	BOIS	FOURRAGES	NATURE DU TERRAIN	DESCRIPTION SOMMAIRE DE LA ROUTE	OBSERVATIONS
							Silet n'est habité que par les propriétaires des palmiers et à l'époque de la maturité des dattes seulement.	
110	32	Ameded.	Un puits très abondant dit Tin Deha profondeur 5 mètres. — Eau excellente.	Néant.	En quantité moyenne. — Issin. Arassou.	Route facile. (Reg.)	Sur l'oued Iterass qui changeant de nom devient ici l'oued Ameded.	
142	32	Tin R'it.	Sans eau — Après les pluies quelques cuvettes rocheuses en gardent pendant quelque temps.	En quantité moyenne. — Tamat.	En quantité moyenne. — Tahar.	Route facile. (Reg.)	Tin-R'it est le nom d'une gara élevée près de laquelle passe l'oued In Djidjou qui descend du Hoggar, coupe la route et va se jeter dans l'oued Amedjel.	

DISTANCE APPROXIMATIVE du point de départ d'une étape à l'autre		GITES D'ÉTAPE	EAU	BOIS	FOURRAGES	NATURE DU TERRAIN	DESCRIPTION SOMMAIRE DE LA ROUTE	OBSERVATIONS
180	38	Tekoulat.	Sans eau	En quantité moyenne. L'thel.	Sable et pierres. Terrain de chebka.		La route traverse la chebka dite Tidjellanin, sur l'oued Anedjel qui descend du Hoggard et va se perdre dans le Tanezrouft.	
212	32	Tin Idjer.	Sans eau	Néant.	Abondant. Issin. Tahar.	Route facile. Terrain plat. (Reg.)	Tin Idjar est le nom d'une gara près de laquelle on campe.	
248	36	Hassi Tar'adjer.	Un puits profond de 5 mètres 25 environ.	En quantité moyenne. Ethel.	Abondant Toulloult.	Route facile. Terrain plat. (Reg.)	Le Hassi Tar'adjar est à proximité d'une gara, et près d'un ravin peu important dit In Terbadjant, dont la tête est près de là et qui aboutit à l'oued Tirchart.	
282	34	Tir'lganin.	Eau abondante et bonne.	Broussailles.	En quantité moyenne. Tahar.	Route facile. (Reg.)	La route franchit d'abord une petite chebka, puis à mi-chemin, passe entre 2 gour.	

DISTANCE APPROXIMATIVE		GITES D'ÉTAPE	EAU	BOIS	FOURRAGES	NATURE DU TERRAIN	DESCRIPTION SOMMAIRE DE LA ROUTE	OBSERVATIONS
du point de départ	d'une étape à l'autre							
312	60	Anneffod-Jen.	Adjelimaia. — Voir p. 42.	Abondant. — Absaq.	Abondant. — Toulloult.	Route facile. (Reg.)	Avant d'arriver à Adjelmam, situé au pied de l'Adrar Ahnet, la route laisse à l'ouest l'Allous Inhar ou Sif Anettodjen, immense dune à arête tranchante.	On appelle Allous en tamahaq, et Sif, en arabe, une dune dont la crête est tranchante à l'œil comme une lame de sabre.
350	38	Koussab-Amdja.	Un puits profond de 3 m. 25 environ. Eau abondante mais légèrement saumâtre.	Abondant. — Tamat Ethel.	En quantité moyenne. — Toulloult.	Route facile. (Reg.)	La route suit la vallée boisée dans cette partie de l'oued Amdja. Elle longe le pied de l'Adrar Ahnet qu'elle laisse à l'est et laisse à l'ouest un gourd situé à environ 15 kilomètres du point de départ. Le puits de Koussab est en face du débouché de l'oued Tegoul-goulet.	Un gourd est un piton sablonneux de forme conique.

DISTANCE APPROXIMATIVE		GITES D'ÉTAPE	EAU	BOIS	FOURRAGES	NATURE DU TERRAIN	DESCRIPTION SOMMAIRE DE LA ROUTE	OBSERVATIONS
du point de départ	d'une étape à l'autre							
420	40	Tamada.	Adjelmam. Eau bonne et abondante.	Quelques ab- saq.	Un peu de Toulloult.	(Reg.) Route facile.	La route continue à suivre la vallée de l'oued Amdja. L'Adjelmam de Tamada est au pied et à l'extrémité nord-est du djebel Tar'aït.	
445	25	Ahadjerin.	Sans eau.	Tamat en quant. moyen.	Un peu de Toulloult.	(Reg.) Route facile.	En quittant Tamada la route gravit les berges de l'oued Amdja et se déve- loppe dans la vallée qui sépare l'Acedjrao du dje- bel Tar'it. Ahadjerin est près et à l'est de la gara dite djebel Zrak.	
472	27	Seggafih.	Eau abon- dante et bonne au puits de Ti- kedabbatin à 3 kil. est de la route.	Néant.	Toulloult, en quantité mo- yenne.	(Reg.) Route facile.	La route suit la même vallée. On campe à Seg- gafih et on envoie les cha- meaux boire à Tikedabba- tin, ou bien on va camper près du puits.	Profondeur 3 m. 50.

DISTANCE APPROXIMATIVE		GITES D'ÉTAPE	EAU	BOIS	FOURRAGES	NATURE DU TERRAIN	DESCRIPTION SOMMAIRE DE LA ROUTE	OBSERVATIONS
du point de départ	d'une étape à l'autre							
497	25	Tar'Djerdja.	Adjelmam, très considérable et toujours abondamment pourvu d'eau excellente.	En quantité moyenne. — Ethel. Azour.	Toulloult, abondant.	(Reg.) Route facile.	La route continue à suivre la même vallée et descend les berges de l'oued Tar'djerdja pour arriver à l'Adjelmam, qui est situé au pied nord ouest du Djebel Tar'it.	L'oued Tar'djerdja est la suite de l'oued Tar'it, qui, lui-même, n'est que le prolongement de l'oued Aoudja grossi de l'oued Massin.
533	36	Tadr'emt.	Sans eau.	Néant.	Tahar, Toulloult en quantité moyenne.	(Reg.) Route facile.	La route après avoir suivi la vallée de l'oued Tar Djerdja(direction est ouest), tourne au nord en remontant celle de l'oued Tadr'emt, dont la tête est à in Adjis, on campe près d'une petite dune dite 'idjeda Tadr'emt.	
561	28	Tiguentar.	Sans eau.	Néant.	Un peu de Toulloult.	(Reg.) Route facile.	La route se prolonge vers le nord et quitte la vallée de l'oued Tadr'emt à mi chemin.	
588	27	In Ar'lal.	Deux puits d'un faible débit.	Quelques absag très clairsemés.	Un peu de Toulloult.	(Reg.) Route facile.	Route en plaine ; on campe dans la vallée de l'oued In Ar'lal.	

DISTANCE APPROXIMATIVE du point de départ	d'une étape à l'autre	GITES D'ÉTAPE	EAU	BOIS	FOURRAGES	NATURE DU TERRAIN	DESCRIPTION SOMMAIRE DE LA ROUTE	OBSERVATIONS
			Profondeur 4 m. 25 environ. Eau de bonne qualité.					
610	22	Tilin-gooma.	Sans eau.	Néant.	Tahar en quantité moyenne.	(Reg.) Route facile.	Aucun accident de terrain.	
635	25	Tirech-choumin.	Un puits très abondant mais saumâtre, profondeur 1 m. 70 environ.	Azour.	Tahar. Abondant.	(Reg.) Route facile.	A 6 kil. du point de départ, la route s'engage dans une chebka dont elle suit les bas-fonds. Le puits de Tirech-choumin dans la chebka est fréquenté par toutes les caravanes qui vont à Tinbouktou.	C'est à Tirechchoumin que se sépare le chemin que suit la route directe d'Akabli à Tinbouktou et celle d'Akabli à l'Adrar Ahnet; celle-ci descend au sud-est tandis que la première va droit au sud.
667	32	In Tounès.	Sans eau.	En assez grande quantité.	Un peu de Tahar.	(Reg.) Route facile.	La route continue à suivre les bas-fonds de la chebka dont elle sort un peu avant d'arriver à In Tounès.	
695	28	Abrat.	A 4 kil. environ à l'ouest.	Forêt de Zeita.	Toullout. Askaf.	(Reg.) Route facile.	Les Zeita bordent la route à droite et à gauche et for-	

DISTANCE APPROXIMATIVE (du point de départ / d'une étape à l'autre)	GITES D'ÉTAPE	EAU	BOIS	FOURRAGES	NATURE DU TERRAIN	DESCRIPTION SOMMAIRE DE LA ROUTE	OBSERVATIONS
127 / 26	Akabli.	d'Ahrat, Aïn-Biba Ahmed source d'eau courante mais un peu saumâtre. A 6 kil. d'Ahrat, sur la route et dans la forêt, Aïn Terga, source assez abondante.	Oasis.	Oasis. / très abondant.	Route facile.	ment une petite forêt dont l'étendue n'a pu nous être indiquée; toutefois, l'Aïn Baba Ahmed y était englobée, on peut admettre que sa largeur est d'environ 8 kilomètres. La route se déroule dans la forêt de Zeita d'où elle ne sort que peu avant d'arriver à Akabli.	Akabli est un faisceau d'oasis qui comprend six groupes d'habitation: 1º Le ksar d'Akabli (1.200 habitants). 2º La Zaouïa (500 habitants). Ces deux villages sont très peu distants l'un de l'autre et appartiennent aux marabouts de la Zaouïet ech cheikh Bounama, de l'ordre de Mouley Taïeb. Ils sont en plaine, mais dominés par une grande dune. L'eau y est très abondante et

DISTANCE APPROXIMATIVE (du point de départ) (d'une étape à l'autre)	GITES D'ÉTAPE	EAU	BOIS	FOURRAGES	NATURE DU TERRAIN	DESCRIPTION SOMMAIRE DE LA ROUTE	OBSERVATIONS
	Akabli (suite).						d'excellente qualité. Les palmiers du ksar et ceur de la Zaouia ne forment qu'un seul groupe arrosé par une foggara, et beaucoup plus important que l'oasis de Ghardaïa qui compte 71.000 palmiers ; 3° Le ksar de Mansour. — Situé à environ 4 kilomètres est d'Akabli (1,010 habitants), nombreux palmiers ; 4° Areg check (1.000 habitants.) 5. Zaouiet Areg check (800 habitants.. Au nord d'Akabli et 7. environ 8 kilomètres ouest de ksar et Mansour. Ces deux villages distants l'un de l'autre de 800 à 1,000 mètres, appartiennent à des ma-

DISTANCE APPROXIMATIVE du point de départ d'une étape à l'autre	GITES D'ÉTAPE	EAU	BOIS	FOURRAGES	NATURE DU TERRAIN	DESCRIPTION SOMMAIRE DE LA ROUTE	OBSERVATIONS
	Akabli (suite).						rabouts de l'ordre de Mouley Taïeb. Leurs nombreux palmiers sont arrosés par cinq feggaguir. L'eau est excellente et très abondante. 6° Sahel (550 habitants). — Ksar situé à environ 3 kil. ouest du ksar d'Akabli. — Ses nombreux palmiers sont arrosés par trois ou quatre feggaguir. Eau excellente et abondante. Si ces renseignements sont exacts la population d'Akabli serait de 4.0/0 habitants environ. — Quant au nombre total de palmiers il n'a pas été possible de l'apprécier, il dépasserait celui des cinq villes du Mzab réunies qui est d'environ 140,0 0.

— 996 —

Itinéraire d'Anefiodjen à Timissaou. — 198 kilomètres environ.

DISTANCE APPROXIMATIVE du point de départ	d'une étape à l'autre	GITES D'ÉTAPE	EAU	BOIS	FOURRAGES	NATURE DU TERRAIN	DESCRIPTION SOMMAIRE DE LA ROUTE	OBSERVATIONS
»	»	Anefiodjen (point de départ).	»	»	»	»	»	Voir itinéraire n° 1.
60	60	Tirigualn.	Sans eau.	Broussailles.	Tahar en quantité moyenne	(Rég.) Facile.	»	Id.
94	34	Hassi Tar'adjar.	Un puits profond d'environ 5 m. 25.	En quantité moyenne. Ethel.	Abondant. Toulloult.	(Rég.) Facile.	»	Id.
140	52	Dans le Re₹.	Eau bonne et abondante.	Néant.	Très peu de Tahar.	(Rég.) Facile.	»	»
198	58	Timissaou	Un puits profond de 6 m. 50	Quelques Abzaq.	Un peu de Toulloult	(Rég.) Facile.	La route partie d'Anefiodjen aboutit ici à la 3ᵉ étape de l'itinéraire n° 8. Elle ne présente aucun accident de terrain.	»

Itinéraire de Timissaou à An ou Mellel (Adr'ar). — 401 kil. environ.

DISTANCE APPROXIMATIVE du point de départ	DISTANCE d'une étape à l'autre	GITES D'ÉTAPE	EAU	BOIS	FOURRAGES	NATURE DU TERRAIN	DESCRIPTION SOMMAIRE DE LA ROUTE	OBSERVATIONS
»	»	Timissaou (P. de départ)	à 7 m. environ. Eau excellente et abondante.	et de Tahar.	»	»	»	Voir itinéraire n° 8.
38	38	Ilok.	Sans eau.	Abondant. — Tamat.	Alemmou abondant, mais seulement après les pluies.	Facile.	La route monte sur le Tassili jusqu'à sa rencontre avec l'oued Inefis qu'elle traverse un peu au-dessous de sa source; elle monte ensuite entre deux lignes de hauteurs pour descendre enfin jusqu'à Ilok.	
74	36	In Zahar.	Sans eau.	Quelques rares Tamat.	Alemmou en petite quantité mais seulement après les pluies.	Facile.	La route serpente dans les bas-fonds d'une petite chebka.	

DISTANCE APPROXIMATIVE		GITES D'ÉTAPE	EAU	BOIS	FOURRAGES	NATURE DU TERRAIN	DESCRIPTION SOMMAIRE DE LA ROUTE	OBSERVATIONS
du point de départ	d'une étape à l'autre							
112	86	In Ouzel.	Au pied du Djebel Tirek à 1/3 de la route Ibenkar. Eau bonne mais peu abondante. — A In Ouzel. Ibenkar et Adjelman. Eau abondante et bonne.	Absaq. Tamat.	Toulloult.	Facile	A la sortie de la chebka la route longe le pied du djebel Tirek, montagne très élevée située à l'est, puis, laissant le djebel Tirek en arrière, elle s'engage dans l'Adrar. On campe à In Ouzel situé à 3 kil. environ des premières pentes nord de l'Adrar dans une vallée assez large.	
143	31	Ifernan.	Ibenkar. Eau bonne et dant. — Adjelmam où on ne trouve d'eau qu'après les pluies.	Assez abondant. — Absaq. Tamat. Tebouraq. Tihoq.	Abondant Aezzou	Facile	La route passe entre deux lignes de hauteurs; celle de l'est se prolonge au delà d'Ifernan, celle de l'ouest s'arrête avant d'y arriver. Les Ibenkar paraissent devoir être alimentés par le cours souterrain de l'oued Ifernan dont on trouve la trace au nord-ouest sur la carte Pech.	Les caravanes qui se rendent de l'Ahnet, de Silet, du Hoggar à Tinbouktou quittent la route à Ifernan et se dirigent de ce point sur Mabrouk (au sud-ouest).

DISTANCE APPROXIMATIVE		GITES D'ÉTAPE	EAU	BOIS	FOURRAGE	NATURE DU TERRAIN	DESCRIPTION SOMMAIRE DE LA ROUTE	OBSERVATIONS
du point de départ	d'une étape à l'autre							
177	34	Aouhou.	Sans eau.	Quelques ab-saq.	Allmous abondant et un peu d'afezzou.	Facile.	La ligne de hauteurs à l'est de la route s'arrête à Aouhou.	
245	28	Oued (sans nom connu).	Sans eau.	Abondant Tamat.	Abondant Alemmouz	Facile.	Pays plat. Aucun accident de terrain.	L'oued innomé, parait être l'oued Houzzan qu'on trouve au nord-ouest sur la carte Pech.
275	30	Douril.	'Ibarkar. Eau bonne et abondante après les pluies. Le débit diminue après les périodes de sécheresse.	Très abondant. Absaq. Tamat. Tebouraq.	Néant	Facile	Pays plat. Aucun accident de terrain.	
307	32	Tellabit.	Eau courante et d'excellente qualité dans l'oued Ouentadja qui coule toute l'année.	Pays très boisé. Absaq. Tamat. Tebouraq. Tiboq.	Néant	Facile	La route traverse et longe ensuite l'oued Ouentadja qui coule au pied d'une montagne située à l'ouest, le djebel Tirarbar, et va se jeter dans l'oued Asakan.	Du versant ouest du djebel Tirarbar, part une rivière, l'oued Tir'lit, dont la vallée s'étrangle puis s'élargit à une journée de mar-

— 300 —

DISTANCE (du point de départ) APPROXIMATIVE (d'une étape à l'autre)	GITES D'ÉTAPE	EAU	BOIS	FOURRAGES	NATURE DU TERRAIN	DESCRIPTION SOMMAIRE DE LA ROUTE	OBSERVATIONS
34	Tilimti.	Sars eau	Abondant.	Abondant	Facile	Plaine unie, aucun acci-	— A 16 kil. environ du point de départ, Ksar Ira-char (30 ou 40 palmiers) habité par des Ifor'as. La montagne s'arrête là. A Tellebit, une reule maison; c'est une Zaouia habitée par des marabout de Kounta. (Ouedcheikh.) che environ de la route que nous suivons; elle s'étrange ensuite de nouveau laissant derrière elle un immense cirque dont la circonférence est très boisée et dont le centre forme une belle clairière; de nombreux puits forés sur la lisière intérieure de la partie boisée, donnent une eau abondante et de bonne qualité. Ce cirque, qui se nomme Aferadjouani'i, appartient aux Ifor'as qui y mettent leurs tentes et leurs troupeaux à l'abri en temps de guerre. Nous retrouvons à Talak une disposition de terrain analogue (Itinéraire n° 12.) Ibenkar près de l'Oued à Tellanantar. (Eau excellente). Essences domi-

— 301 —

DISTANCE APPROXIMATIVE du point de départ / d'une étape à l'autre	GITES D'ÉTAPE	EAU	BOIS	FOURRAGE	NATURE DU TERRAIN	DESCRIPTION SOMMAIRE DE LA ROUTE OBSERVATIONS
336	In Assassar.	3 ou 4 puits profondeurs de 6 m. 50 à 7 m. environ.	Forêts. Les essences dominantes sont : l'Absag, Le Tamat, Le Tebouraq, Le Tihoq.	Absag, Tamat. — Alemmour Abondant Alemmour	Route facile en forêt	Pays p'at, mais très boisé. In Assassar est dans l'oued Assakan au confluent de cette rivière et de l'oued Inrar venant de l'est. C'est à In Assassar qu'on rencontre les premiers campements des Aouelimmiden. Les Ifor'as viennent jusque là, mais les deux tribus ne se mêlent pas. D'une manière générale les parties montagneuses sont aux Ifor'as et les plaines aux Aouelimmiden.
371 35	Abelbodh.	Un puits profond de 6 m. 50 à 7 m. environ	Un peu abondante mais bonne.	Forêt comme ci-dessus. — Abondant Alemmour	Route en forêt Facile	La forêt entre In Assassar et Abelbodh est impénétrable. « On ne s'y re-

— 303 —

GITES D'ÉTAPE	DISTANCE APPROXIMATIVE (point de départ à l'étape / d'une étape à l'autre)	EAU	BOIS	FOURRAGES	NATURE DU TERRAIN	DESCRIPTION SOMMAIRE DE LA ROUTE	OBSERVATIONS
Abelbodh (suite).		dans l'oued Abelbodh.	»	»	»	trouverait pas si on s'écartait du sentier battu. » On campe au puits de l'oued Abelbodh : Cette rivière vient de l'est, coupe la forêt et la route et va se jeter dans l'oued Asskan.	
Aa ou Mellel.	101 / 50	Un puits profond de 6 mètres 50 à 7 mètres dans dessus. Comme ci-dessus. l'oued An ou Mellel. Eau abondante et excellente.	Forêt	Alemmouz. Abondant.	Route en forêt. Facile.	La route et la forêt conservent le même aspect. On campe dans l'oued An ou Mellel qui vient de l'est, coupe la forêt et la route, où son passage détermine une vaste clairière et va se jeter dans l'oued Asskan.	

Itinéraire n° De Ouahalen à Dalet ed Drim. — 154 kil. environ.

		Ouahalen. (point de départ).	»	»	»	»	»	»
»	»		»	»	»	»	»	»

DISTANCE APPROXIMATIVE		GÎTES D'ÉTAPE	EAU	BOIS	FOURRAGES	NATURE DU TERRAIN	DESCRIPTION SOMMAIRE DE LA ROUTE	OBSERVATIONS
du point de départ	d'une étape à l'autre							
40	40	Si Edr'ar.	Sans eau.	Quelques Ta- mat.	Abondant. — Alemmour.	Facile. — En plaine.	Rien, sur la route, qui mérite d'être signalé. On campe au pied de la gara Si Edr'ar.	
68	28	Oued Menyet.	Un puits profond de 8 mèt. 50 environ. — Eau bonne et abondante.	Ethel, Azour nombreux. Quelques Absan. — Tamat dans le cours supérieur de l'oued.	Abondant. — Talloult.	Facile. — En plaine.	La route franchit l'oued Tirehart qui ne coule qu'a- près les pluies. On n'y trouve pas d'eau en temps ordinaire même en creu- sant. — L'oued Menyet des- cend du Mouydir; il est affluent de droite de l'oued Tirehart.	On campe au pied de l'oued Menyet qu'une halte pendant les heures de forte chaleur.
84	16	Gour Tisselilin.	Sans eau. Cependant après les pluies on en trouve un peu dans le lit de l'oued Tisselilin.	Ethel nom- breux dans le lit de l'oued qu'en quantité.	Affezou en assez grande quantité. — En plaine.	Facile. — En plaine.	Les prison- niers rectifient une erreur qu'ils ont com- mise à Gardaïa. Le Teroum- mout, le Tahar	On campe au pied de l'un des deux gour Tisselilin près d'un ravin (l'oued Tis- selilin) qui descend du Mouydir et va se jeter dans l'oued Menyet.

— 304 —

DISTANCE APPROXIMATIVE (du point de départ / d'une étape à l'autre)	GITES D'ÉTAPE	EAU	BOIS	FOURRAGES	NATURE DU TERRAIN	DESCRIPTION SOMMAIRE DE LA ROUTE	OBSERVATIONS
816	Gour Tiselliin (suite).			et l'Armas ne croissent pas comme ils l'avaient dit aux gour Tiselliin.		En quittant les gours Tiselliin, la route prend une direction ouest et gravit, en reprenant la direction du nord, le versant sud du Mouydir, très escarpé de ce côté. Pour faire cette ascension, la route emprunte le lit d'un oued qui descend du Mouydir et ne figure sur aucune carte. Son nom, s'il en a un, est inconnu; il prend sa source entre celle de l'oued Menyet dont il est affluent et celle de l'oued Tiselliin. Amzir est au pied d'une dune et près d'un ravin, issue dont la direction est est-ouest.	
38	Amzir.	Sans eau.	3 Abzaq.	Taharen très petite quantité.	Facile.		On en trouverait en remontant l'oued Amzir; à demi-journée de marche de la route, il y a un Abenkour dit Abenkour Amzir, dont l'eau est peu abondante mais de bonne qualité.

DISTANCE APPROXIMATIVE du point de départ	d'une étape à l'autre	GITES D'ÉTAPE	EAU	BOIS	FOURRAGES	NATURE DU TERRAIN	DESCRIPTION SOMMAIRE DE LA ROUTE	OBSERVATIONS
140	24	Ahouha.	Eau abondante et bonne.	Asour, Ar-mass, Ethel abondant.	Afezzou abondant.	Facile.	Ahouha est sur un ruisseau, l'oued Atouha, qui va à Tadjemout.	On n'a fait qu'une grande halte à Ansir.
163	23	Ibenkar ... nombreux		Quelques Ta-baqat et Tamat.	Un peu de Flezzan.	Accidenté et difficile.	A partir d'Alouha, la route traverse une région montagneuse; le terrain est très accidenté; la marche est fatigante. On campe dans les oudéi d'In Guez-ramen.	
		n Guerra-men.	Sans eau.	Quelques Ta-mat dans les fezzou-oudéi.	Un peu d'A-...	Accidenté et difficile.	Au delà des oudéi d'In Guezramen le terrain conserve son caractère accidenté, la marche est pénible. On campe dans l'oued Ir'ar'ar Mellen (ça Ighar-ghar Mellen qui a sa tête au Koudrah Tifrin et va se jeter dans l'oued Arak à Tadjemout).	On n'a fait qu'une grande halte à In Guez-ramen.
188	20	Ir'ar'ar Mellen.		Quelques Ad-...	Toulouit en assez grande quantité.		Ir'ar'ar Mellen dont l'un est jar- toujours plein, ils sont situés dans les berges rocheuses de l'oued Irarrar Mellen. L'eau est excellente.	

DISTANCE APPROXIMATIVE (du point de départ d'une étape à l'autre)	GITES D'ÉTAPE	EAU	BOIS	FOURRAGES	NATURE DU TERRAIN	DESCRIPTION SOMMAIRE DE LA ROUTE	OBSERVATIONS
216							
26	Oued Tin Serfadh.	2 Ibenkar. — Eau saumâtre en quantité moyenne.	Quelques azour et etheL	Touïtouït abondant.	Accidenté mais facile.	L'oued Tin Serfadh où on campe, a sa tête au sud-ouest dans une hauteur innommée; il va se jeter au nord dans l'oued Tin Sermar. Le djebel Tegouïgoulet qui barrerait la route d'après certaines cartes, est à deux journées de marche à l'ouest de cette route qui est à peu près rectiligne. De plus le djebel Tegouïgoulet s'élève sur le bord même du plateau du Mouydir dont il détermine au sud-ouest la ligne de partage des eaux ; son orientation est la même que celle au bord du plateau (nord-ouest sud-est). Nos prisonniers sont revenus à plusieurs reprises sur ces détails et leurs affirmations très nettes nous ont engagé à modifier sur	Il n'a pas été fait de grande halte.

DISTANCE APPROXIMATIVE (du point de départ / d'une étape à l'autre)	GITES D'ÉTAPE	EAU	BOIS	FOURRAGES	NATURE DU TERRAIN	DESCRIPTION SOMMAIRE DE LA ROUTE	OBSERVATIONS
256 32	Oued Tin Serfadh (suite).					notre carte d'itinéraires la nouvelle situation qu'ils assignent au djebel Tel-goulgoulet.	
	Oued Tin Sermar.	Henkar.	Petite forêt.	Très abondant.	Facile.	L'oued Tin Sermar a sa source dans une para si- tuée sur le Mouydir il se jette dans l'oued Akaraba. On trouve dans l'oued Tin Sermar le jonc des marais (typha augustifolia) que les Touaregs appellent Akal-ouad.	Il n'a pas été fait de grande halte.
		Eau un peu saumâtre mais très abondante	Ethel. Azour.	Arasou. Toulfoult. Tahar. Issin.	Route dans la vallée de l'oued de Tin Sermar.		
311 25	Oued Idergan.	On en trouve partout, où on creuse.	Très abondant.	Toulfoult. Arasson. Issinabondants	Accidenté mais ne pré- sentant aucune difficulté.	La route continue à suivre le cours de l'oued Tin Sermar qui, changeant de nom devient l'oued Idergan. Elle franchit un petit lac dit Had-Jerek et Aobar, où on remarque un énorme bloc rocheux qu'une légende prétend avoir été déplacé par un « homme très fort » pour	
		A 3 kil. est du camp, Aîn Bogli, source très abondante dans les Gours Koulet.	Ethel. Azour.	Un peu de Tahar.			
		Eau excellente.					

GITES D'ÉTAPE	DISTANCE APPROXIMATIVE (du point de départ / d'une étape à l'autre)	EAU	BOIS	FOURRAGES	NATURE DU TERRAIN	DESCRIPTION SOMMAIRE DE LA ROUTE	OBSERVATIONS
Oued Idergeb. (suite.)		Très abondant.		Abondant.		L'Ain er Redjam est dans l'oued Akaraba; elle tire son nom d'une vingtaine de signaux en pierres sèches (Redjem) élevés comme points de repère sur la berge de la rivière.	On fait une première grande halte à l'oued Hergan, et une seconde à l'Aïn-er-Redjam.
Aïn er Redjam.	299 / 18	Source moins importante que l'Aïn Badli, mais assez abondante. Eau de bonne qualité.	Ethel. Azour.	Toullouit. Issin. Plexxan.	Facile.	donner passage au Medjded. L'Aïn Boghi est signalée par un très grand palmier et un hachan au pied desquels elle jaillit.	
Abedr'a.	317 / 18	Sans eau.	Quelques abax.	Un peu de Toullouit et d'Issin. — On trouverait beaucoup de Tahar à demi journée de marche à l'est du camp.	Facile.	Le camp s'établit dans l'oued Abedr'a, petit affluent de l'oued Akaraba.	

DISTANCE APPROXIMATIVE du point de départ	d'une étape à l'autre	GITES D'ÉTAPE	EAU	BOIS	FOURRAGES	NATURE DU TERRAIN	DESCRIPTION SOMMAIRE DE LA ROUTE	OBSERVATIONS
242	25	Tamertast.	Pas d'eau en été. En hiver après les pluies quelques cuvettes gardent un peu d'eau mais pendant quelques jours seulement.	Abondant. Absag, Tamat.	En hiver seulement. Tahar.	Facile.	Tamertast est dans l'oued du même nom qui vient de Taganet et se jette dans l'oued Abedr'a.	
270	28	Oued Sidi Moussa.	A 9 kil. environ à l'ouest du camp, Aïn El Behara, source très abondante, eau très légèrement saumâtre	Néant.	Tahar en assez grande quantité. Quelques touffes de Tessendjelk près de l'Aïn el Behaga.	Facile.	L'oued Sidi Moussa vient du Khanguet el Hadid et se jette dans l'oued Akaraba. Les ouled Ba Hammou d'In Salah et les Chàanba, dissidents fréquentent beaucoup ce campement.	On a fait une grande halte à Tamertast.
288	18	Tiouen Higuin.	Source d'un faible débit, mais donnant une eau excellente.	Néant.	Néant.	Facile.	Tiouen Higuin est sur la crête ou versant nord du Mouydir. Les pentes de ce plateau, quoique assez élevées, sont d'un accès facile et à une demi journée de marche à l'ouest de Tiouen Higuin dans un ravin s'ou-	On a fait une première grande halte à Tiouen Higuin pour abreuver les chameaux et une seconde au fort de la chaleur, sur un point innommé, ne présentant aucune ressource ni en

DISTANCE APPROXIMATIVE (du point de départ / d'une étape à l'autre)	GITES D'ÉTAPE	EAU	BOIS	FOURRAGES	NATURE DU TERRAIN	DESCRIPTION SOMMAIRE DE LA ROUTE	OBSERVATIONS
	Tioua Higuin (suite)					vrant au nord et sans issue, au sud se trouvent quelques palmiers aujourd'hui complètement abandonnés. Quelques Touaregs qui étaient venus jadis s'installer sur ce point y auraient planté ces arbres et y seraient morts successivement sans laisser de descendants. On ignore leurs noms et même celui de leur tribu d'origine.	eau, ni en bois, ni en fourrage.
16	Oued Irès Mallen.	Sans eau.	Quelques ethel et Azour.	Abondant. — Toulloult.	Facile. La route après être descendue du Mouyair se déroule en plaine	Le camp est établi près du confluent de l'oued Irès Mallen et de l'oued Massin. L'oued Irès Mallen des Touaregs qui descend du Tadmayt est désigné sous le nom de Ras Misli par les gens du Touat, et sous celui d'oued Farès Oum et Lil par les Chaanba.	

DISTANCE APPROXIMATIVE		GITES D'ÉTAPE	EAU	BOIS	FOURRAGES	NATURE DU TERRAIN	DESCRIPTION SOMMAIRE DE LA ROUTE	OBSERVATIONS
du point de départ	d'une étape à l'autre							
468	36	Ibenkar, très Mellen.	A Ibenkar, mauvaise eau qu'on ne boit qu'à la dernière extrémité.	Azour absaq Reteem nombreux. Quelques ethel sou Flezzan.	Abondant. Toulloult. Afzzou Arkaï Armas Aras-	Facile.	Route dans le lit très large de l'oued très Mellen qui reçoit de nombreux ravins.	On a fait une grande halte à Ibenkar.
480	12	Oued Irés Mallen.	Sans eau.	Absaq. Tamat dant.	Afezzou Aras sou Askafabon	Facile.	La route continue à remonter le cours de l'oued très Mellen dans lequel on campe.	
510	30	El Malha.	Abenkour. — Eau bonne mais peu abondante.	Quelques ab- saq et Tamal.	Un peu de Quelques ethel Toulloult. Un peu d'As- kaf.	Facile.	La route remontant toujours le cours de l'oued très Mellen gravit les pentes sud du Tademayt et, arrivée sur le plateau, passe à El Malha entre deux gours : l'un à l'ouest, la autre à l'est. Sur le versant opposé à la route de la Gara ouest, se trouve une source salée; l'Aïn El Malha qui serait	On a fait une grande halte à El Malha.

— 312 —

DISTANCE APPROXIMATIVE (du point de départ d'une étape à l'autre)	GITES D'ÉTAPE	EAU	BOIS	FOURRAGES	NATURE DU TERRAIN	DESCRIPTION SOMMAIRE DE LA ROUTE	OBSERVATIONS
510	El Malah (suite)					la tête de l'oued Irès Mellen. Toutefois le Razzou n'y étant pas passé, ce renseignement n'est donné que sous toutes réserves.	
30	Oued Akaïki.	Un peu d'eau donnant d'eau grande quantité dans les années plus vieuses. Toulloult.	En assez		Facile.	L'oued Akaïki prend sa source dans la même gara que l'oued Irès Mallen (Aïn Malha) mais il coule au nord, tandis que ce dernier coule au sud. Si ce fait est exact, la gara ferait sur la ligne de partage des eaux du Tadmaÿt.	
		Ibenkar ne	Ethel azour Djedari Tabaquat.				
552	Hassi In Sokki.	Bonne eau, puits abondants profonds de 2 m. 50 au dessus du niveau de l'eau d'après le lieutenant-colonel Flatters de 5 m. en tout	Ribel, azour, Toulloult Afezzou Goddum (Variété de reguig.)	Abondant. Toulloult Afezzou Goddum (Variété de reguig.)	Facile. Medjebed bien déterminé.	La route arrive à In Sokki par une pente presque insensible qui commence à 20 kil. environ au sud du Hassi. Celui-ci est sur la route suivie par la deuxième mission Flatters. Il est à mi-hauteur des pentes nord du Tadmaÿt.	Il n'a pas été fait de grand'halte pour donner aux chameaux le temps de boire à In Sokki.

— 313 —

Itinéraire de l'Adrar Ahnet (débouché de la gorge de l'oued Tegoulgoulet) à Ouallen 104 kilomètres environ.

DISTANCE APPROXIMATIVE		GITES D'ÉTAPE	EAU	BOIS	FOURRAGES	NATURE DU TERRAIN	DESCRIPTION SOMMAIRE DE LA ROUTE	OBSERVATIONS
du point de départ	d'une étape à l'autre							
»	»	Hassi In Sokki.	d'après les prisonniers, Mechera (cuvette) gardant l'eau mais seulement dans les années pluvieuses				mayt dans le lit de l'oued Raous (ou oued In Sokki. Près du puits se trouve la mekkem de Sidi Abdelkader ben Haous marabout des Ouled Sidi Cheikh.	Voir au chapitre géographique.
»	40	Gorge à l'oued Tegoulgoulet (point de départ).						
40	40	Taoudr'aret.	Adjelmam contenant toujours de l'eau de très bonne qualité mais dont le niveau	Abondant. Tamat.	Abondant. Toullout.	Facile.	La route traverse la vallée de l'oued Amdjo, franchit le djebel Tarait, qui n'est à proprement parler, sur ce point qu'un plateau peu élevé court en plaine et	

DISTANCE APPROXIMATIVE du point de départ	d'une étape à l'autre	GITES D'ÉTAPE	EAU	BOIS	FOURRAGES	NATURE DU TERRAIN	DESCRIPTION SOMMAIRE DE LA ROUTE	OBSERVATIONS
		Taoudr'aret (suite.)	baisse quand les pluies font défaut.				franchit le plateau étroit qui se détache au sud du djebel Taoudr'aret. L'Adjeïmam est au pied des pentes ouest de ce plateau.	
65	25	Tessa'ia Agadir.	Sans eau.	Quelques Tamat.	Un peu de Tahar.	Facile.	Route en plaine, elle longe la base de la partie la plus élevée du djebel Taoudr'aret. On campe à 2 ou 3 kilomètres au dela de l'extrémité nord de cette montagne.	Le plus ordinairement la route se fait en trois jours. Les gens qui partent de Taoudr'aret campent à Aohenna et ceux qui partent d'Ouallen à Tessa d'Agadir.
79	16	Aohenna.	Sans eau.	Quelques Tamat.	Abondant. — Toullout. Tahar.	Facile.	Route en plaine, Aohenna est au pied des premières pentes sud de l'Acedjradh.	
104	25	Ouallen.	A 2 kil. environ à l'ouest grande guelta toujours pleine dans le lit de	Néant.	Très abondant — Toullout.	Facile.	La route passe entre le Djebel Sedjendan et à l'ouest et A'cedjradh à l'est. La vallée a une largeur moyenne de 2 à 3 kilom. Ouallen est sur la route directe d'In	

— 315 —

Itinéraire de Silet à Talak — 903 kilomètres environ.

DISTANCE APPROXIMATIVE du point de départ	d'une étape à l'autre	GÎTES D'ÉTAPE	EAU	BOIS	FOURRAGE	NATURE DU TERRAIN	DESCRIPTION SOMMAIRE DE LA ROUTE	OBSERVATIONS
»	»	Ouallen, (suite)	l'oued Sedjend-jauet. Eau d'excellente qualité.				Salah à Timboktou. C'est un point de passage important; on y voit les ruines d'un ksar complètement abandonné depuis longtemps. Il n'y a pas de palmiers.	
37	37	Adjemat.	Adjelmam. Eau bonne, mais on n'en	Absaq, Tamal. Abondant.	Afezzou, Touloult. Abondant.	Reg. et quelques petites dunes.		Silet (point de départ). Remarque importante au dire de nos prisonniers; on ne trouve plus au delà de Silet dans cette direction, que de l'eau de très bonne qualité. La route longe une ligne de hauteurs qui reste à sa gauche (nord-est). Cette chaîne assez élevée consti-

DISTANCE APPROXIMATIVE (1er étape, point de départ, d'une à l'autre)	GITES D'ÉTAPE	EAU	BOIS	FOURRAGES	NATURE DU TERRAIN	DESCRIPTION SOMMAIRE DE LA ROUTE	OBSERVATIONS
	Adjemar (suite).	trouve qu'après les pluies.	Tadjart. Tebouraq.	Hamah.	Route facile.	ue le premier gradin du Hoggar. Elle change de nom et prend successivement ceux des principaux ravins qui en descendent. Ici elle est nommée la Zouzan.	
78	la Abeless.		Abondant. Ethel.	Abondant. Toullouit. Tessendjeli.	Route facile. Reg.	La route continue à longer la base de la même chaîne de hauteurs qui se nomme ici Djebel Abeless du nom d'un ravin qui se jette dans l'oued Timin-r'atel, un p. u au nord de la route.	
113		Ibenker. Dans l'oued Timarr'at el qui vient du Hoggar et va dans la direction de Timissaou.					
40	Oued Tin Mel.	Sans eau. A demi-journée de marche au nord en remontant l'oued Tin Mel, on	Abondant. Ethel. Tihoq.	Abondant. Toullouit.	Route facile. Reg.	La route suit toujours la base du premier gradin du Hoggar désigné ici sous le nom de Djebel Tin Mel.	

DISTANCE APPROXIMATIVE du point de départ / d'une étape à l'autre	GITES D'ÉTAPE	EAU	BOIS	FOURRAGES	NATURE DU TERRAIN	DESCRIPTION SOMMAIRE DE LA ROUTE	OBSERVATIONS
161	Oued Tin Mzi (suite).	trouve un puits profond d'environ 2 mètres dont l'eau est abondante et bonne.					
179	48	Oued Tirarhart.	Sans eau. A demi-journée de marche au nord en remontant l'oued Tirarhart on trouve 3 puits profonds de 1 m. 75 environ dont l'eau est bonne et abondante.	Abondant. — Absag. Tiboq.	Peu. — Touiloult. Afezzou.	Route facile. — Reg.	La route continue à longer la base du premier gradin du Hoggar qui porte ici le nom de Djebel Tirarhart. Cette ligne d'escarpement s'éloigne de la route à hauteur du ramp pour remonter vers le nord.	Ne pas confondre l'oued Tirarhart avec l'oued Tirehart qui coule plus au nord et contourne l'Adrar Ahnel.
199	22	Oued Anefidj.	Un puits très abondant profond de 2 m. 8t environ.	Abondant. — Absag.	En quantité moyenne. — Afezzou.	Route facile. — Reg.	Au nord, à 1/2 journée de marche du bivouac, on voit un Allous dit Zazer; au pied de cette dune jaillit

— 318 —

DISTANCE (du point de départ / d'une étape à l'autre)		GÎTES D'ÉTAPE	EAU	BOIS	FOURRAGE	NATURE DU TERRAIN	DESCRIPTION SOMMAIRE DE LA ROUTE	OBSERVATIONS
		Oued Anefidj (suite).					une source qui alimente un petit ruisseau d'eau courante dit El Ma Zazer.	
226	35	Ir'ar'ar.	Sans eau.	Abondant. Ethel.	Peu. Toullouit.	Route facile. Reg.	On campe dans l'oued Ir'ar'ar (ou Ighargher); à droite du camp se trouvent deux gours sans nom et une montagne élevée, dite Tioulbin.	Cet oued Irarrar n'a rien de commun avec la grande vallée dont l'origine est au sud d'Idèles.
276	48	Adjou.	Sans eau.	Quelques Absag.	Un peu de Tahar.	Route facile. (Reg.)	De loin en loin, la route laisse à droite et à gauche quelques gours sans nom.	
326	50	El K'sour.	Abondante et bonne dans l'oued El K'sour. L'eau se conserve dans des cuvettes formées par les sinuosités de l'oued et abritées par des rocheuses	Abondant. Absag. Tamat.	Abondant. Toullout. Tahar.	Terrain pierreux et difficile dans le Tassili. (Roc.) Jusqu'au	El Ksour est le nom d'une rivière qui descend du Hoggar et qui après avoir fait un coude à l'est, coupe le Tassili (fragment du Tassili du sud de la carte de M. Duveyrier) par une gorge étroite à pentes rocheuses presque verticales rappelant un peu, quoique moins élevées, la	D'après les cartes existantes, le Tassili coupé par l'oued El K'sour (plus loin l'oued Taguerera) serait un fragment détaché du Tassili du sud par une autre coupure plus large, celle de l'oued Tin Tarabin dont la direction serait nord-

DISTANCE APPROXIMATIVE (du point de départ / d'une étape à l'autre)	GITES D'ÉTAPE	EAU	BOIS	FOURRAGES	NATURE DU TERRAIN	DESCRIPTION SOMMAIRE DE LA ROUTE	OBSERVATIONS
	El K'sour (suite.)	rochers surplombants. Les Touareg appellent ces cuvettes, Tidjedaouin.				gorge de l'oued Tegoul-goulet dans l'Adrar Ahnet. La route rencontre l'oued El K'sour à 28 kilomètres d'Adjour et le franchit au pied du Tassili dont elle gravit l'escarpement nord. Au point même où la route franchit l'oued El K'sour aboutit la route directe venant d'In Salah. Cette dernière et celle que nous suivons se confondent jusqu'à In Azoua. Là les caravanes se séparent comme nous le verrons plus loin. Le campement El K'sour se trouve à peu près à hauteur du milieu de la gorge et près de l'escarpement. La rivière sur ce point n'est accessible qu'aux piétons, les hommes vont chercher l'eau et la rapportent dans des outres. A partir de ce point l'oued El	est-sud-ouest et qui est inconnue de nos prisonniers.

DISTANCE APPROXIMATIVE (du point de départ / d'une étape à l'autre)		GITES D'ÉTAPE	EAU	BOIS	FOURRAGES	NATURE DU TERRAIN	DESCRIPTION SOMMAIRE DE LA ROUTE	OBSERVATIONS
378		Oued Taguerera.	Sans eau.	Abondant au-dessus du camp. — Absaq. Tamat.	Abondant. — Toujjoult. Tahar.	Pierreux et difficile.	K'sour échange son nom à l'oued Taguerera. La route s'écarte de la rivière pour se dérouler au nord sur le Tasili. Elle en descend les pentes et on vient camper sur l'oued Taguerera au point où cette rivière sort de la gorge déjà décrite.	
	52	El K'sour (suite).						
414	36	Tissatirin.	Sans eau.	2 Absaq.	Néant.	(Reg.) Route facile.	La route s'engage dans le Tanezrouft laissant à droite et à gauche quelques petites dunes. Le camp est indiqué par deux absaq. Tissatirin est le duel de Tissarirt et veut dire deux arbres isolés.	
456	42	Timozelin.	Sans eau.	Néant.	Néant.	(Reg.) Route facile.	La route se dirige dans le Tanezrouft, sur deux petits gours jumeaux, les gours Timozelen, elle passe entre	

DISTANCE APPROXIMATIVE (du point de départ / d'une étape à l'autre)	GITES D'ÉTAPE	EAU	BOIS	FOURRAGES	NATURE DU TERRAIN	DESCRIPTION SOMMAIRE DE LA ROUTE	OBSERVATIONS
— / —	Timozelin. (suite.)						les deux, en contourne l'une des gara au pied de laquelle on campe.
488 / 38	Osan Zoaaten.	Sans eau.	2 Azour morts.	Un peu de Tahar.	(Reg.) Route facile.	Plaine unie, aucun accident de terrain.	
525 / 37	la Azoua.	Un puits profond de 5 mètres environ. Eau bonne et abondante.	8 ou 4 Zeïta suivant d'Azour suivant d'Ethel.	Abondant. Tahar.	(Reg.) Route facile.		La Azoua est le point désigné sur la carte de M. Duveyrier, sous le nom de puits de Nenoua, il est à une faible journée de marche à l'ouest du puits d'Assiou. La route qui y conduit ne présente aucun accident de terrain. C'est à la Azoua que les caravanes venant de Silet et d'In Salah se rencontrent avec celles qui viennent du Hoggar. Elles s'y séparent en quittant le puits ; celles du Hoggar se rendent dans l'Aïr et, suivant la route indiquée en noir sur la carte

DISTANCE APPROXIMATIVE (d'une étape à l'autre)	GITES D'ÉTAPE	EAU	BOIS	FOURRAGES	NATURE DU TERRAIN	DESCRIPTION SOMMAIRE DE LA ROUTE	OBSERVATIONS
	La Azaoua (suite).					Pech (carte d'une partie de l'Afrique septentrionale au 1/1.250.000°. Ministère des Travaux publics 1889). Les gens de l'Ahnet suivent plus à l'ouest une autre route qui les conduit à Ta-lak, point où campent leurs Imrad Ikerramouïenet Isso-kenaten. Ils ne vont pas dans l'Aïr, disent-ils, en rai- son de l'hostilité qui règne entre eux et les gens de cette région.	
37	Oued Amazelouz	Sans eau.	Abondant. — Abeq.	Abondant. — Tahar, Touillouit.	Route facile. — (Reg.)	L'oued Amazelouz est un petit ravin sans eau. Un peu avant d'y arriver la route passe au pied et à droite de deux four l'un assez élevé appelé Tindi (le mortier), l'autre plus petit dit Ibarran (le pilon), en raison de leurs formes. C'est là que finit le Tanezrouft.	

— 393 —

DISTANCES APPROXIMATIVES	GITES D'ETAPE	EAU	BOIS	FOURRAGES	NATURE DU TERRAIN	DESCRIPTION SOMMAIRE DE LA ROUTE	OBSERVATIONS
640 34	Idemak.	Sans eau.	Abondant. Abaq.	Abondant.	Route facile.	La route serpente dans les bas-fonds d'une chebka qui ressemble, paraît-il, beaucoup à celle du Mzab aux environs de Berryan.	
644 34	Ouankeri.	4 ou 5 lben-tar sur la hauteur, à gauche du camp. Ils ne donnent d'eau qu'après les pluies. Cette eau est bonne.	Néant.	Un peu de Tabar.	Terrain de hamada coupé de petites dunes (ce genre de terrain se nomme en Tamabeq Tadje-lant). Route facile néanmoins.	La route en quittant Idamak monte sur une hamada dont elle descend pour arriver à Ouankeri.	On rencontre assez souvent à Ouankeri des gens du Soudan (de l'Air probablement) dont les parcours s'étendent jusque-là.
678 37	Tabardaq.	Sans eau.	Abondant. Tamat.	Abondant. Afезzou.	Route facile.	La route suit les bas-fonds de la chebka déjà signalée. A l'est se dresse une montagne dont le nom est inconnu.	

DISTANCE À l'abreuvoir	DISTANCE du point de départ d'une étape à l'autre	GITES D'ÉTAPE	EAU	BOIS	FOURRAGE	NATURE DU TERRAIN	DESCRIPTION SOMMAIRE DE LA ROUTE	OBSERVATIONS
710	30	Chinchin.	Ibenkar. Eau bonne et abondante.	Abondant. — Abaq. Tamat.	Un peu de Hannah.	Route facile.	La route continue à suivre les bas-fonds de la chebka.	
763	53	Tamengoult.	Adjelmam. Eau excellente et très abondante.	Peu. — Tamat.	Abondant. — Allemmouz, très abondant.	Route facile.	Même route que la veille. L'Adjelmam de Tamengoult est situé dans une grotte un peu au-dessus du niveau des bas-fonds de la chebka et dans les berges situées à l'ouest. Sa superficie serait d'environ un hectare.	
801	38	Abrakan.	Sans eau.	Très abondant. — Abaq. Tiboq.	Abondant. — Hannah.	Route facile.	En quittant Tamengoult la route sort de la chebka et traverse un terrain montagneux.	
841	40	Oued-Zourika.	Sans eau. — À une demi-journée de là signalés ci-[...]	Néant. — Près des Ibenkar.	Abondant. — Hannah.	Route facile quoique accid.	La route passe entre deux chaînes de hauteurs assez élevées et séparées par une faible distance.	

DISTANCES APPROXIMATIVES	GITES D'ÉTAPE	EAU	BOIS	FOURRAGES	NATURE DU TERRAIN	DESCRIPTION SOMMAIRE OBSERVATIONS
371	Oued Zourika (suite).	marche à l'est, contre, on en remontant trouve de nombreux Abaq l'oued on trouve des Ibankar, et Tamat. Eau bonne et abondante.				
371 14	Tin Aadrt.	Sans eau.	Abondant. — Abaq.	Abondant. — Afezzou. Hannah.	Route facile.	La route continue à suivre la vallée déterminée par les deux chaînes signalées ci-dessus; mais cette vallée s'élargit à partir de l'oued Zourika.
348 23	Talak.	A profusion et d'excellente qualité.	Forêt vierge. — Arbres de toutes essences.	Très abond. — Alemmour.	Route facile.	Talak est pour les Ikerramonien et les Isackenassen ce que la région de l'Adrar Ahnet est pour les Taïtoq et Kel Ahnet. C'est un vaste cirque formé par l'élargissement de la vallée que la route suit depuis Abrakan. A l'est descendent d'une haute montagne de nombreux ravins à peu près

— 326 —

DISTANCE APPROXIMATIVE (du point de départ / d'une étape à l'autre)	GITES D'ÉTAPE	EAU	BOIS	FOURRAGES	NATURE DU TERRAIN	DESCRIPTION SOMMAIRE DE LA ROUTE	OBSERVATIONS
	Talak. (suite)						parallèles entre eux ; dans chacun de ces ravins on trouve soit un puits, soit des Ibenkar où abonde une eau excellente. C'est au débouché de ces ravins, dans la plaine, que campent les Ikerramouien et les Issokenaten. La cirque est formé à l'ouest par une chaîne de hauteurs beaucoup moins élevées que celles de l'est. Entre les campements et ces hauteurs se trouve une forêt vierge ; une légende affirme que les chameaux qui s'y aventurent meurent en quelques heures « empoisonnés », et que l'homme qui se mettrait à leur recherche n'arriverait jamais à les retrouver. Talak est à quatre journées de marche au nord-ouest d'Aga lès. Aucun de nos prisonniers

Itinéraire d'In Ihabou à Timissaou — 238 kil. environ.

DISTANCE approximative d'une étape à l'autre	DISTANCE du point de départ	GITES D'ÉTAPE	EAU	BOIS	FOURRAGES DU TERRAIN	NATURE DE LA ROUTE	DESCRIPTION SOMMAIRE	OBSERVATIONS
»	»	Talak (suite).	»	»	»	»	»	n'a pu nous donner de renseignements ni sur cette ville ni sur la route qui y conduit.
»	»	In Ihabou (point de départ).	»	»	»	»	»	»
62	62	Tekhammalt.	Sans eau.	Néant.	Très peu de Tahar.	(Reg.) Facile.	La route continue à l'ouest le djebel In Ihabou et se développe en se dirigeant vers le sud-est dans une plaine absolument unie et presque sans végétation.	On remarquera qu'on ne trouve plus aucune trace de rivière venant de l'est, toutes ont disparu avant d'arriver à cette longitude.
62	124	Dans le Reg.	Sans eau.	Néant.	Très peu de Tahar.	(Reg.) Facile.	Aucun accident de terrain.	
62	186	Dans le Reg.	Sans eau.	Néant.	Très peu de Tahar.	(Reg.) Facile.	Aucun accident de terrain.	

DISTANCE APROXIMATIVE du point de départ d'une étape à l'autre	GITES D'ÉTAPE	EAU	BOIS	FOURRAGES	NATURE DU TERRAIN	DESCRIPTION SOMMAIRE DE LA ROUTE	OBSERVATIONS
228							
82	Timissaou.	Un puits profond de 6 m. 50 à 7 mètres environ. — Eau excellente et abondante.	Quelq. absag.	Un peu de Touilouit et de Tahar.	(Reg.) — Facile.	La route ne présente aucun accident de terrain. — Timissaou est au pied du versant N.-O. du Tassili du sud de la carte de M. Daveyrier. C'est un point de passage obligé pour les gens qui vont de l'Ahnet de Silet ou du Hoggar à Tinbouctou. Il n'est pas habité.	Remarque. La route d'In Ikabou à Timissaou est très peu suivie, on lui préfère celle qui part d'Auellod.

INDEX ALPHABÉTIQUE

DES TERMES INDIGÈNES EMPLOYÉS DANS CET OUVRAGE

A*dr*ar. Montagne.
Atakor. Faîte.
Aïn. Source.
Aït. Fils de.
Casba. Citadelle.
Chebka. Réseau enchevêtré de vallées.
Chott. Lac salé, le plus souvent desséché.
Dahar. Dos.
Daïa. Mare ou creux dans lequel les eaux s'amassent.
Djebel. Chaîne de montagnes.
Fedj. Col, Passage entre les dunes ou les montagnes.
Foum. Passage creusé par les eaux dans une montagne.
Gara (pl. Gour). Éminence rocheuse du sol primitif.
Gassi. Passage long et étroit en forme de vallée : dans les dunes; à fond de reg généralement.
Guelta. Mare d'eau profonde dans laquelle un chameau pourrait se noyer.
Hammada. Plateau rocailleux dépourvu d'eau et de végétation.
Hassi. Puits.
Kel. Les gens de.
Ksar (pl. Ksour). Village fortifié généralement.
Malah (diminutif de Monilah). Point d'eau salée.
Oglat. Réunion de puits.
Oued. Rivière, ravin, vallée.
Ouled (Ould). Fils de.
Khaba ou Ghaba. Forêt.
Redir. Bassin naturel à fond d'argile où l'eau des pluies se conserve quelque temps.
Reg. Terrain siliceux dur.
Sebkha. Terrain salé ou saumâtre.
Tassili. Plateau élevé.
Tenn. Fièvre.
Tinrt. Plateau aride plus bas que le tassili.

TABLE DES MATIÈRES

INTRODUCTION : — Note justificative à l'appui de la carte...... Page 1
§ 1ᵉʳ. Du sud algérien au bas Touat.......................... 1
§ 2. Région du bas Touat au Tanezrouft..................... 8
§ 3. Région de l'Azaouad et de l'Adrar..................... 19
§ 4. Région située entre l'Adrar et le Tanezrouft........... 32
§ 5. Région du Hoggar....................................... 34

CHAPITRE Iᵉʳ

GÉOGRAPHIE PHYSIQUE

§ 1. Sahara algérien : ses divers versants. Sahara marocain : Oued Draa, oued Ziz, oued Guir. — Antithèse de l'oued Guir et de l'Igharghar... 38

§ 2. Sahara central : Fausses conceptions du Sahara, son aspect réel : hammada, reg, dunes ; D'Ouargla au Sahara central par l'Igharghar ; premier itinéraire de la mission Flatters ; Temassinin, Amguid, l'Atakor N'Ahaggar. — Coup d'œil général sur le Sahara et répartition autour de l'Atakor des plateaux et des dunes ; Hydrographie ; l'Igharghar, le Tirejert, le Timanrasset, l'Irrarar du sud, le Tefassasset....................... 44

§ 3. Sahara méridional....................................... 55

CHAPITRE II

GÉOGRAPHIE ÉCONOMIQUE

§ 1. Le désert vide... 57
§ 2. Le désert à pâturages et l'Adrar des Aouelimmiden...... 59
§ 3. Le pays des oasis : Touat et dépendances.............. 64
§ 4. Le Soudan... 67

CHAPITRE III

DE LA MER AU SOUDAN

(Les divers tracés proposés.)

I. De la Méditerranée au Soudan : deux objectifs, le Tchad ou le Niger 71

§ 1er Lignes allant au Tchad : deux lignes : celle italienne par Tripoli, celle française par Philippeville. Le Tchad naturellement desservi par le bas Niger ; longueur respective des trois directions ; le Tchad, pays anglais, sera toujours protégé par les mesures de douane ou de police contre les produits non-anglais. La route par Philippeville-Aiuguid est dépourvue d'eau et à fortes rampes ; est privée de tout trafic sur le parcours ; est très inférieure à la ligne italienne par Tripoli. Le Tchad, objectif à rejeter.................................... 72

§ 2. L'objectif de la boucle du Niger : deux tracés proposés : d'Alger par In Salah, d'Oran par Igueli. Étude de la partie commune aux deux tracés : variante par Ouallen-Imrhannan, variante par Iuzize, variante par Anefodjeu-Timiaouïn ; Moindre rayonnement économique et plus grande longueur de la ligne sur In Salah-Alger ; L'intégralité du Touat et le Tafilalet desservie par la ligne d'Igueli. Celle-ci préférable en tant que ligne méditerranéenne.......................... 79

II. — De l'Atlantique au Soudan. — Lignes sénégalaises.

Fausse conception et échec fatal de la ligne en partie créée de Kayes à Bammako ; une ligne de Dakar-St-Louis au Niger par le Kaarta serait préférable ; Variante par le désert sur Koriomé, à rejeter ; variante par Nioro, moins longue que la ligne d'Oran-Igueli-Niger, mais moindre rapidité du voyage ; égalité de fret entre les deux lignes ; difficulté des constructions de voie ferrée au Sénégal ; rayonnement commercial de la ligne Oran-Niger très supérieur ; supériorité de cette ligne au point de vue politique ; importance capitale et nécessité de l'occupation de l'Adrar des Aouelimmiden ; ligne d'Oran-Igueli-Niger définitivement préférable à toute autre ligne sur le Soudan................................... 86

CHAPITRE IV

PROGRAMME ET BUDGET DE L'OCCUPATION MILITAIRE ET DE L'ADMINISTRATION DU TOUAT ET DU SAHARA. — DÉPENSES ET RECETTES

I. *Question du Touat.* — § 1. Au point de vue politique et militaire. — L'attaque du Touat par In Salah exigerait des forces considérables; Le Sahara entier s'armerait pour défendre In Salah ; Une page de Barth : Dénombrement des forces guerrières du Sahara. — Deux considérations importantes sur l'état social du Touat ; Igueli ignoré du Tidikelt, du Bas Touat et du Sahara; Pourrait être conquis pacifiquement sans écho dans le Sahara ; La politique de l'intérêt ; Les nomades et le douro ; De l'influence du premier contact avec le Ksourien; Titres de propriété à délivrer et abolition des Guefara ; Ménagements à garder vis-à-vis des Chorfa.................................. 99

§ 2. — Au point de vue diplomatique. — Le traité de 1845 ; Le Touat *res nullius* ; Conséquences d'une occupation française du Touat sur la politique européenne ; Angleterre, Allemagne, Italie, Espagne ; De la possibilité de résoudre la question du Touat après accord avec l'Espagne et certitude de l'inaction du Maroc ; M. Ribot et le Touat ; Le Touat occupé poussera-t-on plus loin ? Question à réserver ; Retentissement salutaire de l'occupation du Touat dans tout le Sahara et le Soudan ; Conséquences heureuses sur l'ensemble de notre politique africaine.................................. 112

II. *Organisation militaire du Touat et du Sahara.* — Installation matérielle ; Troupes européennes ou indigènes ? Spahis et tirailleurs ; De la création d'un régiment saharien ; Villages de liberté sur nos frontières sahariennes ; Tirailleurs algériens détachés et milice touatienne ; Armes spéciales ; Troupes sénégalaises dans l'Adrar. — Organisation militaire des gares ; De l'influence de l'isolement en Sahara sur les européens ; — Valeur stratégique de différentes localités sahariennes ; Igueli et l'Ahnet ; Akabli et Tin Tenaï ; Tebelbelt et In Salah.......... 123

III. *Budget civil et militaire du Touat et du Sahara.* — § 1. Dépenses militaires ; Entretien et équipement des troupes ; Achat de chameaux ; Construction des smala, redoutes, hôpitaux. — Administration civile ; Son personnel et ses dépenses ; De diverses mesures administratives à prendre dès le début et de leur influence sur le budget.................................. 132

§ 2. Moyens financiers : Ressource de l'impôt des dattiers et des chameaux; L'occupation du Touat permettra diverses économies dans le budget militaire de l'Algérie; Le Touat couvrira l'intégralité de ses dépenses et amortira, par un excédent de recettes dans un délai très court, les frais de première occupation.. 136

CHAPITRE V

LE TRANSSAHARIEN PAR IGUELI

I. *Conditions techniques du tracé* : Ancien projet Pouyanne; Variante proposée; Autre projet par Aïn Sefra sur Djenien Bouresq; De Djenien Bouresq à Foum et Kheneg. — Prévisions du coût de la construction jusqu'à Tin-Tenaï; Partie de la ligne dont la construction serait subordonnée à la colonisation du Soudan; Comparaison sommaire avec la ligne projetée par l'Igharghar....................................... 139

II. *Valeur économique de la voie par Igueli.*

§ 1. Détermination du rayon d'attraction de la ligne....... 148

§ 2. Dénombrement des populations desservies. — Section de Kheneg-Zoubia à Igueli; (Figuig, le Zegdou, le Tafilalet, le Drâa, Aït-Atta, Beni-Goumi). — Section de Igueli à Timadanin (oued Messaoura, Tebelbelt, Gourara, Tidi Kelt, Touat, nomades). Considérations générales sur les divers procédés de dénombrement par renseignements; Examen critique des tableaux statistiques de M. Deporter; Relation entre le nombre des combattants et celui de la population. — Section de Timadanin à l'Adrar; Hoggar, Aïr. — Section de l'Adrar au Niger; dénombrement de l'Adrar; Examen critique comparé des statistiques de Barth et de M. Deporter; Berabich et tribus de Oualata; Examen des renseignements Deporter, Barth et Lenz. — Soudan; Etats de Tiéba, Bambara de l'ouest, Koug, Dafina, Tombo et Mossi, Gourma, Dalla et Djilgodi, Aribinda du sud, Libtako, Songhaï indépendants, Saberma, Adar, Gober. — Récapitulation générale.................................. 152

III. *Trafic probable* : § 1er. Question des tarifs: sel, houille. 184

§ 2. Trafic par régions; Section du Touat; Son commerce actuel; Statistique officielle du commerce par les caravanes de Hamyans et Trafi; Question de la datte; Son importance économique et sociale; Commerce du Touat avec Ghadamès, Tinboktou, Figuig, Tafilalet et Beni-Mzab; Recensement des dattiers du Touat; Considérations générales sur le compte des dattiers par renseignements; Examen critique des dénombrements de dattiers tentés par MM. Graulle, Sabatier, Coyne, Pouyanne et Deporter ; Production moyenne du pied de dattier et rendement en dattes de la région du Touat ; Part probable de l'exportation. — Prévisions d'importations.................. 187

§ 3. Section du Figuig et Tafilalet ; Compte des dattiers : Filali, Takaout ; Trafic probable ; Importations............... 203

3º Section du Hoggar et de l'Aïr négligeable............. 207

§ 4. Section de l'Adrar au Niger : Adrar et pays voisins ; La question des gommes ; État actuel du marché et son avenir ; Peaux brutes et tannées ; Cornes et poils ; Chevaux ; Grands fauves et pelleteries ; Ivoire ; Autruches ; Viandes conservées ; Importations probables.................................. 209

§ 5. Section du Soudan : Exagérations et scepticisme ; Le trafic soudanais peut être prévu par une étude sérieuse du trafic sénégalais ; Zone actuelle du commerce sénégalais et dénombrement des populations desservies ; Évaluation du tonnage sénégalais ; Évaluation par comparaison du commerce probable avec le Soudan ; Question du sel, évaluation du commerce probable ; Question de la houille, évaluation de sa consommation probable ; Question de l'alcool ; Grave problème économique et social, article à interdire. — Exportations : dépendront de la colonisation du Soudan par l'élément français ; Injustice de certains publicistes contre la colonisation par la France ; Algérie et Maroc ; Véritable mission de la France ; En particulier son devoir au Soudan : n'y pas aller ou y faire un peuple............................... 213

CONCLUSION..... 222

1re Annexe. — Note sur la valeur, la recherche et l'emploi des informations géographiques d'origine indigène.......... 225

2e Annexe. — 1. Documents justificatifs déjà publiés par M. Pouyanne.. 241

1. James Richardson : routes du Sahara................. 241
2. Documents tirés de Barth........................... 242
3. Extraits de M. Duveyrier : Touareg du nord........... 254
4. Itinéraire d'El Ouarani............................. 255
5. Itinéraire publié par M. Largeau..................... 256
6. Itinéraire de Mohamed Sorgou...................... 258
7. Itinéraire de Matalah ben Miloud................... 259
8. Itinéraire de Embarek ben Mohamed................ 259
9. Itinéraire de Mohamed ben Mohamed............... 260
10. Itinéraire de Mohamed ben Ahmed................. 261
11. Itinéraire de Embarek ben Ali ben Mohamed......... 262
12. Itinéraire de Ahmed ould Abdallah...... 263

Itinéraire de Si 'Abd el Kader ben Zin ed Din............	264
14. Itinéraire de Aômar ben Ahmed...........................	265
15. Itinéraire de Boussaâda ben Ahmed ben Sliman........	274
16. Itinéraire de El Hadj Moussa...............................	275
17. Itinéraire de Hammadi ben Sid el Kebir.................	276
18. Itinéraire de Ben Aouman ben Hamou....................	277
19. Itinéraire de Belal ben Mohamed	279
20. Itinéraires des Taïtok, publiés par M. le capitaine Bissuel.	285
Index alphabétique des termes indigènes...................	330
Table des matières..	331
Carte...	

FIN

Imprimerie R. PIGELET, 189, boulevard Voltaire

www.ingramcontent.com/pod-product-compliance
Lightning Source LLC
Chambersburg PA
CBHW060500170426
43199CB00011B/1272